Helmuth Moltke

Gesammelte Schriften und Denkwürdigkeiten des Generalfeldmarschalls Grafen Helmuth von Moltke

2. Band

Helmuth Moltke

Gesammelte Schriften und Denkwürdigkeiten des Generalfeldmarschalls Grafen Helmuth von Moltke
2. Band

ISBN/EAN: 9783743630352

Hergestellt in Europa, USA, Kanada, Australien, Japan

Cover: Foto ©ninafisch / pixelio.de

Weitere Bücher finden Sie auf **www.hansebooks.com**

Benachrichtigung.

Wir haben den Freunden dieses Werkes anzuzeigen, daß die Deutsche Verlags-Anstalt in Stuttgart, Eigenthümerin der vordem in Besitz des Herrn Majors v. Burt befindlichen Briefe des General-Feldmarschalls an seine Braut und Gemahlin, sowie an Mitglieder der Familien Burt und Ballhorn, eingewilligt hat, die erste Buchausgabe derselben als Theil dieses Gesammtwerkes erscheinen zu lassen. Die Absicht, in diesem Werke ein allseitiges Charakterbild des verewigten General-Feldmarschalls zu schaffen, ist durch das dankenswerthe Entgegenkommen der Deutschen Verlags-Anstalt in erfreulichster Weise zum Ziele geführt worden. — Ueber die Zeit und die Art, wie diese werthvolle Korrespondenz den „Gesammelten Schriften und Denkwürdigkeiten des General-Feldmarschalls Grafen v. Moltke" eingegliedert werden wird, beehren wir uns, noch nähere Mittheilungen zu geben.

Berlin, Weihnachten 1891.

Ernst Siegfried Mittler und Sohn,
Königliche Hofbuchhandlung.

Gesammelte Schriften

und

Denkwürdigkeiten

des

General-Feldmarschalls
Grafen Helmuth von Moltke.

Zweiter Band.
Vermischte Schriften.

Berlin 1892.
Ernst Siegfried Mittler und Sohn
Königliche Hofbuchhandlung
Kochstraße 68—70.

Vermischte Schriften

des

General-Feldmarschalls

Grafen Helmuth von Moltke.

Berlin 1892.

Ernst Siegfried Mittler und Sohn
Königliche Hofbuchhandlung
Kochstraße 68—70.

Vorrede zum zweiten Bande.

Der vorliegende zweite Band enthält mehrere schon früher gedruckte, im Laufe der Zeit aber fast unbekannt gewordene Aufsätze.

Es erscheint auf den ersten Blick auffällig, daß diese hier zur Neuveröffentlichung gelangenden Arbeiten sämmtlich innerhalb eines begrenzten Zeitraums (1831—1844) entstanden sind. Dazu ist zu bemerken, daß der Verfasser sich damals in seinem kräftigsten Mannesalter befand, und daß die Zeit, während welcher er sie schrieb, diejenige ist, in der er durch seine umfassende fachwissenschaftliche, militärische und allgemeine geistige Thätigkeit den Grund für seine späteren Erfolge auf dem Schlachtfelde wie auf dem Felde der Wissenschaft legte. In dieser Periode angespanntester Arbeit, während derer die große Orientreise seinen Gesichtskreis mächtig erweiterte, in diesen Jahren, wo die Aufnahmefähigkeit und die Kraft, das Aufgenommene zu verarbeiten und sich zu eigen zu machen, am nachhaltigsten wirkte, gestaltete sich bei Helmuth v. Moltke, seiner genialen Begabung entsprechend, das lebenslang vorhandene tieferuste Bestreben, über Neues, Großes, Fremdartiges sich Rechenschaft zu geben, ein Urtheil darüber zu gewinnen, Besitz davon zu ergreifen, zu fleißiger

schriftstellerischer Thätigkeit aus. Man könnte nach Kenntniß‐
nahme seiner Briefe vielleicht vermuthen, daß die allerdings vor‐
handenen finanziellen Rücksichten die wirksamste Triebfeder zu
dieser Thätigkeit waren. Dem ist aber keineswegs so. Weder
diese, noch etwa ein Gefallen daran, sich vor einem Lesepublikum
zu äußern, waren die den Ausschlag gebenden Gründe. Sie
lagen vielmehr in einer Eigenart seines Wesens, die sich durch
sein ganzes Leben verfolgen läßt, nämlich über Gedanken sich
dadurch ins Klare zu setzen, daß er sie niederschrieb. Damit hängt
es zusammen, daß er mancherlei Aufzeichnungen vernichtet hat,
denn für ihn war der Zweck erreicht, wenn sie vor seinen Augen
auf dem Papiere gestanden hatten.

Wenn dies als Hauptsache feststeht, wird man auch dem
Satze beistimmen, daß die Eigenheit Moltkes, eine Niederschrift
nochmals umzuarbeiten, auf denselben Grund zurückzuführen ist.
So sehr war es nämlich seine Geistesart (und das beweisen
seine hinterlassenen Papiere), Gedanken umzuschmelzen, bis sie die
kürzeste und vollendetste Gestalt erreichten, daß es ihm als ein
Genuß erschien, eine Niederschrift immer und immer wieder um‐
zuformen. Stets lag es ihm fern, die Veröffentlichung als
nächstes Ziel ins Auge zu fassen, eine solche ergab sich vielleicht
aus Nützlichkeitsgründen, niemals aber ist sie Selbstzweck gewesen.

Dem aufmerksamen Leser wird mancher feine Unterschied
zwischen den beiden ersten und den anderen in diesem Bande
befindlichen Aufsätzen nicht entgehen. Die ersten kennzeichnen sich
trotz ihrer zahlreichen Schönheiten, der, wie es scheint, ange‐
borenen Reinheit und kräftigen Klarheit des Stils und der
großartigen historischen Auffassung als Jugendarbeiten und müssen
als solche beurtheilt werden. Da sie überhaupt die ersten waren,
die der Verfasser mit seinem vollen Namen veröffentlichte,
durften sie in einer Sammlung seiner Schriften keinesfalls

fehlen, und es stand dem Herausgeber nimmermehr das Recht
zu, manchen Tagesanschauungen zu Liebe auch nur das Geringste
an ihnen zu kürzen. Zu solchen Erwägungen geben die späteren
Aufsätze keinen Anlaß. Sie entstammen der Zeit, als die für
Moltkes Entwickelung hochwichtigen Wanderjahre beendet waren,
und bilden die erste schriftstellerische Bethätigung des Meisters.
In den vierziger Jahren des Jahrhunderts und seines Lebens hat
dann die freie, nicht dienstliche, schriftstellerische Thätigkeit Moltkes
ihren Höhepunkt erreicht, begünstigt noch durch die italienische
Reise 1845/46; es sei nur an die Briefe aus der Türkei und
die damals entstandenen, freilich viel später veröffentlichten Wanderungen um Rom erinnert. Während der dritte und vierte der
in diesem Bande enthaltenen Aufsätze in einer wissenschaftlichen
Zeitschrift erschienen, ist die letzte, fünf kürzere Abhandlungen
umfassende Gruppe im Laufe von drei Jahren in einer Zeitung
veröffentlicht worden. Das bietet Gelegenheit, sich des Unterschiedes bewußt zu werden, den Moltke in Bezug auf Stil,
Ausdrucksweise und Gedankenführung zu machen verstand, je
nachdem es sich darum handelte, einen Stoff wissenschaftlich,
gründlich und erschöpfend zu behandeln, oder auf eine Tagesfrage
einige helle, geistreiche und treffende Streiflichter zu werfen. Hier
bewegen sich Gedanken und Worte leichter und ungebundener —
die ganze Schreibart erinnert an diejenige seiner Briefe —, dort
dagegen tritt die ganze Macht seines klassischen Stils, seiner nie
schwankenden Logik in ihr Recht: man liest eben die Vorläufer
der großen schriftstellerischen Arbeiten seines Lebens.

 Es ist bemerkenswerth, daß Moltke sich gern angesehener
Zeitungen bediente, um zur Aufklärung des Publikums beizutragen.
Es wurde aus dieser seiner journalistischen Thätigkeit zunächst
die hier folgende Gruppe von Zeitungsaufsätzen zur orientalischen
Frage gewählt, weil sowohl der Gegenstand wie dessen Auf=

fassung heute noch von Wichtigkeit ist, und weil auch der weitausschauende sichere historische Takt des Verfassers in ihnen voll zur Geltung kommt.

Die Bearbeitung des Aufsatzes „Welche Rücksichten kommen bei der Wahl der Richtung von Eisenbahnen in Betracht?" verdankt das Werk der Güte des Kaiserlichen Geheimen Ober-Regierungs-Raths Herrn Streckert, vortragenden Raths im Reichs-Eisenbahnamt, der mit gleich großer Sachkenntniß wie Pietät sich der Arbeit unterzogen hat, den Aufsatz vom eisenbahntechnischen Standpunkte der Gegenwart aus zu beleuchten.

Die Anmerkungen dieses Bandes rühren größtentheils vom Verfasser der Aufsätze selbst her. Die im vierten Aufsatz vom Herrn Bearbeiter hinzugefügten sind mit einem Str., die wenigen vom Herausgeber in der Gruppe „Zur Orientalischen Frage" für nöthig erachteten mit einem H. bezeichnet.

Friedenau bei Berlin, den 29. Oktober 1891.

v. Trzcinski,
Oberstlieutenant.

Inhalts-Verzeichniß.

	Seite
Holland und Belgien in gegenseitiger Beziehung seit ihrer Trennung unter Philipp II. bis zu ihrer Wiedervereinigung unter Wilhelm I.	1

Philipp II. von Spanien (S. 7). — Wilhelm von Oranien (S. 9). — Meutereien der spanischen Truppen (S. 11). — Die Genter Pacification und ihre Folgen (1576) (S. 13). — Union zu Utrecht (1579) (S. 15). — Die Reformation. Antwerpens Blüthe (S. 17). — Plünderung Antwerpens 1577 (S. 19). — Belagerung Antwerpens 1584/85 (S. 21). — Seefahrten der Holländer (S. 23). — Die spanischen Niederlande verwüstet (S. 25). — Die Blüthe der vereinigten Niederlande (S. 27). — Unabhängigkeit der Niederlande (S. 29). — Das Haus Oranien (S. 31). — Ludwig XIV. und Johann de Witt (S. 33). — Wilhelm III. Statthalter (S. 35). — Die Blüthe der Niederlande, eine Folge der Kriege (S. 37). — Verfall der Niederlande. Wilhelm IV. Erbstatthalter (S. 39). — Die preußische Expedition (1787) (S. 41). — Die Reformen Josephs II. (S. 43). — Gährung in den österreichischen Niederlanden (S. 45—47). — Einmischung Frankreichs. Tod Josephs II. (S. 49). — Volksaufläufe in Brüssel (S. 51). — Vereinigung Belgiens mit Frankreich. Die batavische Republik (S. 53). — Das Königreich der Niederlande, 1815 (S. 55). — Unzufriedenheit in Belgien (S. 57). — Gründe für die Trennung Belgiens von Holland (S. 59).

Darstellung der inneren Verhältnisse und des gesellschaftlichen Zustandes in Polen	61

Die polnische Verfassung. Das Recht des liberum veto (S. 67). — Die polnische Verfassung. Der Wahlkönig, der Senat (S. 69). — Die polnische Verfassung. Das Recht der Konföderation (S. 71). — Die polnische Verfassung. Der Reichstag (S. 73). — Heerwesen. Religiöse Duldung (S. 75). — Emporkommen der großen Adelsfamilien (S. 77). — Verfall des kleinen Adels (S. 79). — Die Verminderung der königlichen Gewalt (S. 81). — Zunehmende Macht des Adels (S. 83). — Alleinherrschaft des Adels. Die pacta conventa (S. 85). — Die Wahlen der Landboten zum Reichstag (S. 87). — Halsstarrigkeit der Landboten (S. 89). — Die Glaubensspaltungen (S. 91). — Die Lage der Bauern bis zum 16. Jahrhundert (S. 93). — Die Leibeigenschaft der Bauern (S. 95). — Kein Mittelstand, kein Handel (S. 97). — Danzig, die einzige Handelsstadt Polens (S. 99). — Charakteristik des jüdischen Volkes (S. 101). — Das Einbringen der Juden in Polen (S. 103). — Reichthum und Macht der Juden (S. 105). — Stillstand aller Regierungsthätigkeit (S. 107). — Anarchie im Innern, Wehrlosigkeit nach außen (18. Jahrhundert) (S. 109). — Zustand Polens nach dem Tode Augusts III. (S. 111). — Die Parteien: der Hof (1764) (S. 113). — Die Parteien: die Potocki (1764) (S. 115). — Die Parteien: die Czartoryiski (S. 117). — Die Stellung Oesterreichs und Preußens zu Polen. Die Türken (S. 119). — Blick auf die Entwickelung Rußlands (S. 121). — Die Czartoryiski nähern sich Rußland (S. 123). — Stanislaus Poniatowski, Thronkandidat der russischen Partei (S. 125). — Widerstand der republikanischen Partei (S. 127). — Der Konvokations-Reichstag 1764 (S. 129). — Der Reichstag stärkt die königliche Gewalt (S. 131). — Stanislaus Poniatowski König (S. 133). — Polens Ende (S. 135). — Das Herzogthum Warschau (S. 137). — Der Krieg 1812 (S. 139). — Folgen der Theilungen für die Bewohner (S. 141). — Maßregeln im österreichischen Antheil von Polen (S. 143). — Verbreitung der Juden in den polnischen Landestheilen (S. 145). — Vielseitige Geschäftigkeit der Juden (S. 147). — Josephs II. Fürsorge für die Juden (S. 149). — Die polnischen Landestheile Preußens (S. 151). — Das preußische Edikt vom 14. September 1811 (S. 153). — Schöpfung eines freien Bauernstandes in Preußisch-Polen (S. 155). — Unzufriedenheit mit den Neuerungen (S. 157). — Große Erfolge der preußischen Regierung in ihren polnischen Besitzungen (S. 159). — Die Zahl der Polen in den Gebieten der drei Theilmächte (S. 161). — Das russische Königreich Polen (S. 163). —

Zustände im russischen Königreich Polen (S. 165). — Zunehmender Haß gegen Rußland (S. 167). — Der Aufstand 1830/31 (S. 169).

Die westliche Grenzfrage. 171
Gallien unter römischer Herrschaft; erobert von den Germanen (S. 177). — Trennung Frankreichs von Deutschland unter den Karolingern (S. 179). — Die Sprachgrenze zwischen Deutschland und Frankreich (S. 181). — Karl der Kühne, Herzog von Burgund (S. 183). — Einmischung Frankreichs in die deutsche Reformation (S. 185). — Frankreich im dreißigjährigen Kriege (S. 187). — Ludwigs XIV. Eroberungspolitik (S. 189). — Ludwig XIV. und die deutschen Fürsten (S. 191). — Friede von Nymwegen. Raub Straßburgs (S. 193). — Der Straßburger Ammeister Dietrich, ein deutscher Patriot (S. 195). — Die Verheerung der Pfalz. Friede von Ryswyk (S. 197). — Ueberblick über die Deutschland von Frankreich entrissenen Länder (S. 199). — Entartung des deutschen Geistes durch französischen Einfluß (S. 201). — Entstehung des deutschen Weltbürgerthums (S. 203). — Stellung Friedrichs des Großen zum Franzosenthum (S. 205). — Alleinherrschaft der französischen Bildung bei Beginn der Revolution (S. 207). — Die Betheiligung der Deutschen an der französischen Revolution (S. 209). — Die Eroberungssucht der französischen Republik (S. 211). — Napoleon Bonaparte Kaiser (S. 213). — Der Rheinbund. Preußens Niederlage (S. 215). — Das Bündniß des Romanismus mit dem Slavismus (S. 217). — Die Befreiungskriege und ihre Folgen (S. 219). — Deutschland und Frankreich nach 1815 (S. 221). — Der Bürgerkönig. Begierde der Franzosen nach dem linken Rheinufer (S. 223). — Frankreich stets gesonnen, Deutschland anzufallen (S. 225). — Mahnung zur nationalen Eintracht (S. 227).

Welche Rücksichten kommen bei der Wahl der Richtung von Eisenbahnen in Betracht? 229
Fahrstraßen und Schienenwege (S. 237). Das Geleise und der Eisenbahnzug (S. 239). — Die Lokomotive (S. 241). — Die Reibung zwischen Rädern und Schienen und in der rollenden Masse (S. 243). — Steigung und Senkung

der Bahn (S. 245). — Kraftleistungen der Lokomotive (S. 247). — Schnelligkeit der Fortbewegung (S. 249). — Verbrauch an Zeit und Kraft (S. 251). — Einfluß der Witterung (S. 253). — Vortheile der ebenen Bahn (S. 255). — Personen- und Güter-Verkehr (S. 257). — Beispiele von Steigungen (S. 259). — Frachtsätze in schwierigem Gelände (S. 261). — Kurven (S. 263). — Lauf der Räder auf den Kurven (S. 265). — Betriebskosten (S. 267). — Richtung der Eisenbahnlinien (S. 269). — Zwischenverkehr; Anlagekosten (S. 271). — Anfängliche Unthätigkeit der Staatsregierungen (S. 273).

Zur Orientalischen Frage. 275

Deutschland und Palästina.
Die Erblichkeit in orientalischen Dynastien (S. 281). — Schwierigkeiten einer Theilung des türkischen Reichs (S. 283). — Ein christliches Fürstenthum Palästina (S. 285). — Größere Seltenheit der Kriege in der Neuzeit (S. 287).

Das Land und Volk der Kurden.
Die Folgen der Schlacht von Nisib für Kurdistan (S. 289). — Die geographische Lage von Kurdistan (S. 291). — Die Wohnplätze der Kurden (S. 293). — Das Volk der Kurden (S. 295). — Die kriegerischen Eigenschaften der Kurden (S. 297).

Militärisch-politische Lage des osmanischen Reichs.
Die Lage in den Provinzen der europäischen Türkei (S. 299). — Die Lage im türkischen Asien (S. 301). — Folgen des Rücktritts Reschid Paschas (303). — Der Zustand des türkischen Heeres (S. 305). — Oesterreichs Aufgabe gegenüber dem osmanischen Reich (S. 307). — Gegensatz zwischen Izzet und Reschid (S. 309).

Reschid, Izzet und die Pforte.
Gründe für den Sturz Izzet Paschas (S. 311). — Die Zukunft der Osmanenherrschaft in Europa, Asien und Afrika (S. 313).

Die Donaumündung.
Schwierigkeiten eines Kanalbaues in der Richtung des Trajanswalls (S. 317). — Möglichkeit einer Eisenbahn in der Richtung des Trajanswalls (S. 319).

Titelzeichnungen vom Maler Knötel.

Holland und Belgien

in

gegenseitiger Beziehung

seit

ihrer Trennung unter Philipp II.

bis

zu ihrer Wieder-Vereinigung unter Wilhelm I.

Vorbemerkung.

Die Schrift „Holland und Belgien" ist die erste, welche der Feldmarschall, damals als Sekondlieutenant zum Generalstabe kommandirt, unter seinem Namen erscheinen ließ.*) Die belgische Revolution, die nächste Folge der Julirevolution in Paris, schien ganz Europa in Flammen setzen zu wollen, und noch bevor sie zu einem Abschlusse gelangt war, brach auch im Osten, in Warschau, der Aufstand aus. Daß diese Ereignisse den jungen, gescheiten Offizier aufs Lebhafteste beschäftigen mußten, ist erklärlich. Während er thatendurstig den eine Zeit lang für unvermeidlich gehaltenen Krieg herbeisehnte, suchte er nach einer Erklärung für die sich vollziehenden großen Ereignisse und fand sie, wie er in dem Briefe vom 24. Dezember 1830 an seine Mutter**) erwähnt, in der Geschichte der Niederlande, die er unter diesem Gesichtspunkte besonders prüfte. Welche Mühe er sich dabei gegeben hat, geht aus demselben Briefe hervor, wenn er sagt: „ich habe über tausend Pagina in Quart und an viertausend in Oktav gelesen."***)

So ließ er denn diese aus seinen Studien entstandene Arbeit als Broschüre drucken und erlebte dabei die Enttäuschungen, die keinem jungen Autor erspart bleiben. Worin sie bestanden, schildert der nachstehende Brief an seine Mutter in ergötzlicher Weise:

Berlin, 9. Januar 1831.

Alle die Leiden eines jungen Autors, der um einen Verleger verlegen, sind über mich gekommen. Durchdrungen von dem Werth unserer Arbeit, erstaunen wir, die Buchhändler von mißlichen Kon-

---

*) Berlin, Posen und Bromberg. Druck und Verlag von Ernst Siegfried Mittler. 1831.
**) Band IV. Seite 48.
***) Mit wie andauerndem Interesse er sich mit diesen Ereignissen beschäftigt, bezeugt auch ein zweites Unternehmen, die Karte der neuen Grenzen zwischen Holland und Belgien, deren er in seinem Briefe vom 13. Januar 1832 erwähnt. (S. Band IV, S. 58.)

junkturen, vom Darniederliegen des Buchhandels reden zu hören, dem wir eben durch unser Manuskript einen neuen Aufschwung geben wollen. Der Undank des Mannes, dessen Glück durch unsern Aufsatz wahrscheinlich gemacht ist, empört uns, und wir würden der Welt unser Licht vorenthalten, wenn nicht ein ungestümer Schuhmacher, dem wir eine Schlafstelle in unsrem Gedächtnisse angewiesen, mit wissenschaftlichem Eifer auf die Herausgabe eines so ausgezeichneten Werkes dränge, und sollte das Honorar auch nur — 8 Dukaten betragen. — 3 Dukaten! Beschämt schreib' ich es nieder. 8 Dukaten für dreihundert Jahre aus der Geschichte, während ich oberflächliches Geschreibsel in Journalen schon mit 2 Louisdors den Bogen bezahlt erhalte.*) Recht demüthigend in der That — indessen zweifle ich keinen Augenblick, daß fünfhundert Exemplare im Umsehen vergriffen sein werden, und ich hoffe, daß Ihr Alle das Eurige dazu beitragen werdet, damit eine neue Honorarzahlung erfolge. Ohnehin — die Hoffnung, sich in wenigen Tagen gedruckt und für sechs Groschen in allen soliden Buchhandlungen zu haben zu sehen, — das entscheidet, vorzüglich wenn Aussicht vorhanden, durch eine bissige Kritik fernerweitig illustrirt zu werden.

Doch es geziemt sich nicht, länger als zwanzig Minuten von sich selbst zu sprechen (vergl. Chesterfield und Knigge, denn wir Autoren citiren gern Autoritäten), und somit sage ich nur noch, daß mein unsterbliches Werk (wenn ich sage Werk, so meine ich eigentlich eine Broschüre von Gustchens Taille), daß es den Titel „Holland und Belgien in gegenseitiger Beziehung u. s. w." führt und mit unsrem glorreichen Namen verziert ist ...

Der Deinige

Helmuth.

---

*) Wie mancher andere Schriftsteller, übersieht Helmuth v. Moltke hier einen wichtigen Unterschied. Während der Herausgeber einer Zeitung mit ihm genau bekannten Größen hinsichtlich Leserkreis und Einnahme rechnet, muß der Verleger eines Buches diese Größen für jedes Buch erst zu gewinnen suchen.

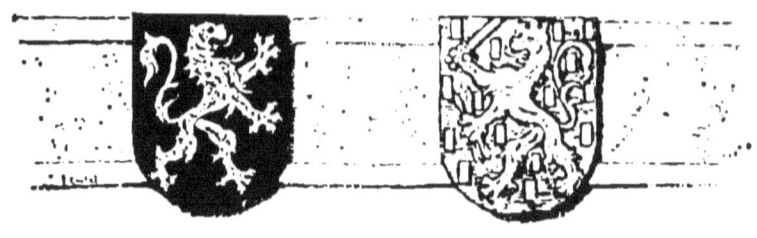

Wenn ein Volk aus freiem Antriebe die Segnungen des Friedens verschmäht und, indem es seine Verbindlichkeiten aufhebt, auch seinen Rechten entsagt, wenn es, die Bande der Gesellschaft lösend, in den ursprünglichen Zustand der Gewalt zurückkehrt, mit einem Wort, wenn es sich in die Bahn der Revolution begiebt — deren Gang durch keine menschliche Intelligenz zu leiten und der ein Ziel zu setzen die Weltbegebenheiten sich mit dem Genie der größten Männer verbinden müssen — dann forschen wir mit Recht nach den Ursachen, welche so außerordentliche Erscheinungen hervorgehen ließen.

Wohl nur die unvermeidliche Nothwendigkeit zur Erhaltung des Daseins und der unveräußerlichsten menschlichen Rechte, keine Hoffnung sonst, sie möge noch so lockend, keine Unzufriedenheit, sie möge noch so gegründet sein, kein Beispiel, es möge noch so nahe liegen, kann — man sollte es glauben — ein Volk bewegen, sich den unberechenbaren Zufällen der Anarchie, des Bürgerkrieges, der fremden Willkür und der Zerrüttung preiszugeben. Denn die Revolutionen, welche in ihrer Dauer selbst die schlechteste Herrschaft zurückwünschen lassen, haben ebenso oft zum Despotismus als zur Freiheit geführt.

Nur wo nicht Ueberzeugung, sondern Leidenschaft, nicht tiefgefühlte Nothwendigkeit, sondern theilweises Interesse die Triebjedem sind, welche die Masse in Bewegung setzen, da suchen wir vergebens nach Ursache und folgerechter Wirkung.

Die durch Jahrhunderte mit Blut getränkten Felder Belgiens bieten uns heute den Anblick eines Volkes, welches die Waffen gegen seinen Beherrscher und gegen seine Landsleute schwingt. Schon beleuchten die Flammen, welche von Antwerpens Trümmern aufsteigen, große Katastrophen, und Europa sieht den Entscheidungen entgegen, welche in den Kabinetten seiner Höfe abgewogen werden.

Je unerwarteter nun diese Auftritte sich vor unseren Augen zutrugen, je weniger wir sie durch die Nothwendigkeit bedingt sehen, um so eher richten wir unsere Blicke auf die Zeit, welche voranging, und suchen in der Weltgeschichte den Schlüssel zu Begebenheiten, welche in ihrer Erscheinung außer Verhältniß mit den Ursachen zu stehen scheinen.

Es möge hier ein kurzer Abriß der Epochen Platz finden, welche beide Nachbarländer in ihren innigsten Interessen theilten, ein Rückblick auf die Ereignisse, welche ihre Völker in religiöser und politischer, in sittlicher, bürgerlicher und kommerzieller Beziehung zerrissen und jenen gegenseitigen Haß erzeugten, den eine sechzehnjährige friedliche Regierung auszusöhnen nicht vermochte, und der an den gegenwärtigen Stürmen einen so unverkennbaren Antheil hat. Ohne auf eine ausführliche Darstellung der Begebenheiten einzugehen, wird es nothwendig sein, diese in ihren Hauptzügen zu erfassen, um die Motive zu erklären, welche dem Charakter zweier Völker eine so entgegengesetzte Richtung gaben, die durch gemeinsamen Ursprung, durch ihre Weltstellung und Schicksale bestimmt schienen, ein Ganzes zu bilden.

Philipps II. von Spanien Regierung war die Epoche, in welcher die südlichen und nördlichen Provinzen der Niederlande zuerst einander gegenübertraten, wo ihre Interessen sich sonderten und sich in entschiedenen Widerspruch miteinander setzten.

Dieser Monarch vereinte unter sein Scepter sämmtliche

niederländischen Provinzen, die seit Cäsar nicht vereint gewesen und bis auf Napoleon es nicht wieder wurden.

Er trat die Regierung jenes reichen Landes in seiner reichsten Blüthe an, allein in den Augen eines Monarchen wie Philipp mußte dieser Reichthum, dieser Unabhängigkeitssinn und Uebermuth, welche er erzeugte, und mehr noch die Freiheit, unter deren Schutz sie in einem kaufmännischen Staat allein entsprossen, eine hemmende Schranke seiner Willkür sein.

Der Hauptzug in dem finsteren Charaktergemälde König Philipps von Spanien war unbegrenzte Herrschsucht. Ein Länderbesitz, von welchem die Spanier so stolz sagten, daß die Sonne nie darin untergehe, genügte ihm nicht; auch nach Portugal, England, Frankreich und Deutschland streckte er seine Hand aus.

Aber Philipps Herrschsucht ging weiter. Nicht bloß über Länder, auch über Geister, über Meinungen wollte er regieren. Hier war ihm der Katholizismus die sicherste Bürgschaft unumschränkter Gewalt, die Reformation ihr drohendster Feind. Einem unbeugsamen Mißgeschick in dieser Hinsicht setzte er einen noch unbeugsameren Willen entgegen, und wenn wir die Idee, nach welcher er handelte, verabscheuungswürdig finden, so können wir der Konsequenz unsere Bewunderung nicht versagen, mit welcher er durch ein siebzigjähriges Leben und eine vierzigjährige Regierung nach dieser Idee und für sie handelte.

Aber ein von Natur nachdenksames und wohlhabendes Volk mußte bald das Bedürfniß nach besserer Erkenntniß in Religionssachen empfinden, und die bürgerliche Freiheit leitete früh zu dem Wunsche nach Gewissensfreiheit. Dies war so sehr der Fall, daß schon unter Karls V. Regierung mehr als 40 000 Menschen — als Ketzer in den Augen der Machthaber, als Märtyrer in den Augen einer ungleich größeren Menge geheimer Anhänger der neuen Lehre — auf dem Blutgerüst endeten. Der Größe dieses Monarchen erlaubte man zu thun, was man seinem Nachfolger nicht mehr verzieh, die Nation vergaß ihre

Liebe zur Freiheit aus Liebe zum Waffenruhm, der von ihrem Kaiser, ihrem Landsmann, auch auf sie zurückstrahlte; und nebenher verschaffte sein politisches Uebergewicht ihrem Handel unendliche Vortheile. Der Kaiser entzückte zu Brüssel mit einem Lächeln das Volk, dessen Eigenthum er antastete und aus dessen Mitte er blutige Opfer wählte.

Nicht so Philipp. Die Niederländer forderten von dem unumschränkten Beherrscher seiner stolzen Kastilier Achtung für ihre kaufmännischen Privilegien, für das Chaos ihrer lokalen Gerechtsamen und Freiheiten, sie forderten, was der katholische König von allen Dingen ihnen am wenigsten gewähren konnte — Gedankenfreiheit. Das Licht der neuen Glaubenslehre hatte sich trotz aller Hinrichtungen bereits so sehr verbreitet, daß König Philipp glaubte, einem so furchtbaren Uebel ein furchtbareres Mittel entgegenstellen zu müssen. Man fand es in der spanischen Inquisition, der verächtlichsten Erfindung menschlicher Tyrannei, wenn sie nicht zugleich die furchtbarste und blutigste wäre.

Aber eine solche Institution konnte dem Volke nur durch eine Armee aufgebrungen werden, d. h. die Niederlande empfingen ein Uebel durch ein anderes Uebel. Beide waren Eingriffe in ihre heiligsten Rechte und mußten die Macht des Herrschers bis zum höchsten Despotismus steigern. Das Volk widersetzte sich.

Philipp hatte den niederländischen Adel absichtlich gekränkt und zurückgestoßen; diesmal war es der Adel, der die Flamme der Rebellion anfachte. Der Kompromiß, der Geusenbund gingen von ihm aus, die öffentlichen Predigten beschützte er, und der Bildersturm selbst war sein Werk.

So sehen wir den Beherrscher von Spanien, Neapel, Sizilien, Sardinien, Mailand, eines Theiles der Niederlande und von Reichen in Amerika, deren Ausdehnung Europa übertraf, im Kampfe mit den friedlichen Bewohnern eines verachteten Erdwinkels von kaum 1000 Quadratmeilen. Der Sohn Karls V. setzte die sieggekrönten Heere seines Vaters, die größten Feld-

Herren seiner Zeit, die Schätze beider Indien, die Heldenjugend Spaniens und Italiens und das Glück seiner Völker an die Dämpfung des Aufstandes. Er verlor sie alle und mehr, denn auf seiner königlichen Ehre haftet der Meuchelmord Oraniens. Wieweit auch die Natur die Grenzen seiner Tage gesteckt hatte, dennoch erlebte er nicht den Ausgang dieses Kampfes, der fast ein halbes Jahrhundert hindurch sein Leben verbitterte, und sein Nachfolger erbte mit dem unbeendeten Krieg eine Schuldenlast von 500 Millionen, die derselbe bereits verschlungen.

Aber der Punkt, den wir aus diesem großen Trauerspiel besonders hervorheben müssen, war das Utrechter Bündniß.

Zehn Jahre verheerte der Krieg bereits die einst so glücklichen Niederlande, ohne daß die Entscheidung von einem der beiden Theile erfochten oder die Lage der Dinge wesentlich verändert worden wäre. — Eine Stadt, welche belagert und gelegentlich entsetzt oder, falls sie verloren, wieder genommen wird, weil das feindliche Kriegsheer nicht geschlagen, das ist die Geschichte aller Unternehmungen von beiden Seiten.

Zwar machte der Prinz von Oranien in zwei Feldzügen das spanische Heer zum Operationsobjekt. Mit einer Armee zusammengeraffter Truppen ohne Mannszucht, welche die Gegend rings umher verheerten, forderte er den siegreichsten Feldherrn und die besten Soldaten seiner Zeit zur Schlacht heraus. Es bedurfte eines Sieges im freien Felde, und Alles erklärte sich gegen Alba, den Urheber des Blutraths der Zwölfe und des zehnten Pfennigs. Die feindlichen Schlösser und Festen öffneten dann von selbst ihre Thore, und der Krieg war vielleicht mit einem Schlage entschieden. So viel war zu gewinnen, verlieren konnte Oranien höchstens einen Theil jenes nach Sold schreienden Gesindels, welches er wenige Tage später doch aus Mangel an Geld, und weil das ganze Land verwüstet, entlassen mußte, ohne daß es für ungeheure Kosten irgend einen Dienst geleistet hätte.

Aber Herzog Alba übersah seine Lage ebenso gut, und indem er die Schlacht vermied, erntete er alle Vortheile des vollständigsten Sieges.

So thatenlos bei einem Heere wie das, welches sich unter die niederländischen Fahnen anwerben ließ, der Krieg in freiem Felde sein mußte, so kräftig war die Vertheidigung der Plätze durch ihre Bewohner. Naarbens Züchtigung und die beispiellosen Grausamkeiten, welche unter Don Friedrichs von Toledo Augen dort verübt wurden, hatten den Bewohnern der Städte, denen ein gleiches Schicksal drohte, keine Hoffnung gelassen und zwangen sie, Helden zu sein. Offene Orte, wie Haarlem, Alkmaar und Leyden, widerstehen sieben Monate allen Anstrengungen des siegreichen Feindes; Flotten werden zu ihrer Unterstützung erbaut und das Meer selbst geschaffen, auf welchem diese handeln sollen.

So standen die Sachen unter Alba, so blieben sie bis zum Tode Requesenz'.

Das Ende dieses ausgezeichneten Mannes erfolgte so plötzlich, daß er nicht Zeit gehabt hatte, seinen Nachfolger in der Oberstatthalterwürde zu ernennen. Der niederländische Staatsrath übernahm demnach die Regierung und wurde auch wirklich vom König einstweilen bestätigt. Zwar waren die angesehensten Mitglieder des Staatsraths spanisch gesinnt, allein diese wurden von der oranischen Partei gewaltsam entfernt, die Stände wurden zusammenberufen, und zugleich ereignete sich ein Umstand, der den entscheidendsten Einfluß hatte.

Eine diesem Kriege eigenthümliche Erscheinung sind die Militärinsurrektionen, welche gleich sehr die Unternehmungen der spanischen Heerführer lähmten und den treu gebliebenen Provinzen verderblich wurden. Sie waren die natürlichen Folgen mehrerer gleichzeitigen Unternehmungen Philipps, welcher sich nach und nach mit halb Europa in Fehde setzte und so, trotz aller Silberflotten, seinen Schatz dergestalt erschöpfte, daß die in den Niederlanden fechtenden Truppen ihren Sold höchst unregelmäßig empfingen und ihn oft für drei Jahre zu fordern hatten. Daß der Soldat unter diesen Umständen nur von Erpressungen leben konnte und von dem Eigenthume des Bürgers, den er doch beschirmen sollte, war ein nothwendiges Ergebniß der Verhältnisse.

Indeß kamen die Sachen bald dahin, daß der gemeine Mann laut zu murren anfing, sich weigerte, seine Dienstpflichten zu erfüllen, endlich sämmtliche Offiziere fortjagte und unter Anführung eines Eletto aus seiner eigenen Mitte einen Raubkrieg auf eigene Rechnung trieb, gleichviel, ob gegen die Unterthanen des Königs, der Republik oder des Deutschen Reiches.

Herzog Albas persönliches Ansehen vermochte der Meuterei noch die Strenge der Gesetze entgegenzustellen. Er ließ einzelne unzufriedene Korps durch treu gebliebene Truppen umringen und die Rebellen zu fünfzig auf der Stelle hinrichten. Allein bald bedurfte es eines zweiten Heeres, um das unzufriedene Heer zu bändigen. Ja, so tief fiel die Mannszucht in der spanischen Armee, welche durch sie die erste in Europa gewesen war und welche die strengsten Kriegsgesetze unter allen hatte, daß unter andern Haarlem, nachdem es kaum erobert, von den empörten Siegern selbst dem Prinzen von Oranien für 40 000 Gulden angeboten wurde. Die Stadt Antwerpen mußte die Plünderung mit 400 000 Gulden abkaufen, und die Truppen, hierdurch befriedigt, kehrten für einige Zeit mit doppeltem Eifer zu ihrer Pflicht zurück.

Aber nach Requesenz' Tode erreichte das Uebel die höchste Spitze. Mehrere Tausend unzufriedener Soldaten eroberten Aloft und verbreiteten von dort Plünderung, Brand und Mord über ganz Brabant und Flandern.

Jetzt erfolgte eine förmliche Achtserklärung von Seiten des Staatsraths gegen das spanische Heer, und das Volk wurde aufgefordert, die Soldaten als meineidige Verräther mit den Waffen in der Hand zu vertreiben.

Dieses Manifest nun, im Namen des Königs erlassen, war unstreitig das Werk der Stände und der oranischen Partei. Es organisirte den Bürgerkrieg, der denn auch mit der erdenklichsten Wuth geführt wurde, und nöthigte selbst den friedlichsten Bürger, die Waffen für eine Sache zu ergreifen, deren letzte Zuflucht bisher Holland und das Meer gewesen. Zum ersten Male trat die ganze Nation gegen das spanische Heer auf, und der Genter Verein wurde geschlossen (1576).

Alle niederländischen Provinzen, ausgenommen Luxemburg, waren dem Bunde beigetreten, und die Niederlande schienen damals für die Krone Spanien verloren zu sein.

Aber wenn man zwar zu Gent die Provinzen dem Namen nach vereint hatte, so hatte man doch keineswegs die Faktionen aussöhnen können, welche in ihnen fortbestanden. Man kann in dieser Epoche drei Hauptparteien erkennen. Erstlich die spanische, wozu einige Glieder des vornehmsten Adels gehörten, und welche durch das furchtbare spanische Heer getragen wurde. — Dann eine zweite, welche man die katholische nennen könnte, deren Sitz hauptsächlich die wallonischen und flandrischen Provinzen waren, und welche zu den Ihrigen den zahlreichen Klerus und die zahlreichere Menge derer zählte, die der Klerus unter seiner Vormundschaft erhielt. Endlich die oranische Partei, die kleinere, welche aber an ihrer Spitze den einzigen großen Mann hatte, den die Niederlande in jener Epoche besaßen. Wilhelm von Oranien blieb sich im chaotischen Gewirre der Interessen und der Begebenheiten seines Wollens klar bewußt, und weder das Waffenglück der Spanier noch ihre hinterlistige Politik oder das Mißtrauen seiner Landsleute, keine lockende Aussicht und kein Mißgeschick entfernten ihn je um einen Schritt von der Bahn, welche er sich unwiderruflich vorgezeichnet hatte. — Diese Partei, durch die geographische Lage Hollands und Seelands einigermaßen gesichert, wußte vielleicht damals selbst noch nicht so genau wie ihr Führer, was sie eigentlich wollte, sehr bestimmt aber wußte sie, was sie nicht wollte; sie kämpfte weniger für Freiheit, als für Freiheiten und Privilegien, mehr für das Gut selbst als für die Bürgschaft desselben. Die Holländer wollten nicht sowohl ihre eigenen Herren sein, als vielmehr sich vor der Tyrannei ihrer spanischen Herren schützen, und so handelten sie auch ohne bestimmten Plan weit konsequenter als alle übrigen Faktionen.

Bei solcher Spaltung konnte von einmüthigen Beschlüssen wenig die Rede sein. Auch vermochte die Achtserklärung des Staatsraths keineswegs das aufrührerische Militär zu schrecken. Vielmehr war die Sache der Insurgenten von Alost jetzt die der spanischen Nation geworden, und alle Soldaten, die zeither ihrer Fahne treu geblieben, vereinigten sich jetzt mit ihnen. Man erwählte einen Eletto, errichtete einen Galgen für Disziplinvergehungen und hörte dann mit großer Andacht eine Messe. Hierauf zog die ganze wüthende Schaar gegen Mastricht, damals schon ein Ort von 20 000 Einwohnern und eine starke Festung. Es wurde erstürmt, geplündert und fast dem Erdboden gleichgemacht. Doch die Tollkühnheit der Empörer ging weiter. Antwerpen, die reichste und mächtigste Stadt der Niederlande, die wichtigste des europäischen Handels, eine Festung, die bald darauf dreizehn Monate der Belagerung widerstand, wurde an einem Nachmittag, trotz des Widerstandes der entsetzten Bürger, trotz der wallonischen und deutschen Besatzung, mit Sturm genommen, geplündert, verbrannt und den erdenklichsten Grausamkeiten und Ausschweifungen preisgegeben.

Und dennoch konnten die verbündeten Provinzen sich nicht zu Maßregeln vereinen, diese Bande von etwa 15 000 Köpfen aus dem Lande zu schlagen. Lieber versuchten sie es durch Anerkennung Don Juans in der Oberstatthalterwürde und durch den Vertrag des „Ewigen Edikts" zu erreichen, demzufolge vor allen Dingen alle spanischen Truppen den niederländischen Boden räumen sollten.

Don Juan führte den Ständen zu Gefallen auch wirklich

diese militärisch-politische Komödie auf, d. h. die Truppen wurden fortgeschickt, um in wenig Monden zurückgerufen zu werden.

Die Statthalterschaften des Prinzen von Oranien, Holland und Seeland, waren dem neuen Vertrage nicht beigetreten, und obschon das Ewige Edikt nach drei Monaten schon seine Dauer überlebte, so hatte es doch den Genter Bund, wiewohl er der Form nach fortbestand, seinem Wesen nach aufgehoben. Mehr noch geschah dies durch die Verbindung der wallonischen Provinzen Artois, Hennegau und Douai zur Erhaltung des katholischen Glaubens. — Dies Alles führte endlich die lange genährten Unterhandlungen des Prinzen zur Reife, und das Utrechter Bündniß wurde im Januar 1579 abgeschlossen und bekannt gemacht. Holland, Seeland, Geldern, Utrecht, Friesland, Overyssel und Zütphen vereinten sich darin zu einem unauflöslichen Ganzen und verbündeten sich gemeinschaftlich, jeden Angriff von außen abzuschlagen. Die Städte Gent, Antwerpen und Brügge traten dem Bündniß bei, und der Prinz von Oranien wurde, zwar unter großen Beschränkungen, das Oberhaupt dieses neuen Staates.

So zerfielen die Niederlande in zwei Theile, wovon der eine, theils freiwillig, theils gezwungen, unter das spanische Joch zurückkehrte, der andere aber dem König den Gehorsam offen aufkündigte, den er ihm freilich der That nach schon seit dreizehn Jahren nicht mehr geleistet hatte. Und so waren es nicht mehr Spanier, welche gegen die gemeinsame Sache der Niederlande kämpften, sondern Niederländer aus den wallonischen Provinzen oder Flandern, welche ihre Landsleute aus Holland oder Seeland befehdeten, und zwar bald mit solcher Erbitterung, daß unter andern auf dem Zuge des Prinzen Moritz nach Flandern alle Seeländer, welche den Landleuten in die Hände fielen, ermordet wurden.

Aber außer der politischen Stellung, welche die zu Utrecht verbündeten Provinzen gegen die übrigen einnahmen, war die

Verschiedenheit der Religion eine Haupturſache gänzlicher Spaltung der niederländiſchen Völker. Dieſe Verſchiedenheit mußte allerdings von hohem Einfluß in einem Zeitalter ſein, wo die Religion nicht bloß das künftige Heil der Seelen, ſondern auch unmittelbar das ganze gegenwärtige Schickſal entſchied, wo Meinungen mit Feuer und Schwert weit ſtrenger als Handlungen gerichtet wurden und wo der Glaube zugleich Gewiſſensſache und Ehrenſache war.

Bei der mannigfachen Verbindung, in welcher die Niederlande durch das Meer mit England und Dänemark und durch ihre ſchiffbaren Ströme mit dem reformirten Deutſchland und der Schweiz ſtanden, konnten ſie der lutheriſchen und calviniſchen Lehre kaum verſchloſſen bleiben. Auch fand die Reformation in dem nüchternen, geſunden Sinn des Volkes um ſo eher Eingang, als die Sittenloſigkeit und Unwiſſenheit des katholiſchen Klerus der Niederlande und die Arbeitsloſigkeit der Mönchsorden dem aufgeklärten, arbeitſamen Bürger verächtlich und zuwider waren.

Die Gewaltmittel, welche man der Verbreitung des Ketzerthums entgegenſetzte, ſobald man die kaum geahnte Ausdehnung deſſelben bemerkte, fruchteten nichts. Der Heldenmuth, mit welchem viele Bekenner der neuen Lehre für dieſe Lehre ſtarben, bewies ihre Göttlichkeit in den Augen der Menge, und Philipp ſelbſt, der lieber gar nicht herrſchen als über Ketzer herrſchen wollte, ſah ſich genöthigt, das öffentliche Verbrennen derſelben in heimliche Hinrichtung zu verwandeln, weil aus dem Blute eines Märtyrers des neuen Glaubens hundert neue Bekenner deſſelben erſtanden. — Die Inquiſition war zu ſpät gekommen, das Uebel, gegen welches ihre Thätigkeit gerichtet war, im Keime zu erſticken, und die Unmöglichkeit, ihre Strafbefehle gegen die halbe Nation zu vollziehen, machte, daß ſie bald ebenſo verachtet wurde, als ſie gefürchtet geweſen, und daß ſie ſich kurz nach ihrer Einſetzung ſchon ſelbſt überlebt hatte.

Es konnte indeß nicht fehlen, daß die Reformation unter

ihren Bekennern manche Glieder zählte, die ihr wenig Ehre machten. Ausschweifungen wie der Bildersturm, welcher in wenigen Tagen die herrlichen Dome Flanderns und Brabants verheerte und mit Dingen, die bisher für ehrwürdig und heilig galten, einen frevelhaften und verbrecherischen Spott trieb, solche Verirrungen des reformirten Pöbels schadeten der neuen Lehre mehr als alle Scheiterhaufen der spanischen Inquisition. Die Verbrechen der Individuen legte man der Religion bei, zu welcher jene sich dem Namen nach bekannten, und da die Duldsamkeit, welche so sehr im Wesen der Reformation liegt, sie in ihrer ersten Erscheinung keineswegs begleitete, so ist es erklärlich, daß der dem alten Glauben treu gebliebene Theil des Volkes sich enger aneinander schloß und gegen eine Lehre verbündete, von der er so verwerfliche Folgen erlebt hatte.

Als nun der größte Theil der niederländischen Provinzen unter die Herrschaft des katholischen Königs zurückgekehrt war, da bedurfte die reformirte Partei des Schutzes, welchen Wilhelm von Oranien, ebenso sehr aus Ueberzeugung und um der Sache selbst willen als aus politischen Gründen, der verfolgten Sekte angedeihen ließ. Sein klarer Blick erkannte in der Reformation die Bürgschaft für das Fortbestehen des neuen, von ihm geschaffenen Staates. Die spanischen Heere konnten ihm Städte entreißen und Provinzen erobern, keine Gewalt der Erde aber vermochte den Geist, trotz der besseren Erkenntniß, aufs Neue in Fesseln zu schlagen, welche er einmal abgestreift hatte.

In Seeland und Holland wurde die reformirte Religion gesetzlich anerkannt, sämmtliche Kirchen wurden ihr eingeräumt und jede andere öffentliche Religionsübung verboten, ohne deshalb irgend Jemand seiner Meinungen wegen zu verfolgen. Auch flüchtete sich eine sehr große Menge von Menschen aller Stände, welche die Intoleranz der spanischen Herrschaft aus Brabant und Flandern vertrieb, nach den vereinigten Provinzen, deren Nationalreichthum sie durch ihr Vermögen, ihre Industrie und

Kenntniß vermehrten oder unter deren Fahnen sie gegen ihre Verfolger fochten.

Wenn diesergestalt Politik und Religion gleich sehr dazu beitrugen, daß der Norden und Süden der Niederlande ihre Interessen voneinander sonderten, so setzten die Handelsangelegenheiten der getrennten Nation sie noch mehr in Widerspruch.

Die Geschichte Antwerpens ist im Allgemeinen die des niederländischen Handels jener Periode. Vielleicht giebt es keine Stadt, welche ein so tragisches Schicksal und so viel entsetzliche Katastrophen von ihrem wunderbar schnellen Aufblühen bis zu ihrem schleunigen Verfall aufzuweisen hätte, als Antwerpen, welches durch ein neuestes Ereigniß, das sich jenen anreiht, so interessant geworden ist.

Antwerpens Flor erhob sich aus den Trümmern des Brüggeschen Welthandels. Kaiser Friedrich III. hatte beschlossen, der letzteren Stadt, welche sich von jeher durch Aufstand und Empörung kund gethan hatte, eine Züchtigung angedeihen zu lassen, welche sie von ihrem Freiheitsschwindel gründlich heilen sollte. Dies war ihm vollständig gelungen, und indem er ihren Hafen Sluys zehn Jahre sperrte, verlegte sich der ganze levantische und nordische Handel nach Antwerpen, wo die Hanse ebenfalls ihre Komptoire aufschlug. Antwerpen wuchs jetzt auf eine beispiellose Art. Es zählte bald 200 000 Einwohner, der Luxus und die Erzeugnisse aller Welttheile flossen hier zusammen, und was Venedig und Genua gewesen, was Amsterdam und London wurden, das war im 15. Jahrhundert Antwerpen.

Das größte Unglück für diese Stadt war die Regierung Philipps II.; die Unduldsamkeit desselben, die Eigenmächtigkeit, welche Sicherheit und Vermögen der Individuen gefährdete, mußten einer Handelsstadt, wo Alles auf das öffentliche Vertrauen ankam, tiefere Wunden schlagen als selbst die späteren schrecklichen, aber vorübergehenden Katastrophen. Diese blieben indeß nicht aus.

Graf von Moltke, Vermischte Schriften.

Die Stadt hatte sich von der Regierung den Prinzen von Oranien ausgebeten als den Einzigen, welcher Ansehen genug besaß, um die drei Parteien der Katholiken, Lutheraner und Calvinisten im Zaum zu halten, welche sich alle untereinander mit gleichem Grimm haßten und bereit waren, übereinander herzufallen. Als aber der Prinz von der Oberstatthalterin nach Brüssel berufen wurde, brach noch am nämlichen Abend der Bildersturm in der Stadt aus, welcher damit endete, daß einer der herrlichsten Dome der Christenheit zerstört und entweiht wurde.

Des zweimaligen Besuchs der insurgirten spanischen Soldaten ist oben gedacht worden. Das erste Mal begab sich Don Requesenz selbst nach Antwerpen, keineswegs aber, um die Vertheidigungsanstalten des Kommandanten Champigny zu unterstützen. Vielmehr ließ er die Rebellen ein und stellte nun der Stadt die Wahl frei zwischen Plünderung oder Bezahlung eines mehrmonatlichen Soldes. Die geängstete Bürgerschaft bewilligte jede Forderung, der Oberstatthalter, welcher seine Truppen auf eine so bequeme Art bezahlt hatte, verkündete ihnen im Namen des Königs eine allgemeine Amnestie; eine feierliche Messe verherrlichte das Fest, und die Soldaten, nachdem sie Kirchen und Stifte reichlich beschenkt, zogen, nach 47tägigem Aufstand, zur Belagerung Leydens.

Als zwei Jahre später die unzufriedenen Soldaten an Mastricht beispielsweise gezeigt, was sie mit Antwerpen im Sinne hatten, glaubten die erschrockenen Bürger nichts Besseres thun zu können, als zu ihrer deutschen Besatzung noch etwa 40 Fahnen wallonischer Truppen einzunehmen. Man erbaute auf der Esplanade gegen die Citadelle Verschanzungen aus Säcken mit Wolle und Korn, an welchen Männer und Weiber arbeiteten. Da das Gerücht sich verbreitete, daß die Rebellen von Alost in der Citadelle angekommen, eröffnete die Stadt das Feuer gegen dieselbe.

Hier war Sancho b'Avila Kommandant, und unter ihm sammelten sich nach und nach 5000 Spanier, welche der Wunsch, Theil an der reichen Beute Antwerpens zu haben, aus allen Gegenden herbeigeführt hatte. Ihr Eifer war so groß, daß keiner, trotz des weiten Marsches, etwas genießen wollte, bevor die Stadt genommen, und noch denselben Mittag stürzte sich die wüthende Schaar von der Citadelle aus gegen die Verschanzungen.

Die Wallonen und Deutschen hatten kaum ihre Büchsen abgeschossen, als sie die Flucht ergriffen und dem Feind die neuen Wälle überließen. Aber die Bürger einer Stadt, welche damals noch 100 000 Einwohner zählte, und welche für Alles, was ihnen theuer war, kämpften, leisteten einen verzweifelten, wenngleich fruchtlosen Widerstand. Die halbe Stadt ging in Flammen auf, und alle Greuel und Ausschweifungen, welche in jener Zeit die Erstürmung einer Stadt begleiteten, wurden hier im Uebermaße verübt.

Die Beute war unermeßlich gewesen. Die Börse wurde zu einem Spielhause umgeschaffen, und gemeine Soldaten verspielten an einem Abend in dem damals schon beliebten Landsknecht 10 000 Gulden. Andere ließen sich, um doch etwas zu behalten, ihre Kürasse und Steigbügel von Gold anfertigen. — Aber für den Antwerpener Handel war diese Plünderung ein Todesstoß. Sie war ein Nationalverlust, und die Folgen wurden durch ganz Europa verspürt. Eine große Menge angesehener Familien wanderten mit den Trümmern ihrer Habe aus und flüchteten nach Holland, wo sie solche Begegnung von den Truppen ihres Königs nicht zu fürchten hatten.

Als Don Juan b'Austria das spanische Heer aus den Niederlanden entfernte, mußte b'Avila die Citadelle Antwerpens dem Herzog von Arschot übergeben. Zu stolz, um dies selbst zu thun, überlieferte er die Schlüssel durch seinen Lieutenant, und der Herzog schwor in die Hand Don Escuvedos, die Citadelle Niemand als König Philipp und seinen Erben auszuliefern, worauf Escuvedo erwiderte: „So Du hiernach handelst, so helfe Dir Gott! wo nicht, so möge der Teufel Dich holen mit Leib und Seele!" Alle Anwesenden sprachen dazu Amen! Die Bewohner Antwerpens hatten aus bittern Erfahrungen gelernt, welchen üblen Dienst Herzog Alba ihnen geleistet, als er an der Südseite der Stadt diese Citadelle anlegen ließ, aus welcher nun schon zweimal das Verderben über sie eingebrochen war. Sie erbaten daher und erhielten vom Staatsrath die Erlaubniß, diese arge Zuchtruthe von Grund aus zu zerstören, eine Arbeit, der sich alle Stände und selbst zarte Jungfrauen unterzogen und deren Vollendung die Bürger durch große Schmausereien feierten. Allein kaum waren sie hiermit fertig, als der Herzog von Parma, welcher glaubte, daß eine Citadelle der Stadt sehr nöthig sei, ihnen dieselbe wieder aufbaute.

Das Experiment, welches die Spanier zweimal mit so gutem Erfolg gegen Antwerpen ausgeführt, wünschten die Franzosen (1583) auch zu ihren Gunsten in Anwendung zu bringen. Der Herzog von Anjou, in welchem die Niederländer sich einen neuen Souverän ausgesucht hatten, von dem sie bessere Behandlung als von ihren spanischen Herren hofften, dieser Herzog fand sich durch die Bedingungen genirt, welche er bei seinem Antritt beschworen hatte. Er versammelte daher unter scheinbaren Vorwänden einige tausend Franzosen bei Bürgerhout unweit der Stadt und ritt unter dem Vorgeben einer Musterung mit sehr zahlreichem Gefolge nach dem Kipdorfer Thor. Auf der Brücke stellte sich einer der Begleiter des Herzogs, als ob er ein Bein verletzt. „Jambe rompue" wurde von vielen Stimmen wiederholt. Alsbald stürzen die Franzosen vor, tödten die Wache, besetzen das Thor und die Wälle und bringen in die Stadt ein.

Dort hatte ein dumpfes Gerücht von der Absicht des Herzogs sich schon mehrere Tage unterhalten. „So ließe sich wohl ein Thor erobern!" rief sogar eine Stimme aus dem

Voll, als der Herzog ausritt und man bemerkte, daß die Hofleute unter den Wämsern Harnische trugen. Jetzt stürzten die Bürger einzeln herbei, die Straßen wurden mit Ketten gesperrt, aus den Häusern flogen Steine auf die Köpfe der Eingedrungenen herab. Immer mehr wuchs die Zahl der bewaffneten Antwerpener, welche, durch schreckliche Erfahrungen belehrt, lieber sterben als eine neue Plünderung oder gar eine Hugenotten-Nacht erleben wollten. Bald waren die Franzosen in dem schrecklichsten Gedränge. Die Geschütze vom Wall donnerten auf sie herab, Schrecken und Verwirrung ergriff sie, und doch waren sie am Umkehren durch ihre eigenen Truppen verhindert, welche noch immer durch das eroberte Thor zogen.

Nach einem Verlust von 2000 Mann mußte der Herzog von Anjou diesen Versuch für Erweiterung seiner Macht aufgeben, und die Antwerpener feierten ihre Rettung durch ihren eigenen Muth.

Den letzten Stoß versetzte Alexander von Parma der Stadt durch die Belagerung oder vielmehr durch die Einschließung im Jahre 1584/85.

Das Unternehmen des Herzogs, einen Platz von 80 000 Einwohnern mit 10 000 Mann zu belagern, die durch einen 1200 Schritt breiten Strom ohne Brücken getrennt werden mußten und ohnehin unzufrieden und nicht mehr zuverlässig waren, dies Alles zu einer Zeit, wo Gent, Brügge, Dendermond, Mecheln und Brüssel noch nicht unterjocht und die seeländischen Geschwader in der Schelde kreuzten, ohne daß man ihnen ein Schiff hatte entgegensetzen können, ein solches Unternehmen konnte, selbst bei der riesenhaften Thätigkeit und Ausdauer der Spanier und ihres Feldherrn, nur durch die Kraftlosigkeit der Vertheidigung gelingen.

Doch die Umstände dieser merkwürdigen Belagerung sind zu bekannt, um hier mehr als nur erwähnt zu werden.

Nachdem Antwerpen unter spanische Botmäßigkeit zurückgefallen, flüchtete sich der Rest des niederländischen Handels nach Holland, und Amsterdam wurde der Mittelpunkt des Welthandels.

Außer dem Zuwachs an Reichthum, welchen die Holländer aus den südlichen Provinzen erhielten, nahm ihr Kommerz einen nie gesehenen Aufschwung durch eine Maßregel des Madrider Kabinets, welche darauf abzielte, ihn in seinem Wesen zu vernichten. — Längst schon hatte Philipp II. seinen Unterthanen den Verkehr mit den abtrünnigen Niederlanden verboten, aber dieser Handel bestand, mit Beobachtung gewisser Formen und unter fremdem Namen, zum unermeßlichen Vortheil beider Theile fort. — Philipp III. endlich brachte jene Prohibitivgesetze in Ausführung und nöthigte dadurch den unternehmenden Handelsgeist der Holländer, die Produkte Ostindiens, welche sie zeither auf spanischen Märkten geholt, an der Quelle selbst zu suchen, wodurch sie diese dann dem nördlichen Europa mit unendlich größerem Vortheil überlassen konnten.

Der Portugiese Vasco de Gama hatte 1497 den Seeweg nach Ostindien um das Vorgebirge der guten Hoffnung herum entdeckt und dadurch Genua und Venedig zu Grunde gerichtet. Zwanzig Jahre später entdeckte ein anderer Portugiese, Magelhaens, den südwestlichen Weg um das Südende Amerikas. Die Holländer nun wollten den gemuthmaßten nordöstlichen für sich entdecken und benutzen, welcher freilich die ganze Unternehmung um die Hälfte abgekürzt haben würde. Ein mißlungener Versuch der Engländer schreckte sie nicht ab; drei kleine Ausrüstungen wurden dahin unternommen, und der unerschrockene Heemskerk drang bis zu 80° nördlicher Breite vor. Wenn diese neuen Argonauten, welche einen fürchterlichen Winteraufenthalt in jenen noch von keinem Menschen gesehenen Meeren gemacht, zwar die Wahrscheinlichkeit einer Wasserverbindung um den Norden Asiens herum bewiesen, so hatten sie zugleich die Ueberzeugung gewonnen, daß dieselbe für kommerzielle Zwecke nicht anwendbar sein würde.

Die Holländer beschlossen nun, trotz allen Feinden, auf demselben Wege, wie die Portugiesen, welche damals Spanien einverleibt waren, zu handeln.

Neun Amsterdamer Kaufleute, welche vier Schiffe zu diesem Zweck ausrüsteten, das war der Anfang jener berühmten Ostindischen Kompagnie, welche schon wenig Jahre nach ihrem Entstehen über Flotten und Heere gebot, welche sich Königreiche unterwarf und über unermeßliche Länder herrschte.

Solche Erfolge waren freilich nur möglich durch die entschiedene Präponderanz der Holländer zur See; aber eben diese ist eine der erstaunenswürdigsten Erscheinungen jener am Außerordentlichen so reichen Epoche.

Noth und Verzweiflung hatten friedliche Fischer und Seeleute in Seeräuber, ihre Boote in Kaperschiffe umgewandelt, und diese Kaper verwandelten sich wieder binnen wenig Jahren in eine Marine, welche die spanische Flagge auf hohem Meer angriff, ihre stolzen Gallionen zerstreute und sie in den spanischen Häfen selbst verbrannte, in welchen sie vergebens Sicherheit suchten. Der Name der Meergeusen wurde mit Schrecken genannt, und der Besieger der ottomanischen Flotte im Hafen von Lepanto sah von den Ufern der Schelde die Vernichtung seiner Schiffe durch die seeländischen Geschwader. Die Armada, eine Unternehmung, von der man bis auf Napoleons Rüstung im Hafen von Boulogne nichts Aehnliches gesehen, scheiterte keineswegs bloß durch die Wuth der Elemente, sondern hauptsächlich an dem Widerstand der batavisch-englischen Flotte; und selbst in den Meeren der anderen Hemisphäre mußte die alte berühmte spanische Flagge der jungen kaufmännischen Seemacht weichen.

Wenn die Gerechtigkeit erfordert zu sagen, daß ein kaum erhörtes, unbeugsames Mißgeschick die Unternehmungen Spaniens zur See verfolgte, so muß man auf der anderen Seite ein= räumen, daß keine andere Marine, die englische nicht aus= genommen, eine so schnelle und glänzende Entwickelung und eine solche Menge großer Waffenthaten mit so geringen Mitteln aufzuweisen hat, als die holländische jener Periode.

Holland, eine Tochter des Meeres, war unüberwindlich, so lange man ihm das Element nicht entreißen konnte. Es war sein Ursprung, die Bedingung seines Fortbestehens, sein Schutz, seine Plage und sein Ernährer.

Wie sehr dies der Fall war, beweiset unter Anderm die Belagerung von Ostende, welche die Waffen des ganzen spanischen Heeres, selbst unter einem Spinola, drei Jahre und drei Monate unter seinen Mauern fesselte. Welcher unberechenbare Vortheil für den jungen, noch schwankenden Staat!

Die Belagerung Ostendes, in ihren Folgen minder bedeutend als die von Antwerpen, bietet in ihrer Ausführung von beiden Seiten ungleich Größeres und Interessanteres dar, und ihr Ruhm, wenn man die Fortschritte der Angriffs= und Zerstörungs= mittel in Erwägung zieht, reiht sich mit Recht dem von Troja und Tyrus an. — Ein entscheidender Umstand war, daß es den Spaniern nicht gelang, trotz der riesenhaftesten Anstrengungen die Kommunikation zur See zu unterbrechen, so daß nicht nur Ueberfluß an Lebensmitteln in der Festung herrschte, sondern auch die ganze Besatzung derselben nach und nach abgelöset werden konnte.

Schon in den ersten zwanzig Monaten kostete diese Be= lagerung den Spaniern mehrere Millionen und 18 000 Mann. Es waren 250 000 Schüsse aus 20= und 50pfündigen Kanonen gegen die Stadt gethan, welche ihrerseits bereits 8000 Mann eingebüßt und mit 100 000 Schüssen geantwortet hatte. Mit den Opfern, welche neue neunzehn Monate kosteten, erkaufte endlich Spinola den Besitz eines Steinhaufens, dessen Vertheidiger und Bewohner sich übers Meer in eine neue Heimat gerettet hatten, und büßte zu eben der Zeit Sluys ein, einen Platz von mindestens ebenso großer Bedeutung, als der mit so schmerzlichen Aufopferungen errungene war.

Mit dem Verlust der Herrschaft zur See waren auch die vereinten Provinzen der Niederlande für Spanien verloren, und nach einem mehr als vierzigjährigen Kampfe bedurfte es der Arbeit von drei Jahren, um nicht einen Frieden, sondern nur einen zwölfjährigen Waffenstillstand zu Wege zu bringen, der indeß wieder gebrochen wurde, um trotz gänzlicher Erschöpfung und Ohnmacht Spaniens den Kampf auf Tod und Leben fortzusetzen.

Aber wie verschieden war jetzt der bürgerliche Zustand der spanischen und der vereinigten Niederlande. Die freiwillig oder gezwungen unter die spanische Herrschaft zurückgekehrten Provinzen boten ein schauderhaftes Gemälde des Elends dar, welches willkürliche und schlechte Gesetze, Empörung und Krieg über ein Land verbreiten können. Der Ackerbau lag gänzlich darnieder, weil es wegen der vielen Auswanderungen an Arbeitern fehlte und Niemand sicher war, das zu ernten, was er säete. Die Folge davon war eine furchtbare Theuerung des Getreides, welche zu neuen Auswanderungen zwang. Der Handel war nach so vielen heftigen Stößen unterlegen. Mit Antwerpens Fall hatte er sich fast ganz nach dem Norden gewandt, wo er Schutz zu finden hoffen durfte, und die holländischen Kaper, welche alle Flußmündungen der Niederlande umschwärmten, richteten das Wenige, was geblieben, vollends zu Grunde. Natürlich, daß alle Fabriken und Manufakturen stockten, da es ihnen gänzlich an Abnehmern ihrer Erzeugnisse fehlte, wenn man nicht etwa die insurgirten spanischen Soldaten als solche rechnen will.

So standen Flecken und Dörfer leer, die Städte, durch Seuchen verheert, und von den protestantischen Bewohnern verlassen, welche die spanische Unduldsamkeit vertrieben, glichen offenen Gräbern, und Heerden von Wölfen durchstreiften die öden, vormals so blühenden Fluren.

Ganz anders, und gerade das Gegentheil dieser traurigen Schilderung gewährt uns ein Blick auf den neugestifteten Staat der vereinigten Provinzen. Aus demselben Grunde und in eben dem Maße, wie die Bevölkerung der spanischen Niederlande schmolz, nahm die seinige zu; die Auswanderungen, durch welche jene verarmten, machten ihn reich, und der Handel, der in Antwerpen unterging, blühte in Amsterdam unter dem Schutz siegreicher Flotten wieder empor. Der Kredit war befestigt durch verständige Gesetze und mehr noch dadurch, daß sie befolgt wurden. Mit einem Wort, die verbündeten Provinzen genossen mitten in einem Kriege, wo es sich um ihre Existenz handelte, alle Segnungen des Friedens, allen Ueberfluß des Handels und gründeten mitten unter den Stürmen, die sie umbrausten, ihre Herrschaft über einen anderen Welttheil.

Auf diese Weise trennten sich die politischen, religiösen und merkantilen Interessen eines Theiles der Niederlande von dem anderen und setzten sich in entschiedenen Widerspruch. Der schreiende Gegensatz des bürgerlichen Zustandes in den spanischen Provinzen mit dem der begünstigten Landsleute im Norden mußte den Neid der ersteren erwecken, und dieser Neid führte bei dem Fortbestehen der Veranlassung nur zu bald zu einem Hasse, den zwei Jahrhunderte nicht haben verwischen können.

Wirklich gehen von dieser Epoche an die Schicksale beider Theile ganz auseinander. Die Geschichte der spanischen Niederlande ist arm, ihr politisches Leben fast erloschen, und sie selbst nur das Schlachtfeld, auf welchem andere Mächte ihre verderblichen Händel ausfechten.

Hiervon war der Grund sowohl die politische Lage der Provinzen als auch die große Menge von Festungen, mit welchen sie zu ihrem Verderben besäet waren, und welche nicht ihnen sondern nur Holland zu Nutzen kamen. Es waren die Bollwerke, an welchen die großen und zahlreichen Armeen ihre Kraft erst brechen mußten, ehe sie Holland erreichen konnten, welches, selbst ohne Festungen, seit der Belagerung Leydens, Alkmaars und Haarlems durch Jahrhunderte nie wieder von Feindes Fuß betreten worden ist. — Durch den Barrieren-Traktat wurde den Vereinigten Staaten das Besatzungsrecht der mehrsten Festungen in den niederländischen Provinzen förmlich zuerkannt und diese recht eigentlich zum Schauspiel ihrer Kriege designirt. — Und so giebt es denn wohl auf dem ganzen Erdboden kaum einen Fleck, auf dem zwei Jahrhunderte hintereinander so viel Blut geflossen und der so durch Krieg, Plünderung, Brand und Seuchen, durch physischen und moralischen Druck verheert worden wäre, wie dieses unglückliche Land.

Zu schwach, um sich selbst gegen seine mächtigen Nachbarn zu vertheidigen, fehlte es seinen auswärtigen Beherrschern an Macht, es zu beschützen. Vergeblich waren deshalb auch alle Versuche, dem Handel, dieser Hauptquelle seiner Wohlfahrt, wieder aufzuhelfen. Eine ostindische Kompagnie zu Ostende blühte gleich nach ihrer ersten Stiftung ungemein schnell empor, aber die Eifersucht Englands und der Staaten nöthigten, sie wieder aufzuheben. Und so blieben alle andere Versuche der Willkür von außen bloßgestellt.

Die Politik damaliger Staatsmänner betrachtete diese vormals so reichen und fruchtbaren Provinzen, mit einer Bevölkerung, welche der von Königreichen, wie Dänemark, Schweden und Portugal, gleich kam, nur als eine Zugabe, die, indem man sie auf diese oder jene Wagschale legte, das Gleichgewicht der Staaten aufrecht zu halten geeignet wäre.

Zwar hatten die Flamänder den Gedanken gehabt, die spanische jetzt ganz kraftlose Herrschaft abzuschütteln und sich unter dem Schutz Frankreichs und der Staaten zu einem Freistaat zu konstituiren. Auch wurden Verhandlungen angeknüpft zwischen Ludwig XIV. und dem Rathspensionär de Witt, welche bei dieser Gelegenheit den Rest der spanischen Niederlande unter sich zu theilen gedachten. Allein sie zerschlugen sich, und das Projekt unterblieb vornehmlich, weil Jeder viel haben und Alle wenig geben wollten.

Im Jahre 1691 bot der spanische Hof die niederländischen Provinzen den Staaten erb- und eigenthümlich an, weil derselbe sie gegen Ludwig XIV. doch nicht vertheidigen zu können glaubte. Allein Wilhelm III., damaliger Statthalter, lehnte den Besitz dieser Lande ganz ab, hauptsächlich weil er in der Verschiedenheit der Religion ein unübersteigliches Hinderniß der Verschmelzung erblickte.

So wanderten die niederländischen Provinzen aus der spanischen Herrschaft in die österreichische, ohne daß ihr Schicksal sich dadurch eben verbessert hätte, und so erblicken wir Belgien in seiner tiefsten Ohnmacht, während wir Holland den Gipfel seiner Macht ersteigen sehen werden.

Sehr entscheidend ist der Einfluß, welchen die vereinigten Niederlande seit dem zwölfjährigen Waffenstillstand auf die Angelegenheiten Europas äußern.

Nach Ablauf dieses Waffenstillstandes, während dessen der Kampf in Indien jedoch ungehindert fortgedauert, entbrannte der Krieg zwischen Spanien und den Staaten aufs Neue. Aber die Schwäche Spaniens war damals schon so groß, daß selbst ein Spinola keine Energie in den Gang der Unternehmungen gegen die abgefallenen Lande mehr zu bringen vermochte. Die Rüstungen der Staaten waren ebenfalls nur geringe, und im Jahre 1628 unter Anderem ging der Prinz von Oranien gar nicht einmal zu Felde.

Dennoch verstand sich Spanien erst 1648 im Münsterschen Frieden dazu, die Staaten in einer auf Papier und trotz des Werthes, welchen diese auf den Umstand legten, nicht auf Pergament geschriebenen, nur mit Yo el rey (Ich der König) unterzeichneten Urkunde, für souveräne Lande zu erkennen.

Dieser Kampf hatte nun im Ganzen achtzig Jahre gedauert. Ganze Generationen waren geboren und gestorben, ohne den Frieden — in ihrem Vaterlande wenigstens — weiter als vom Hörensagen zu kennen. Und dennoch war das Verlangen nach diesem Frieden so gering, daß selbst der Abschluß desselben von Seiten Hollands großen Widerspruch fand.

Wie Handel und Industrie sich während des Krieges zu ihrer höchsten Spitze erhoben, haben wir gezeigt.

Aber auch Kunst und Wissenschaft blühten hervor. Die Universitäten zu Leyden, Franeker, Utrecht und Harderwyck waren gestiftet, und die Meisterwerke der niederländischen Schule, welche noch jetzt einen so wesentlichen Theil des Reichthums aller Bildergalerien Europas ausmachen, sind jener und der zunächst darauf folgenden stürmischen Periode entsprossen. Zwar war der Staat verschuldet, aber die Privatleute erfreuten sich eines unermeßlichen Wohlstandes und einer Ueppigkeit, welche sich unter Anderem in dem berüchtigten Blumenhandel bekundet, wo man, im entschiedensten Gegensatz zur kaufmännischen Solidität der Holländer, eine so vergängliche Waare, wie Tulpen und Hyazinthen, in Zwiebeln das Pfund zu 5000 bis 6000 Gulden verkaufte und kaufte.

Der Krieg war den Holländern, wenn nicht zum Bedürfniß, so doch zur Gewohnheit geworden, sie führten ihn übrigens zwar mit eigenem Gelde, aber mit fremdem Blute, auf fremden Meeren und in fremden Landen.

Auch hatte der Friede nur vier Jahre gedauert, als die niederländischen Flotten schon gegen England, Portugal und Schweden ausliefen.

England, welches sich gerade damals zu der Rolle vorbereitete, welche es in der Alleinherrschaft der Meere zu spielen gedachte, verkannte den gefährlichen Nebenbuhler nicht, welchen es in dem jungen Staat jenseit des Kanals hatte. — England war bereits eine furchtbare Seemacht, die Vereinigten Staaten wurden es in dem Kampfe, welcher sie daran verhindern sollte. — Aber trotz der Ueberlegenheit, welche die Zahl und größere

Bauart der Schiffe den Engländern gewährte, konnten sie durch zwei Feldzüge die Seemacht der Staaten nicht überwältigen. Unter Führern wie Waffenaer, Ruyter und Tromp hielt diese überall Stand, und eben so oft Sieger als besiegt, wagte sie sogar am Schluße dieses Krieges noch in die Themse bis über Chatham vorzubringen, wo sie die dort liegenden königlichen Schiffe theils wegnahm, theils verbrannte. In London wußte man sich in diesem Augenblick nur durch Versenkung von Schiffen in die Themse vor dem Besuch der Niederländer zu schützen.

Allein während die Flotte der Staaten eine so ruhmvolle Rolle spielte, war ihr Landheer in einem solchen Verfall, daß der Bischof von Münster es wagen durfte, sie mit Krieg zu überziehen, und während sie die Meerkönigin in ihrer Hauptstadt bedrohten, sahen sie sich genöthigt, Frankreich um Hülfe gegen den geistlichen Herrn anzurufen.

Dieser gänzliche Verfall der Landmacht war zum Theil absichtlich hervorgerufen, und der Grund davon ist in der Eifersucht der Magistrate auf die Prinzen von Oranien zu suchen.

Kaum hatte nämlich diese Familie dem Lande seine Unabhängigkeit erkämpft, als es schon zu fürchten begann, selbige an sie zu verlieren. — Mit einem Mißtrauen, das wenig von der Dankbarkeit verrieth, welche die Staaten Wilhelm dem Stillen und seiner Familie schuldig waren, von der die mehrsten Glieder im Kampf für die Sache eben dieser Staaten ihr Leben geopfert, schloß man die Abkömmlinge jener Männer von allen Bedienungen und dem Einfluß derselben sorgfältig aus.

Die Opposition gegen das Haus Oranien wurde durch zwei ausgezeichnete Männer repräsentirt, nämlich den Rathspensionär von Holland Oldenbarneveldt und seinen Nachfolger de Witt. Beide hielten es für sehr bedenklich, den kriegerischen Abkömmlingen Wilhelms I. irgend eine Macht in

Regierungsangelegenheiten einzuräumen; sie fanden es gerathen, die höchste Gewalt in vielfacher Abstufung den Staaten (d. h. Abgeordneten) der Provinzen, vorzüglich aber sich selbst, als Vertretern der bei weitem mächtigsten Provinz, zu bewahren. Hiermit einverstanden war besonders die einflußreiche Kaufmannschaft, welche nach Beispielen, wie die sämmtlicher Herrschafter seit Karl von Burgund bis auf Anjou und Leicester, allerdings nicht Ursache hatten, die Regierung eines Einzelnen wieder herbeizuwünschen. — Einige gewaltsame Maßregeln der Prinzen Moritz und Wilhelm II. hatten die Sachen noch verschlimmert, ein Anschlag des Letzteren auf Amsterdam war verunglückt, und Wilhelm III. verlor während seiner Minderjährigkeit Alles, was ihn von einem Privatmann unterschieden hätte.

Die Stellung der Oranier gegen das niederländische Volk war eine außerordentliche, und es bedurfte der Mäßigung und Umsicht, welche die Schritte der Fürsten dieses Hauses bezeichneten, um nicht Alles zu verderben. Ihre Ansprüche auf eine höhere Stellung waren nirgends durch ein Uebereinkommen oder einen Vertrag festgestellt. Sie beruheten lediglich auf großen, dem Staate geleisteten Diensten und waren daher nur um so ehrenvoller.

Seit der Utrechter Union bildete nämlich jede der vereinigten Provinzen einen völlig unabhängigen souveränen Staat für sich, dessen Regenten die Abgeordneten waren, welche aus der Gesammtheit des Adels und der Städte gewählt und Staaten genannt wurden. Für solche gemeinsamen Angelegenheiten aller Provinzen, wie Krieg und Frieden, Steuer, Bündnisse u. s. w., gab es einen Ausschuß der Staaten, dessen Mitglieder Generalstaaten hießen und welche sehr geneigt waren, wiewohl mit Unrecht, sich als die höchste Gewalt anzusehen. Neben dieser wirklichen höchsten Gewalt bestand gewöhnlich noch eine scheinbare: die Würde des „Statthalters", wiewohl es keinen auswärtigen

Regenten mehr gab, den er zu vertreten hatte. Allein der Statthalter repräsentirte den Staat nach außen und war bestimmt, durch den Glanz seiner Abkunft und seiner Person fremden Mächten Achtung einzuflößen. Gewöhnlich vereinte er mit der Statthalterschaft über mehrere Provinzen auch im Kriege die Generalkapitäns- und Admiralswürde, weil es hier darauf ankam, durch Centralisirung der Gewalten kräftiger handeln zu können; und dann war sein Einfluß allerdings von Bedeutung.

Wenn nun gleich die hohen Magistraturen die Familie Oranien von diesen Würden ausgeschlossen, zum Theil jene Würden sogar ganz aufgehoben hatten, so bestand doch eine große und sehr verbreitete Stimmung zu ihren Gunsten. Für sie war das Andenken an ausgezeichnete Verdienste und ein starker Anhang im Volk.

Dem Adel, der sich ohnehin sehr hintenangesetzt fühlte, mußte ein kriegliebender Fürst unstreitig mehr zusagen, als das Regiment der Hochmögenden Herren, und der gemeine Mann, aus uralter und glücklicherer Zeit an seine Grafen und Ruhwarde gewöhnt, liebte den Glanz und die Pracht eines freigebigen fürstlichen Herrn, der Ehrenstellen und Begnadigungen vertheilte, während die Staaten nur Steuern und Auflagen ausschrieben. Einen Anhang hatte die Oranische Partei aus begreiflichen Gründen im Heer, soweit ein solches bestand.

Da verwandtschaftliche Bande das Interesse des Oranischen Hauses an die Königliche Familie von England knüpften, so warf de Witt sich völlig in das Interesse von Frankreich. Deshalb mußte die Seemacht auf einen imposanten Stand gebracht, die Landmacht aber so viel wie möglich vermindert werden, ein Bestreben, worin die kaufmännische Sparsamkeit der Staaten ihn sekundirte. Die Offizierstellen bei den Truppen, welche nach einer Reihe von Reduktionen noch übrig geblieben, wurden durch die Vettern der Bürgermeister besetzt, deren ganze Aufgabe es war, ihre Gehalte zu verzehren und antioranisch zu sein.

Aber die verbündeten Staaten sollten an sich selbst eine Erfahrung machen, welche sie minder schmerzlich aus Anderer Beispiel in der Geschichte hätten schöpfen können; nämlich wie gefährlich die Zersplitterung der leitenden Gewalt im Staate vorzüglich da ist, wo mächtige Nachbarn bereit sind, sich durch die Schwäche Anderer zu bereichern.

Einen solchen unruhigen Nachbar hatten die Staaten par excellence in Ludwig XIV. erhalten.

Dieser Monarch glaubte gewisse Ansprüche auf die spanischen Niederlande zu haben. Zur Beruhigung seines Gewissens ließ er sie durch seinen Staatsrath und einige Gottesgelehrte untersuchen, und Beide fanden sie sehr gegründet. Sonst urtheilte Europa davon, daß sie sich besser durch Kanonen als durch Rechtsgründe beweisen ließen, und der König beschloß auch, ihnen die nöthige Stärke durch ein bedeutendes Heer zu verleihen.

De Witt verblendete sich absichtlich gegen das, was zwar leicht zu sehen, was aber seinen Untergang und den seines Systems unausbleiblich nach sich ziehen mußte. Er widersetzte sich standhaft jeder Beförderung des Prinzen von Oranien, verringerte das Heer noch ferner und hielt sich selbst und den Staat noch für völlig sicher durch die Freundschaft Frankreichs, als das Gewitter zum Ausbruch kam, welches, aller menschlichen Berechnung nach, die Existenz der vereinigten Niederlande beendigen mußte.

Frankreich und England, die beiden größten Mächte des damaligen Europa, erklärten den Staaten Krieg, Schweden und die Bischöfe von Münster und der Kurfürst von Köln schlossen sich jenen zum Ueberfluß an, und die bedrängten Niederlande, von ihren Bundesgenossen verlassen, ja bekriegt, hatten keine

Hoffnung weiter, als auf ihre eigenen Kräfte und auf die mögliche Hülfe des entfernten Spaniens und Brandenburgs.

Die Staaten machten die bemüthigsten Vorstellungen, aber umsonst. Ihre Nachgiebigkeit war so groß, daß England beinahe verlegen um einen Vorwand zum Bruch war. Die künftigen Eroberungen wurden indeß zum voraus getheilt. Ein Heer von 150 000 Mann, deren man in jener Zeit noch nicht gewohnt war, unter Generalen, wie Turenne und Condé, und den König von Frankreich an der Spitze, rückte längs des Meeres vor (1672). Geldern, Utrecht und Overyssel gingen sogleich verloren, Friesland und Gröningen waren von Feinden besetzt, und nur Ueberschwemmungen hinderten die Franzosen, in Holland vorzudringen. Die Festungen fielen eine nach der andern, selbst die stärksten, fast ohne Widerstand. Ostende z. B. ging in ebenso viel Tagen an den König über, als es Jahre dem Spinola widerstanden. Ludwig XIV. sah sich in dem schimmernden Licht eines großen Eroberers und wählte den rechten Moment, um zur Frau v. Montespan zurückzukehren.

Während dieser unerhörten Erfolge schwamm auf der entgegengesetzten Seite eine furchtbare englische Flotte herbei, welche durch eine Landung auf Holland den letzten Fleck zu erobern gedachte, auf den sich die Unabhängigkeit der Staaten geflüchtet.

Und allen diesen drohenden Stürmen hatte man zu Lande nichts entgegenzusetzen, als 20 000 Mann schlechter, undisziplinirter Truppen, unter Anführern, die weder Muth noch Kenntniß vom Kriege hatten. Dazu Zwistigkeiten wie immer im Innern und getheilte Meinungen über die zu ergreifenden Maßregeln. — Wirklich bedurfte es der ganzen Anmaßung Ludwigs XIV. und eines Naturwunders, um den Untergang des Staates zu hindern. — Eine doppelte Ebbe, welche zwölf Stunden dauerte, und ein gleich darauf folgender Orkan verhinderten die Landung. Diese Erscheinung war sehr selten im Frühling und im Herbst, nie aber, wie diesmal, im Sommer erlebt. Zu Lande endlich verdankte man dem Uebermuth Ludwigs, was man seiner Großmuth umsonst zu verdanken gehofft. Das Uebertriebene seiner Forderungen führte die Verzweifelnden auf ihre eigenen Kräfte zurück, von denen sie jetzt ihre Rettung erwarten mußten.

De Witt und sein Anhang gingen im Drange dieser Umstände zu Grunde. Dieser ausgezeichnete Mann, der neben einer entschiedenen Herrschsucht alle Eigenschaften eines großen Staatsmannes besaß, wurde, so wie sein Bruder, der verdiente Admiral de Witt, vom Pöbel auf eine empörende Art gemordet.

Der Prinz von Oranien war schon früher durch eine allgemeine Volksbewegung zum Statthalter und Generalkapitän berufen, und diese Würden sollten von nun an erblich sein. Obschon in den Friedensvorschlägen von Seiten Frankreichs sehr vortheilhafte Bedingungen für den Prinzen stipulirt waren, so erklärte dieser, als man ihn befragte, dennoch, daß die Vorschläge in allen ihren Theilen unannehmbar seien, und daß man lieber zu Grunde gehen müsse als darauf eingehen.

Das Heer wurde neu geschaffen und organisirt, und wenn Wilhelm III. in seinen Unternehmungen mit diesem neuen Heer nicht glücklich war, so gebührt ihm das große Verdienst, durch seine Standhaftigkeit einen schimpflichen Frieden abgewendet zu haben, wie denn er es auch war, der später, als König von England, das drohende Wachsthum der französischen Uebermacht, zum Theil wenigstens, wieder vernichtete.

Die Verhältnisse gestalteten sich ohne vieles Zuthun der Staaten, besonders durch das Auftreten der Kaiserlichen Truppen, immer günstiger; und so gingen die Niederlande aus einem Kampfe hervor, in welchem der größte Sieg die Erhaltung ihres Daseins war.

Der Nymwegener Friede (1679) stellte den Staat der vereinigten Niederlande in seinem vorigen Zustand wieder her.

Von jetzt an führte dieser keine Kriege mehr gegen England. Beide Länder waren natürlich gegen die drohende Uebermacht Frankreichs miteinander verbündet, und so wie sein Ahnherr vor 100 Jahren die Uebermacht Spaniens gebrochen, so schien Wilhelm III. von Oranien bestimmt, dem verheerenden Strome französischer Tyrannei ein Ziel zu setzen.

Auch die Niederlande sahen sich dadurch bald in neue Kriege verwickelt. Der erste dauerte sieben Jahre, und die Staaten blieben durch den Ryswyker Frieden im Besitz alles dessen, was sie vorher besaßen. Aber der Krieg hat ihnen 600 Millionen Gulden gekostet.

Der zweite dauerte 11 Jahre. Es war der bekannte spanische Erbfolgekrieg. Wilhelm III. starb, ohne den günstigen Erfolg zu erleben, den Marlboroughs und Eugens vereinte Heere erfochten. Dieser Krieg erreichte seinen Zweck größtentheils, sofern er in der Demüthigung Ludwigs XIV. bestand, und er würde ihn noch viel mehr erreicht haben, wenn nicht Marlborough trotz seiner Schlachten einer Weiberkabale am englischen Hofe unterlegen und wenn man eben so geschickt im Friedenschließen als im Kriegführen gewesen wäre.

Durch diesen Utrechter Frieden kamen die spanischen Niederlande (1715) an Oesterreich, und die vereinigten Provinzen erhielten durch den sogenannten Barrieren-Traktat das Besatzungsrecht mehrerer Festungen in den jetzt österreichischen Niederlanden. Dies war aber auch Alles, was sie von ihren fast übermäßigen Anstrengungen für die gemeinsame Sache ernteten.

Seit dem Entstehen des Staates der vereinigten Niederlande durch das Bündniß zu Utrecht bis zum Utrechter Frieden waren 134 Jahre verflossen, und von diesen 30 Jahre Friede, 104 Jahre aber Krieg gewesen. Jene waren außerdem durch fortwährende innere Händel, durch Kriege in Ostindien und durch

Hülfsleistungen an andere Staaten gestört. Diese hatten einen Aufwand von Kräften erfordert, welcher außer allem Verhältniß mit der Größe des Staates zu stehen schien.

Im Jahre 1672 hatte die vereinigte englisch-französische Flotte, welche gegen die Staaten auslief, aus 101 großen Kriegsschiffen bestanden, welche mit mehr als 6000 Geschützen bewaffnet und mit 35 000 Mann besetzt waren. Die Staaten stellten ihr 91 Kriegsschiffe mit 65 Brandern und Jachten entgegen und bestanden den Kampf.

Dies waren die größten Flotten, welche je vorher und nachher auf dem Meere gesehen worden sind. Jede derselben übertraf an Größe die berühmte Armada Philipps II.

Im Jahre 1673 rüsteten die Niederlande 75 Kriegsschiffe, 43 kleinere Schiffe mit 4300 Kanonen und 20 000 Mann aus; und als Wilhelm III. das Heer neu geschaffen, stellten sie sogar 66 000 Mann ins Feld.

Diese stürmische und thatenreiche Periode in der Geschichte der Niederlande ist zugleich die ihres höchsten Glanzes und ihrer Blüthe. Die Schulden der Regierung selbst, und diese waren die einzige Spur, welche im Lande von so viel Kriegen gefunden wurde, waren ein Vortheil für die Individuen. Die Menge des baaren Geldes war so groß und der Kredit der Regierung so wenig erschüttert, daß sie jeden Augenblick zu geringen Zinsen die größten Summen im Lande selbst erhalten konnte. Eben dieser Ueberfluß an Geld machte auch, daß man die Abzahlung der Staatsschulden nicht einmal wünschte. Ein solcher Reichthum und die riesenhaften Leistungen und Kraftanstrengungen der Staaten hatten ihnen ein Ansehen und einen Einfluß in der politischen Welt verschafft, der wenig mit der vornehmen Geringschätzigkeit stimmte, mit welcher andere Mächte, und namentlich Frankreich, den „Kaufmann-Staat" zu behandeln sich angelegen sein ließen. Und wenn sie es den Staaten als eine Beleidigung anrechneten, daß sie auf einer ihrer Medaillen behaupteten,

„Königen beigestanden, sie beschützt und versöhnt, die Freiheit der Meere behauptet und die Ruhe Europas wiederhergestellt zu haben", so war der Anlaß dazu wohl nur der, daß eine so kleine Macht es gewagt, die Wahrheit zu sagen.

Aber die politische Größe Hollands war ein exaltirter Zustand, der nicht von Dauer sein konnte. Der Friede, der andere Staaten hebt, richtete diesen zu Grunde.

Wilhelm III., welcher in England mit vieler Einschränkung herrschte, genoß in den Niederlanden des entschiedensten Ansehens, so daß die Franzosen ihn nicht mit Unrecht König der Niederlande und Statthalter von England nannten. — Mit ihm aber erlosch der Mannesstamm Nassau-Oranien, und die Betheiligten benutzten diesen Umstand, die übrigen Glieder der Familie Oranien von hohen Aemtern zu entfernen und die statthalterlose Regierung wieder einzuführen. Die Folge davon war der gänzliche Verfall des Heeres. — Zwar war der spanische Erbfolgekrieg, dieser glücklichste aller niederländischen Feldzüge, nach dem Tode des Statthalters, aber mit der Armee und allen den Institutionen geführt, welche er ins Leben gerufen hatte. — Wie schlecht es bald mit der niederländischen Militärverfassung stand, bewies die Leichtigkeit, mit welcher die Franzosen in einem neuen Kriege 1747 sich ihrer Barriereplätze bemächtigten. In diesem Jahre befanden sich 35 000 Mann von den Truppen des Staates in französischer Gefangenschaft, d. h. beinahe ihre ganze Armee.

Auch der Handel sank, und das aus keinem Grunde so sehr, als weil auch andere Völker jetzt nach Ostindien handelten, ihre Fabriken und Manufakturen hoben und die Holländer dadurch eine große Konkurrenz zu besiegen hatten. Hierzu kam, daß, während die Staaten, um Frankreichs gefährliche Nachbarschaft weniger drohend zu machen, sich eng an England schlossen, dieser nicht minder gefährliche Nachbar zur See durch den Ruin der französischen Marine die seinige dergestalt vergrößerte, daß die niederländische ihr bald nicht mehr gewachsen war.

So waren die vereinigten Provinzen nach einem langen Frieden um ein Bedeutendes von ihrer Höhe herabgesunken, und für unsere Betrachtung gewähren sie wenig Interessantes, als den inneren Kampf der oranischen und antioranischen Partei. Das Entstehen dieser Opposition fällt mit dem des Staates zusammen, und ihr Fortbestand giebt sich durch die ganze Dauer desselben bald in offenkundiger Fehde, bald in versteckten Umtrieben kund.

Mit dem Tode Wilhelms III., welcher ohne Kinder starb, war nochmals aller Einfluß des Hauses Oranien verloren gegangen, aber der Einbruch der Franzosen um die Mitte des 18. Jahrhunderts führte Wilhelm IV. durch die Volksstimme wieder ans Staatsruder. Man hat überhaupt eine große Aehnlichkeit der Schicksale dieses Statthalters mit dem seines königlichen Vorfahren, Wilhelms III., bemerkt. — Der Eine wie der Andere, nach dem Tode ihrer Väter geboren, war von einer ungemein zarten und schwächlichen Leibesbeschaffenheit. Sie verloren während ihrer Minderjährigkeit alle Rechte, die ihre Vorfahren besaßen. Beide vermählten sich mit Töchtern englischer Könige und wurden durch unglückliche Kriege, die dem Staat Verderben drohten, sowie durch Volksaufstände, welche beidemal in Heere ausbrachen, zu derselben Würde in den vereinigten Staaten erhoben, welche nunmehr für erblich in männlicher und weiblicher Linie erklärt wurde.

Dennoch war die Gegenpartei keineswegs vernichtet. Unter Wilhelm V. erhob sie, besonders im letzten Viertel des vorigen Jahrhunderts, ihr Haupt mit neuer Macht, und wirklich war sie noch immer im Besitz des größten Theils der wahren Gewalt im Staate. Holland und in diesem das mächtige, reiche und übermüthige Amsterdam waren die Hauptstützen jener Faktion, die sich selbst den Namen der Patrioten beigelegt, um dadurch zu bezeichnen, daß ihre Gegner, die oranisch gesinnte Partei, keine Patrioten, sondern das Gegentheil seien. Gegen diese erlaubte man sich nun die offenbarsten Ungerechtigkeiten und Verfolgungen; der Erbstatthalter wurde auf die unwürdigste Weise angefeindet, verleumdet und mit Schmähschriften überschüttet. Ja man ging so weit, ihm das Kommando über die Truppen im Haag abzunehmen, und dieser Fürst konnte sich gegen solche widerrechtliche Eingriffe und Beleidigungen nicht schützen, ohne den Bürgerkrieg herbeizuführen. Angeregt durch den Beistand fremder Mächte und befürchtend, daß die prinzlich gesinnte Partei in der Staaten-Versammlung dennoch die Oberhand gewinnen könnte, entschlossen sich die Amsterdamer Patrioten im April 1787 zu Gewaltmaßregeln, sie veränderten den Rath in dieser Stadt, in Rotterdam und Utrecht, und ließen ihre Truppen zur Unterstützung der dortigen Anhänger marschiren.

Jetzt trat der Prinz von Oranien mit einer entscheidenden Erklärung hervor, welche seinen Anhängern Muth gab, öffentlich aufzutreten, und da zeigte es sich dann allerdings, daß der größere Theil der Nation für den Statthalter war.

Die Patrioten, obschon ganze Bataillone von ihnen übergingen, verließen sich indeß auf ihre bewaffneten Bürgerkorps und auf den Schutz Frankreichs, von welchem sie glaubten, daß es nicht 60 Millionen Livres (die nach Calonnes Angabe die niederländischen Angelegenheiten gekostet) umsonst ausgegeben haben werde.

Allen diesen Umtrieben wurde aber ein schleuniges Ziel durch den Einmarsch von 24 000 Preußen gesetzt. Die Patrioten hatten nämlich die Gemahlin des Erbstatthalters, die Prinzessin Wilhelmine von Preußen, Schwester Friedrich Wilhelms II., auf ihrer Reise nach dem Haag bei Schoonhofen angehalten und sie nach 36stündiger Haft ohne viele Umstände zurückgeschickt. Der König, ihr Bruder, welcher seither alle Einmischung standhaft abgelehnt, forderte für dieses Benehmen Genugthuung, und da selbige nach wiederholter Aufforderung nicht erfolgte, so stellte er den Urhebern einen Termin von vier Tagen, um sich zu erklären. Als auch diese letzte Frist ohne bündige Antwort verstrichen war, rückte der Herzog von Braunschweig im September 1787 in drei Kolonnen über Nymwegen, Amersfort und Zütphen vor. Ohne sich an ein französisches Lager von 40 000 Mann zu kehren, welches bei Givet zusammengezogen werden sollte, stand das Heer in wenig Tagen vor den Mauern von Amsterdam, welches seit drei Jahrhunderten keinen Feind gesehen hatte. Der Widerstand der Patrioten war eben so gering gewesen, als ihre Anmaßung bisher groß war. Amstelveen, welches Miene machte, sich halten zu wollen, wurde erstürmt. Eine bewaffnete Fregatte, welche auf dem Leck lag, ergab sich, von einem Trompeter aufgefordert, den preußischen Husaren, welche bisher in ihrer sonst so reichen Kriegsgeschichte doch wohl noch kein Beispiel von eroberten Kriegsschiffen aufzuweisen hatten.

Rotterdam, Dortrecht, Leyden und Haag waren durch die Preußen besetzt, aber der Amsterdamer Magistrat war noch nicht gesonnen, sich zu unterwerfen. Als schon der Herzog von Braunschweig durch den Besitz von Oudekerk im Stande war, die Stadt zu bombardiren, suchte er durch Deputationen und Unterhandlungen wenigstens noch Zeit zu gewinnen.

Nach vergeblichem Widerstand wichen diese Männer endlich der Nothwendigkeit, und das Leydener Thor wurde infolge Uebereinkunft von den Preußen besetzt. Die Amsterdamer genossen das ihnen ganz neue Schauspiel, fremde Truppen innerhalb ihrer Mauern zu sehen, denn bisher hatten die Statthalter sogar ihre schwache Leibwache vor den Thoren zurücklassen müssen, wenn sie nach dieser Stadt kamen.

So wurden mit großer Mäßigkeit diese Streitigkeiten beigelegt und die Macht des Erbstatthalters in einer Ausdehnung hergestellt, von welcher man hoffen durfte, daß sie künftig solchen verderblichen Unruhen zuvorkommen werde.

Aber zu eben der Zeit, wo in Holland die Flamme des Aufruhrs erstickt wurde, glimmte das Feuer unter der Asche in den österreichisch-belgischen Provinzen. Die Empörung, welche wenig Jahre nachher in diesem Lande ausbrach, hat in vieler Beziehung eine so große Analogie mit der, welche heute die Blicke Europas auf sich zieht, daß eine kurze Schilderung derselben unter einem pragmatischen Gesichtspunkt hier Platz finden möge.

Zweimal in dem Zeitraum von einem halben Jahrhundert hat Frankreich das große Trauerspiel einer Revolution aufgeführt, und beidemal hat Belgien diese Begebenheiten paradigmatisch im Kleinen wiedergegeben.

Allein man kann sagen, daß die belgische Kopie eine negative, eine Revolution gewesen sei, welche in entgegengesetzter Richtung ausgeführt oder wenigstens beabsichtigt wurde.

Was Frankreich am Schluß des vorigen Jahrhunderts bekämpfte, was es vernichten wollte, eben das war es, für dessen Befestigung man in Belgien die Waffen ergriff; das Prinzip, welches dort die Regierung umstürzte, saß hier auf dem Thron, mit einem Worte, in Frankreich stellte sich das Volk dem Adel und Pfaffenthum in seiner damaligen Verbindung mit dem Königthum gegenüber, in Belgien war es die weltliche und geistliche Aristokratie, welche sich gegen Kaiser und Volk, obschon ostensibel nur gegen Ersteren, auflehnte.

Denn kann wohl der, welcher die Begebenheiten vom Jahre 1787 bis 1792 aufmerksam verfolgt, im Zweifel sein, von wem und zu wessen Gunsten die Unruhen angestiftet wurden, welche das Land verheerten, und gegen wen sie dem Wesen nach gerichtet waren?

Die Veränderungen, welche Joseph II. in seinen Staaten unternahm und welche bald mit dem gehässig gewordenen Ausdruck von Neuerungen bezeichnet wurden, bezweckten Aufhebung der Leibeigenschaft und des Gewissenszwanges durch Einführung einer allgemeinen Duldung. Er verbesserte die Gesetze, die Gerichtshöfe und alle Zweige des Verwaltungswesens, schenkte seinen Völkern die Preßfreiheit, schaffte die Todesstrafe ab, regulirte das Pensionswesen und die Polizei, begünstigte den Landbau und die öffentliche Erziehung. Er hob zugleich die Verbindung der Ordensleute mit Rom auf und zog diejenigen Klöster ein, welche keine Schulen hielten, keine Kranken pflegten und deren Mönche nicht predigten, wodurch beiläufig die Zahl der Mönche und Nonnen im österreichischen Staat um 40 000 Individuen vermindert wurde. — Das Resultat, welches die französische Revolution auf langjährigem, blutigem Wege erzielt, das große Aequivalent, welches sie Europa für die Leiden geboten, mit welchen sie es überschüttet, das wollte kraft seiner Machtvollkommenheit dieser österreichische Kaiser, dem die Weltgeschichte noch eine große Ehrenerklärung schuldig sein dürfte.

Und in einer kurzen Reihe von Jahren sehen wir fast in allen Theilen seines weitschichtigen Reiches die Völker mit gewaffneter Hand die Vortheile zurückweisen, welche ihr Beherrscher ihnen darbietet.

Joseph mußte Alles, was er in seiner Regierung bereits gewirkt und ausgeführt hatte, zurücknehmen, er vernichtete kurz vor seinem Tode sein ganzes Werk, oder vielmehr er starb, weil er das mußte.

Man wird sagen, die Zeit sei zu kurz, die Völker nicht reif, nicht auf der Stufe der Bildung gewesen, welche nothwendig ist, um eine solche Umformung des lange Bestandenen in sich aufzunehmen, und das ist wahr, wenngleich wenig Bildung dazu gehört, damit der Bauer begreife, daß es besser ist, Eigenthümer als Knecht zu sein. Und wodurch denn als durch diese Umformung war das Volk auf jene Stufe zu bringen? — Man behauptet ferner, der Kaiser habe durch die Verbesserung des Mechanismus der Verwaltung diese in seiner Hand konzentrirt, aber war es nicht eben das Volk, welches daraus die unermeßlichsten Vortheile zog? — Offenbar ging der Widerstand von der Klasse aus, welche einen Theil ihrer Privilegien zum Wohl des Ganzen opfern sollte, und wenn wir mit dieser Klasse das sogenannte Volk im blinden Bündniß gegen ihren Wohlthäter erblicken, so geschah das, weil die Revolution überhaupt fast immer eine Ueberraschung des Volkswillens durch eine Faktion ist, und weil jene Faktion in Belgien vorzugsweise aus der Geistlichkeit bestand. Denn diese hat sich in den katholischen Niederlanden einen Einfluß zu bewahren gewußt, von welchem vielleicht kein Land in Europa außer Spanien ein Seitenstück liefert und den wir am Ende des achtzehnten Jahrhunderts für unglaublich halten würden, wenn wir ihn nicht am Anfange des neunzehnten unvermindert wiederfänden.

Die ersten tumultuarischen Aufstände brachen zu Löwen in dem neugestifteten geistlichen Seminar aus, gegen welche Einrichtung der Erzbischof von Mecheln schon große Bedenklichkeiten erhoben hatte. Die jungen Geistlichen, uneingedenk ihres Standes, schlugen Fenster und Bänke entzwei und forderten ungestüm eine bessere Nahrung, worunter einige gutes Bier, andere eine reinere Geistesnahrung verstanden wissen wollten.

Auftritte von ernsterem Gepräge erfolgten bald zu Brüssel, wo die Staaten von Brabant, wegen Verletzung der Joyeuse Entrée, ihres Freibriefes, den der Kaiser bei der Huldigung beschworen, die Zahlung der gewöhnlichen Auflagen verweigerten. An einigen Stellen hatten zwar die Landleute verlangt, ihre Steuern künftig direkt an den Kaiser und nicht mehr an die Stände zu zahlen, wonach zu urtheilen der gemeine Mann den neuen Einrichtungen keineswegs so abgeneigt sein mochte, als man in Brüssel behauptete. Dennoch gelang es, dem Volk ein allgemeines unbestimmtes Mißtrauen gegen die Regierung einzuflößen, und gegen Maßregeln, zu welchen die bisher getroffenen nur als eine Einleitung dienen sollten. Auch brach dieses Mißtrauen an vielen Stellen in offene Widersetzlichkeit aus.

Den Urhebern und Leitern dieser Erscheinungen kam hierbei nichts so sehr zu statten, als die große Entfernung des Kaisers, welcher sich damals am entgegengesetzten Ende Europas, nämlich in Cherson, befand.

Der Herzog von Sachsen-Teschen, Gouverneur der Niederlande, glaubte sich genöthigt, dem allgemeinen Widerspruch nachgeben zu müssen, und hob, bis auf nähere Entscheidung des Kaisers, dessen neuere Verfügungen auf.

Als dieser auf seiner Rückkehr die ersten Nachrichten von dem Vorgefallenen erhielt, war sein Unwille und sein Kummer nicht größer als sein Erstaunen. Er befahl den Ständen, eine Deputation nach Wien zu senden, um sich über die Ereignisse, welche stattgehabt, zu erklären.

Nach langem Sträuben mußten sich die Stände zu dieser Gesandtschaft entschließen, wollten sie aber lediglich als eine Höflichkeit betrachtet wissen.

„Nach dem, was vorgefallen ist", redete der Kaiser sie an, „reicht bloßes Wortgepränge nicht aus, es bedarf der Thatsachen, um sich von den guten Gesinnungen derer zu überzeugen, welche Sie gesandt haben."

„Daß die Wohlfahrt meiner Völker der einzige Zweck meiner Handlungen ist, davon gebe ich täglich unwiderleglich Beweise. Wie wenig ich gesonnen bin, die Verfassung Ihres Landes umzustoßen, davon sind Sie augenscheinlich überzeugt, wenn ich Ihnen die Versicherung, sie beizubehalten, in eben dem Augenblick gebe, wo Sie sich so sehr vergangen, wo Sie meinen Zorn verdient, und wo ich dennoch keine Rücksicht auf die Mittel nehme, welche mir meine Macht darbeut."

Nach beendeter Audienz forderte der Kaiser die Abgeordneten auf, sich, an welchem Tage und in welcher Zahl sie wollten, zu ihm zu verfügen. „Ich wünsche", sagte er, „mich durch Sie zu belehren, und Sie werden nicht abgeneigt sein, mich zu hören. Man hat mich nie taub gegen vernünftige Vorstellungen gefunden; was Sie reden, soll ohne persönliche Folgen für Sie sein, und so mögen Sie auch das betrachten, was ich Ihnen sagen werde."

Der Kaiser genehmigte einstweilen die Zugeständnisse des General-Gouverneurs, allein in Absicht der Veränderungen, welche er als nothwendig für das Land betrachtete, blieb er unerschütterlich.

In der That, wenn das Fortschreiten nothwendige Bedingniß für die Menschheit ist, damit sie nicht zurückschreite, so dürfen die Institutionen, die für die Gegenwart bestehen, nicht für die Ewigkeit geschaffen sein. Wie die Natur sich aus sich selbst verjüngt, müssen sie sich mit den Geschlechtern erneuern, aber diese Regeneration muß von oben ausgehen, nicht von unten. Die Regierung muß es sein, welche die Revolution auf einem gesetzmäßigen Wege durchführt, nicht die Menge, dieser Spielball der Parteien, das blinde, aber schneidende Werkzeug in der Hand der Leidenschaft. — Eine Regierung, welche das Bedürfniß ihrer Völker erkennt und ihm zuvorkommt, wird, welche Form sie auch sonst haben möge, immer die liberalste unter allen Regierungen sein und steht heut zu Tage an der Spitze der unermeßlichen Partei aller Vernünftigen in allen Ländern.

Weil aber die Aufklärung nur da einen Maßstab für die Stärke der Parteien abgiebt, wo das Volk sehr aufgeklärt ist, so kam es, daß in Belgien die der Stände die Oberhand behielt. An ihrer Spitze standen zwei Männer, welche damals eben so berühmt waren, als sie heute vergessen sind, nämlich van der Noot und van Eupen. Der Erstere, ein Mann ohne Talent und ohne Verdienst, flüchtete aus Brüssel, weil die Regierung mit ihm unzufrieden war. Ein Zufall brachte ihn in Berührung mit Pitt, und das Interesse, welches man an den Unruhen nahm, verschaffte ihm eine Audienz im Haag und zu Potsdam. Er verhieß nun seinen Landsleuten den Beistand fremder Mächte, welcher nie erfolgte, und wurde durch die blinde Gunst der

Menge zum Abgott des Volkes, ohne durch eine einzige That dieses Zutrauen zu rechtfertigen.

Der zweite Anführer — van Eupen, war ein Geistlicher, der, seines Zwecks sich klarer bewußt, die Popularität van der Noots zur Förderung seiner Interessen benutzte. Dieser Mann wurde, nachdem er seine Rolle ausgespielt, durch die Franzosen nach Guyenne transportirt, sein Kollege aber ist erst 1826 unweit Brüssel gestorben, ohne daß der Name van der Noot seit seiner ephemeren Erscheinung in den folgenden 35 Jahren wieder genannt worden wäre.

Die Partei der Stände erkannte nun sehr wohl, daß die Umwälzung zu ihren Gunsten gemacht sei. Brabant war von jeher in der Form der beschränkten Monarchie beherrscht worden, zusammengesetzt aus dem Souverän, dem Volk und den Ständen. Nachdem nun die Umwälzung den Kaiser als Herzog von Brabant seiner Rechte verlustig erklärt, glaubten die Stände als Mittelsperson souverän geworden zu sein, so die gemäßigte Monarchie in eine unumschränkte Aristokratie verwandelnd.

Allein hier fanden sie den Widerstand einer zweiten Partei, die, weit kleiner an Zahl, ungleich aufgeklärtere Männer zu den Ihrigen rechnete. Es war die Partei der Vonkisten, so nach ihrem Haupt, dem Advokaten Vonk, genannt.

Indem diese die alte konstitutionelle Verfassung mit einer neuen Form der Repräsentation verlangte, in welcher die Weltgeistlichen, die kleineren Städte, das platte Land, kurz alle Klassen des Volkes rechtlich vertreten würden, erklärten sie sich für Todfeinde der Ständischen Partei, deren Privatinteresse sie mehr noch als der Kaiser bedrohte.

Auf den Antrieb Vonks war indeß eine bewaffnete Macht von 2000 bis 3000 Mann zusammengebracht, welche unter van der Marsch den Kaiserlichen die Spitze bot. Van der Noot, in der festen Hoffnung auf auswärtige Hülfe, hatte dies Unternehmen verworfen und lächerlich gemacht. Nichtsdestoweniger schlug van der Marsch den österreichischen General Schröder mit großem Verlust aus Turnhout heraus, in welche Stadt man ihm unüberlegterweise gefolgt; ja er eroberte sogar Geschütze bei dieser Gelegenheit. Brügge, Gent und Brüssel gingen allgemach verloren, und man hatte, sagt de Prabt, das seltsame Schauspiel, die österreichischen Armeen, welche einen Ruf, wie irgend eine in Europa hatten, welche durch die erdenklichste Disziplin und Taktik gequält und an vielen Orten als Muster aufgestellt wurden — durch Türken und Mönche an allen Orten geschlagen zu sehen. — Der Kaiser hatte Mühe, allen diesen Nachrichten Glauben zu schenken, und er konnte nicht anders, als die Maßregeln seiner Generale höchlich mißbilligen, „welche", drückte er sich aus, „diese Unzufriedenen angriffen, als ob es Türken oder Preußen wären".

Unter Kanonendonner und Glockengeläute war van der Noot, den man den belgischen Franklin nannte, in Brüssel eingezogen. Der Zug ging durch Triumphbogen in die Gudula-Kirche, wo die Geistlichkeit diesem Werkzeug ihrer Absichten Weihrauch streute, und von dort ins Schauspiel, wo van der Noot in der Loge der General-Gouverneure durch Schauspieler mit Lorbeeren gekrönt wurde.

Aber wie trunken solche Erfolge den Mann des Volkes machen mochten, so konnte er sich den Abgrund kaum verhehlen, welcher sich zu seinen Füßen öffnete.

Die Partei der Stände hatte noch immer zuversichtlich auf fremder Mächte Beistand gezählt, da aber am Ende jede Hoffnung dieser Art schwand, so bestand diese aristokratisch-mönchische Faktion mit einer wunderbaren Beharrlichkeit darauf, sich in den Schutz des Aristokratie und Geistlichkeit vernichtenden Frankreichs zu begeben.

Frankreich aber wollte die Unabhängigkeit der Niederlande nur unter der Bedingung anerkennen, daß die Stände umgeformt würden. Dies lag natürlich so wenig in dem Plan der Machthaber, daß man die Sache auf sich beruhen ließ. Nichts desto weniger führte der Drang der Umstände neue Unterhandlungen mit Frankreich herbei, obgleich Alles dem Erfolg dieses Schrittes entgegenstand. Belgier, die im Aufstand begriffen waren zu Gunsten von Institutionen, welche die konstituirende Versammlung mit folgerechter Ausdauer zertrümmerte, glaubten ihre natürlichen Verbündeten in denen zu finden, welche so sehr von ihnen verschieden waren; und selbst die Geistlichkeit hielt sich versichert, daß die Franzosen, welche ihre Mönche verjagten, sie in Belgien beschützen würden. Eine Verblendung persönlicher Interessen, deren fast gleiche erneuerte Erscheinung unter sehr ähnlichen Verhältnissen im gegenwärtigen Augenblick unser Erstaunen in Anspruch nimmt!

Frankreich, in Uebereinstimmung mit den Prinzipien, welchen es zu jener Zeit huldigte, übersandte den Ständen die Bedingungen, unter welchen es seine Anerkennung gewähren wollte. Der erste Artikel enthielt die Forderung, daß man einen Prinzen aus dem Hause Oesterreich wählen solle, und das reichte hin, um den „Bevollmächtigten des Brabanter Volks" zu bewegen, die Bekanntmachung derselben „sous peine de coups de bâton" zu verbieten.

Aber noch schlimmer war es, daß nach erfolgtem Tode Kaiser Josephs im Februar 1791 sein Nachfolger Leopold II. den Ständen die allerwünschenswerthesten und annehmbarsten Vorschläge zur Aussöhnung machte. Die Bonkisten, so wie jeder Unbefangene, erkannten die dargebotene Wohlthat an und hielten die Gelegenheit für erwünscht, so viel Unheil zu enden.

Je mehr nun zu befürchten stand, daß diese einfachen Gründe durchdringen und die Vernunft am Ende die Oberhand behalten könnte, um so größer war die Aufforderung van der Noots und seiner Träger, eine so furchtbare Nebenpartei zu stürzen, die weit gefährlicher zu werden anfing, als Oesterreichs Heere.

In diesem Unternehmen hatten sie nun eine treffliche Unterstützung an der Geistlichkeit, welche die Gemüther des Volkes unumschränkt beherrschte und sie zu diesem Zweck noch besonders in der bevorstehenden Charwoche bearbeitete. Der Bischof von Mecheln bezeichnete als Feinde der Religion und des Vaterlandes alle die, „deren frevelhafte Ansichten nach der Philosophie des Jahrhunderes schmeckten". Er heiligte dagegen die Prinzipien im Namen der Religion, welche in sein System einschlugen.

Van Eupen hatte den Gedanken, die Freiwilligen von Brüssel den souveränen Ständen schwören zu lassen. Sie wurden am 9. März 1791 auf dem Markt versammelt, und van der Noot begab sich dorthin, um den Eid zu empfangen. Allein drei Kompagnien erklärten, daß sie nur der Nation schwören würden, und bald traten die übrigen Kompagnien ihnen bei. Alle Deklamationen, Drohungen und Umtriebe waren vergebens; und van der Noot konnte sich glücklich schätzen, unter dem Schutze des Herzogs von Ursel davonzukommen. Seine Künste waren verloren, sobald er auf Männer von einiger Einsicht traf, aber diese Partei war die kleinere, und van der Noot nahm nun seine Zuflucht zum Pöbel, den er beherrschte.

Das gewöhnliche Auskunftsmittel wurde in Anwendung gebracht — ein Volksauflauf. Die Häuser von 41 Vonkisten wurden während der Nacht mit Zetteln bezeichnet, auf denen man in Versen sagte, sie würden geplündert, verbrannt und ihre Besitzer ermordet werden.

Am folgenden Morgen zog das gelehrige Volk unter dem Ruf „Es lebe van der Noot!" vor das Rathhaus, wo sie von einigen Mitgliedern der Stände begrüßt wurden. Und nun eilten sie, geführt von Kapuzinern und Dominikanern, zur Plünderung, indem ihre Seelsorger ihnen die Häuser anzeigten, welche ihnen, im Namen der Religion und des Vaterlandes, preisgegeben wurden. Der Abbé Feller nannte das ironisch eine Ausübung der Volkssouveränetät.

Unterdeß hatten die Freiwilligen sich versammelt, um den Greuelscenen ein Ziel zu setzen; allein van der Noot verbot ihnen im Namen der Nation, auf ihre Brüder Feuer zu geben, und als eine Kompagnie dessen ungeachtet das Gesindel auseinandertrieb, wurde diese Kompagnie aufgelöst. Die Gesellschaft der Vonkisten war nunmehr genöthigt, sich zu zerstreuen. Da man jene Männer indeß noch immer fürchtete, so beschuldigte man sie, daß sie eine Prozession benutzen wollten, um den Erzbischof von Mecheln, die Stände, die Geistlichen, die Freiwilligen, van der Noot und van Eupen zu ermorden. — Alles fand Eingang beim Volk, und es fragte sich nur noch, ob man nöthig habe, gegen Vonkisten die gesetzlichen Formen zu beobachten.

Der Jesuit Feller, den man nicht mit Unrecht einen geistlichen Marat genannt hat, fand, „daß dies ein lächerliches und grausames Sophism sein würde; und daß während einer Revolution kein anderes Gesetz gelten könne, als le cri public." Dennoch war es mit der Auflösung der Vonkischen Partei zu Brüssel nicht abgethan, ihre Grundsätze wurden von den Offizieren zu Namur auf eine bedenkliche Weise proklamirt. — Mittlerweile wurde das Volk durch Prozessionen und verheißene Wunder bei guter Laune gehalten.

Doch es wird nicht nöthig sein, das traurige Gemälde des Parteiunfugs weiter auszumalen, um den, der die neueren Erscheinungen in ihrem Ursprung auffaßte, auf die große Uebereinstimmung in beiden belgischen Revolutionen in Ursache und Wirkung hinzuleiten.

Die Vorschläge zur Wiederaussöhnung des Kaisers hatten die belgischen Demagogen bisher keiner Erwiderung gewürdigt, und selbst die Vermittelung des Papstes wies die Geistlichkeit zurück. Der Abbé Feller fand hierzu die Gründe im Text der heiligen Schrift, indem er versicherte, daß das Haus Oesterreich sich in einer jener Epochen verderblicher Größe befinde, von welchem sie sage: dominus locutus est super eam.

Die Konvention der zu Reichenbach verbündeten Mächte, Preußen, England und Holland, vereint mit dem Anrücken eines österreichischen Heeres, setzte dem Unwesen endlich ein erwünschtes Ziel. Van der Noot und van Eupen flüchteten, um sich von jetzt an in Vergessenheit zu begraben, und das patriotische Heer verschwand.

Aber trotz der zeitgemäßen Anwendung der größten Nachgiebigkeit und nachdrücklichsten Strenge gelang es der österreichischen Herrschaft nicht, die völlige Ruhe wiederherzustellen, und die Niederlande waren noch, besonders Brabant, in der heftigsten Gährung, als die französischen Heere die Grenze überschritten.

Das belgische Volk, wie wir es eben im hartnäckigen Kampf gegen Aufklärung und liberale Institutionen gesehen, konnte wohl unmöglich eine große Verwandtschaft des Geistes mit seinen Nachbarn, den neufränkischen Republikanern, haben.

Aber wie die Benennung vereinigte Provinzen, sowohl in Belgien als in Holland, fast in allen Perioden ihrer Geschichte nur nach außen hin wahr gewesen, so waren auch jetzt die Provinzen untereinander völlig zerfallen. Denn diese Länder, zu deren Eroberung oder Vertheidigung Spanien, Frankreich, England, Oesterreich, Preußen und Holland fast beständig das Schwert in der Hand gehalten, benutzten seit ihrer Existenz jeden Augenblick, wo auswärtige Mächte ihre Felder nicht verheerten, um sich untereinander zu befehden. Gegenwärtig hielt Brabant es mit dem Adel und den Mönchen, Flandern mit den Demokraten, und Luxemburg war kaiserlich gesinnt.

Wenn nun hierin eine Ursache lag, weshalb die Franzosen das schwache österreichische Heer um so leichter vertrieben, so konnte dieses Verhältniß doch nie eine Aufforderung sein, sich enger als eben nöthig an Frankreich anzuschließen. Dennoch wurde das vom Konvent beliebt.

Man versammelte die Abgeordneten mehrerer Städte zu Mons (Februar 1793). Hier hielt man ihnen in der Hauptkirche eine Rede, und kaum waren die Worte: Vereinigung mit Frankreich dem Redner entschlüpft, als die Jakobiner, welche die Tribüne umringt hielten, aus einer Stimme „Vereinigung, Vereinigung!" schrieen. Eine ungleich größere Zahl rief zwar: „Nichts von Vereinigung! unsere Konstitution!" Aber die Jakobiner waren so vorsichtig gewesen, sich zu bewaffnen, sie trieben demnach jene Uebelgesinnten mit Säbeln und Dolchen zur Kirche hinaus, und die Vereinigung wurde à l'unanimité votirt.

Zu Brüssel forderte man nun gleichfalls die Abgeordneten auf, über die Vereinigung zu „berathen," eine Einladung, von der die Betreffenden aus guten Gründen keinen Gebrauch machten, so daß auch hier die Einverleibung mit Frankreich beschlossen wurde, welche der Konvent noch in diesem Jahre proklamirte.

Belgien durchlief nun mit Frankreich gemeinsam die ganze Skala der Regierungsformen von dem Nullpunkt der Anarchie bis zum Militärbespotismus.

Zerrissen von Faktionen wie seine südlichen Nachbarn, wurde auch Holland eine leichte Eroberung Frankreichs, denn die antioranische Partei war nur gedemüthigt, nicht ausgerottet.

Frankreich beschenkte die batavische Republik mit einer Konstitution, für welche diese 100 Millionen Gulden zahlte, die Generalitätslande Mastricht, Venloo, Staats-Limburg und Staats-Flandern abtrat, und welche sechs Jahre vorhielt. Da es aber mit der Republik durchaus und trotz aller Veränderungen nicht gehen wollte, so wurde das Königthum unter Louis Napoleon und endlich die Einverleibung mit dem Kaiserreich versucht, ohne daß die Holländer sich besserer Zeiten zu rühmen gehabt hatten. Endlich kam das Jahr 1813 mit seinen folgenreichen Weltbegebenheiten heran, und der Einmarsch des Generals v. Bülow gab den Niederlanden eine Freiheit wieder, die sie benutzten, um den Prinzen von Oranien als ihren Regenten zurückzurufen. Der Wiener Kongreß bildete im Jahre 1815 aus der Vereinigung Hollands und Belgiens das Königreich der Niederlande.

Sehr verschieden waren die Verhältnisse, unter welchen die beiden Theile des neuen Staats zusammentraten.

Holland hatte während der französischen Einwirkung unermeßliche Verluste gemacht. Die einst so reiche Bank von Amsterdam war bis zur Vernichtung erschöpft, der Kredit erschüttert, alle Hülfsquellen des Staates vertrocknet und die Schuldenlast ungeheuer. Der Friede von Amiens war für das Land ein Unglück, und der Tarif von Trianon drohte allem noch übrigen merkantilen Leben den Todesstoß zu geben. Der stolze holländische Kaufmann trieb nur noch den Schleichhandel nach England. Die Invasion der Britten und fürchterliche Ueberschwemmungen schienen den Ruin des unglücklichen Landes zu vollenden, welches, von allen Handelsvortheilen Frankreichs ausgeschlossen, doch an allen Kriegen desselben theilnehmen mußte. Holland verlor seine Kolonien, seinen Handel und seine Flotte, oder mit anderen Worten, die Quellen seines Wohlstandes und die Mittel, sie zu benutzen.

Nun hatte zwar auch Belgien unter der französischen Herrschaft große Opfer bringen müssen. Die Konskription, die drückenden Abgaben der droits réunis waren den Belgiern lästig, und sie waren unzufrieden mit den französischen Machthabern, wie sie es denn zu allen Zeiten mit ihren jedesmaligen Beherrschern gewesen sind. — Allein die Verbindung mit Frankreich gewährte der gewerbetreibenden Klasse große Vortheile, auch waren die Belgier nicht unempfindlich gegen den Waffenruhm dieses Landes, an welchem auch sie ihren Theil hatten.

So war ihnen der Sturz Napoleons und seiner Herrschaft nicht unlieb, Holland aber war er Bedürfniß; was dort wünschenswerth erschien, war hier Rettung von völligem Untergang.

Und so wurde denn auch die Vereinigung von beiden Theilen mit sehr verschiedenen Gefühlen angesehen.

Die Holländer hatten sich einen König aus ihrer Mitte gewählt, an den sie durch geschichtliche Erinnerungen und gemeinsames Interesse innig gebunden waren. Und wirklich, wenn die Souveränetät durch legitime Erbschaft oder durch Wahl rechtlich begründet ist, so vereinte König Wilhelm I. beide Ansprüche in seiner Person. Belgien erhielt seinen König durch Europa und betrachtete sich von Anfang an weniger als integrirender Theil des neuen Staates, denn als ein dem alten Hinzugefügtes, was sein Nationalgefühl um so mehr verletzte, da es an Areal und an Volksmenge der größere Theil war.

Es fehlte auch in Holland nicht an einer Partei, welche wünschte, den Sohn des letzten Erbstatthalters in der Eigenschaft seines Vaters und unter denselben Bedingungen wiederkehren zu sehen. Von 600 Notabeln, die zur Annahme der neuen Verfassung berufen wurden, stellten sich nur 475 ein, unter denen viele ihre Zustimmung nur bedingungsweise gaben. Da aber die Bedingungen nicht mit verzeichnet wurden, so ging die neue Ordnung mit 449 gegen 26 Stimmen durch.

Wirklich konnte der Königstitel als Titel kaum ein Gegenstand erheblicher Einwürfe sein, was aber die höchste Gewalt ihrem Wesen nach betrifft, so mußte wohl ein Jeder, der sein Vaterland liebte und die Geschichte desselben kannte, fühlen, wie nothwendig es sei, jene Gewalt auf eine Weise zu konsolidiren, durch welche allein das Land gegen die Stürme der Parteienwuth gesichert werden konnte, die es so oft und so lange verheert hatten. — Denjenigen aber, die aus einer zu großen Ausdehnung der obersten Gewalt Gefahr fürchteten, hatte der neue Regent eine Probe seiner Gesinnungen gegeben, indem er selbst es war, der auf die Einführung einer Konstitution drang, durch welche alle Rechte des Bürgers gesichert werden sollten, und die er zur ausdrücklichen Bedingung machte, unter welcher er die ihm dargebotene Souveränetät annahm.

Als nun Belgien dem Königreich der Niederlande einverleibt ward, dehnte man die Konstitution, welche ursprünglich für Holland gegeben, mit den erforderlichen Modifikationen auf beide Länder aus. Man berief 1603 Notabeln, um über die Annahme des Fundamentalgesetzes zu stimmen. Von diesen Männern, die nicht ohne Einwirkung der Regierung gewählt wurden, blieben sogleich 280 ganz fort und 796 stimmten **gegen** eine Konstitution, von welcher selbst die Foreign Quarterly Review meint, sie sei in ihren Grundzügen freisinnig gewesen, und die Fehler, deren man sie zeihen könne, bestehen weniger in dem, was sie bestimme, als was sie nicht bestimme. Bedenkt man nun, daß die Belgier unter der Kaiserherrschaft wahrlich durch konstitutionelle Behandlung nicht verzärtelt waren, so geben diese Vorgänge schon einen ungefähren Maßstab der Gesinnung, mit welchem Belgien seine Konvenienzheirath mit Holland betrachtete.

Wenn hierauf die Regierung 126 der negativen Stimmen strich, die wegen der Religion des Staatsoberhauptes abgegeben, und demnächst die 280 Fehlenden als stillschweigend bejahend annahm, um so eine Majorität von 11 Stimmen zu erzeugen, so bediente man sich dieser etwas seltsamen Arithmetik wohl hauptsächlich nur, um das öffentliche Aergerniß zu vermeiden, welches ein Volk gab, indem es die Freiheit, die seine Regierung ihm wohlmeinend darbot, mit störrigem Trotz von der Hand wies.

Großen Anstoß nahmen die Belgier daran, daß sie, die doch dem Flächenraum wie der Bevölkerung nach zwei Drittheile des Königreichs ausmachten, dennoch durch dieselbe Zahl von 55 Deputirten, wie Holland, vertreten werden sollten. — Wirklich gingen nachmals mehrere Gesetzvorschläge mit einer schwachen Majorität von zwei Stimmen durch, in welchen man zwei Belgier im Staatsdienst erkennen wollte, die, wie man es in Brüssel nannte, der Sache des Vaterlandes untreu geworden. — Die Holländer erwiderten hierauf, daß die ganze Verfassung ursprünglich darauf abgezweckt habe, daß kein Theil den anderen beherrsche und ihm Gesetze vorschreiben könne, damit nie das Interesse des Einen auf Kosten des Anderen gefördert werde. Wenn nun sie gleich anfangs freiwillig einer Präponderanz über Belgien entsagt, so wäre es doch auch wohl nicht weise gewesen, ihren neuen Brüdern durch 66 belgische Stimmen gegen 44 holländische jenes Uebergewicht über sich selbst einzuräumen.

Wir haben oben gesagt, die holländische Staatsschuld sei ungeheuer gewesen. Sie betrug 12 000 bis 13 000 Millionen Gulden. Zwar hatte Napoleon mit einem Federstrich ein Drittel derselben vernichtet (tiercée), aber da eine Menge von Privatleuten, von Waisen, Armen und Unmündigen durch diese Maßregel ihr Letztes einbüßten, theils auch, um den Kredit für die dringend nothwendig gewordenen neuen Anleihen zu erhalten, rief der König zwei Drittel dieser dette morte wieder ins Leben. — Nun war Belgiens Schuld sehr gering, und wenn die Belgier die holländische gleichmäßig auf sich mit übertragen sahen, so fanden sie hierin eine um so größere Härte, als sie das Aequivalent für solche Anforderungen nirgends finden zu können behaupteten. Als solche rechneten die Holländer aber die Entschädigung Schwedens durch indirekte Abtretung mehrerer Kolonien und Verzichtleistung auf sehr beträchtliche Forderungen an mehrere Mächte. Sie rechneten dahin die Theilnahme Belgiens an dem holländischen Kolonialhandel und die bedeutenden Summen, welche verwendet wurden zur Aufhülfe des tief darniederliegenden belgischen Betriebswesens. Unverkennbar hob sich auch der ganze industrielle und kommerzielle Verkehr dieser Provinz seit der Vereinigung mit Holland auf eine entschiedene Weise. Antwerpen hatte den Kolonialhandel in dem Maße an sich gebracht, daß die Einfuhr des Kaffee unter Anderem der von Amsterdam, Rotterdam und Hamburg zusammengenommen fast gleich kam; es führte beinahe doppelt so viel Baumwolle ein und Häute aus, als Hamburg, und Amsterdam sah nicht ohne Eifersucht die ältere Handelsschwester im Süden, welche ihre glänzende Jugendblüthe schon einmal überlebt, sich anschicken, zum zweiten Mal den Sieg davonzutragen. — Doch diesen Befürchtungen sind die Belgier selbst zuvorgekommen, indem sie die Thätigkeit aus den Fabriken und den Handel aus ihren Städten siegreich verjagten. Der zum Theil künstlich hervorgerufene Stand ihres Betriebswesens ist aufs Neue tief erschüttert, und mit Recht erwartet der Belgier große und segensreiche Resultate von der politischen Wiedergeburt, deren Herbeiführung so namenloses Unglück über sein Land hervorgerufen, und denen, die jene Krisis gewaltsam herbeiführten, wird allerdings die Verantwortlichkeit obliegen, ihre Landsleute für so unermeßliche Opfer zu entschädigen.

Kein Wunder aber auch, wenn Holland und Belgien gleich sehr sich berechtigt glauben, Forderungen aneinander zu machen. Wenn schon die Auseinandersetzung zweier Handelshäuser große Verwickelungen darbietet, wie unendlich mehr muß dieses der Fall sein, wo zwei große Handelsstaaten in finanzieller Hinsicht ihre Firma voneinander trennen wollen.

Ein Umstand noch, welcher nicht wenig dazu beitrug, der innigeren Vereinigung beider Provinzen entgegenzuwirken, war der, daß die lange bestandene Trennung der einzelnen Theile, die fortgesetzte Einwirkung auswärtiger Mächte und der Mangel an einem gemeinsamen Anknüpfungspunkt der Nationalinteressen ebenso sehr verhindert hatten, daß die uralte einheimische Sprache die des ganzen Volks geworden wäre, als daß die irgend eines der Nachbarvölker sich zu mehr als partiellem Gebrauch erheben konnte. — Auch ohne den absichtlichen Widerstand einiger Provinzen war in dieser Beziehung alles Einschreiten der Regierung um so erfolgloser, als eine solche Einigung wohl nur das Werk der Zeit sein konnte.

Dies waren die Verhältnisse, unter welchen Belgien und Holland zu einem gemeinsamen Staat zusammentraten, und die Keime der Zwietracht, welche nach dieser Vereinigung eine Opposition gegen die Regierung hervorgehen ließen, an deren Spitze gleich anfangs abermals ein Erzbischof — der von Gent — figurirte. Denn von allen Hindernissen, die sich der Verschmelzung beider Theile entgegenstellten, war wohl keines so unüberwindlich, als die Verschiedenheit des Glaubens, eine unerschöpfliche Quelle des Zwiespaltes, wenn man die Denkungsweise und Abhängigkeit des gemeinen Mannes und die Herrschsucht und Unduldsamkeit der Geistlichkeit in Belgien erwägt.

Gewaltsame Vorgänge, das Resultat jener Verhältnisse, haben gegenwärtig das Königreich der Niederlande aufs Neue in zwei feindliche Hälften zerrissen, haben den eben aufkeimenden Wohlstand dieser Länder zerstört und sie nochmals allen Verheerungen Preis gegeben, welche sie schon so oft verwüsteten. Die Kriegsfackel, die Antwerpen zerstörte, droht noch heute Europa in Flammen zu setzen und findet ihre Schranken nur in der erhabenen Mäßigung der Monarchen, einer Mäßigung, die um so glänzender da strahlt, wo sie in Widerspruch mit persönlichen Gefühlen und Familieninteressen tritt, wo der Souverän der Stimmung seines Volkes versichert, über große und schlagfertige Heere gebietend, dennoch die Palme des Friedens dem Lorbeer vorzieht.

Ueber ein Ereigniß, dem wir in der Zeit so nahe stehen, über welches wir die besonnene Würdigung verständiger Männer beider Parteien noch nicht gegeneinander abwägen können und auf dessen Anschauung, wenn auch nicht Parteilichkeit, so doch angeerbte Grundsätze vielleicht unwissentlich einwirken, über ein solches Ereigniß soll hier kein Urtheil gefällt werden. — Bei den Weltbegebenheiten hat der Erfolg eine richtende Stimme, und der Zukunft, vielleicht der nächsten, ist es vorbehalten, den der belgischen Revolution zu entschleiern.

Darstellung

der

innenen Verhältnisse

und des

gesellschaftlichen Zustandes

in

Polen.

Vorbemerkung.

Auch diese Schrift*) ist, wie diejenige über Holland und Belgien, ein Ergebniß der Zeitverhältnisse.

Der Feldmarschall hatte besondere Veranlassung, an den Ereignissen, die seit dem Spätherbst 1830 das russische Polen in Flammen setzten, regen Antheil zu nehmen. Als junger Offizier war er in freundschaftlichen, Jahre lang gepflegten Verkehr mit einer polnischen vornehmen Familie getreten und hatte dann später (1829 und 1830) als Topograph Gelegenheit, die rein polnischen Bezirke der Provinz Posen Monate lang nach allen Richtungen zu durchstreifen.**) Das dem Sohne der deutschen Ostseeküste so fremdartige Leben und Wesen des polnischen Volkes, die selbstverschuldete Tragik der Geschichte dieser hochbegabten Nation mußte gerade auf ihn, den Freund historischer Begründung des Gewordenen, einen unauslöschlichen Eindruck machen, ebenso wie er, der feine Beobachter landschaftlicher Eigenthümlichkeiten, von der melancholischen Einförmigkeit der sarmatischen Tiefebene mit ihren dunklen Fichtenwäldern sicherlich überrascht und betroffen war. Dazu kam, daß der heldenmüthige Kampf der Polen gegen die Russen sein militärisches Interesse in Anspruch nahm, daß Preußen sich genöthigt sah, unter Gneisenaus Oberbefehl vier Armeekorps zum Schutze seiner östlichen Grenzstriche bereitzustellen. Das waren Gründe genug für ihn, um seine persönlichen Wahrnehmungen durch Studien in der heutzutage freilich überholten Literatur über Land und Volk zu vertiefen. Die Ansichten, die er in der so entstandenen Schrift aussprach, waren damals die allgemein verbreiteten und gingen von zahlreichen Persönlichkeiten aus, die in der Zeit vor 1806, als ein bedeutender Theil Großpolens mit Warschau ein Jahrzehnt lang preußisch gewesen war, sehr gründliche, auf eigener Anschauung beruhende Kenntnisse von Polen und seinen Bewohnern erworben hatten.

---

*) Sie erschien bei G. Finde in Berlin, 1832. Vgl. Band IV, Seite 59. — Im Jahre 1881 ist sie in der Zeitschrift „Vom Fels zum Meer" mit Auslassungen abgedruckt worden.
**) Band IV, Seite 6, 33, 41.

Man kann das Gesammtergebniß seiner Ausführungen dahin zusammenfassen, daß er zeigen wollte, wie unter einer unglücklichen Verfassung, unter einer schlechten Regierung oder einer solchen, die durch eine schlechte Verfassung an jeder Wirksamkeit verhindert ist, alle Stände, alle Stämme, alle Religionsgenossenschaften verkommen und schlechte Früchte zeitigen, wie aber eine gute Regierung und gesunde staatliche und gesellschaftliche Zustände auf alle diese Bestandtheile veredelnd wirken. So erklären sich auch die zuweilen harten Urtheile dieser Schrift aus dem Gesichtspunkt des Verfassers, die Gegensätze dortiger Verhältnisse zu den heimischen scharf hervorheben zu wollen.

Es darf dabei nicht unerwähnt bleiben, daß der Feldmarschall eben wegen dieses Standpunktes veranlaßt worden ist, diese seine Arbeit vierzig Jahre später zu verurtheilen. Ein hervorragender Kenner der polnischen Geschichte, Herr Professor Caro in Breslau, fragte nämlich im Jahre 1873 bei ihm an, ob das Buch „Darstellung der inneren Verhältnisse Polens u. s. w.", welches er „unter der unerschöpflichen literarischen Spreu, die sich um die polnische Frage angelagert", aufgefunden habe, vom Feldmarschall verfaßt sei. Dieser bestätigte umgehend seine Autorschaft und fügte hinzu, „daß auch er die Schrift zu der unerschöpflichen Spreu rechne; sie sei zumeist aus besseren Werken excerpirt, und er sehe sie gern der Vergessenheit anheimgegeben".

Wenn nun trotzdem die Schrift von Neuem veröffentlicht wird, so geschieht das aus den in der Vorrede dieses Bandes entwickelten zureichenden Gründen.

Uebrigens hat der Feldmarschall selbst in früheren Jahren Freude an seinem Werke gehabt. Zum Belege sei auf den Brief vom 13. Januar 1832 (Band IV, Seite 59) an seine Mutter verwiesen, worin sehr erfreut von der günstigen Beurtheilung berichtet wird, welche der Censor der Arbeit habe zu Theil werden lassen: „Er wollte nicht glauben, daß dieser H. v. M. ein bescheidener Sekondlieutenant sei; er habe geglaubt, es sei ein Mann, der sich schon so seine fünfzig Jahre in der Welt umgesehen."

In keinem Lande ging wohl der Charakter des Adels so unmittelbar aus dem Staate hervor, und nirgends hing das Schicksal des Staates so vom Charakter, von den Gesinnungen und Sitten des Adels ab als in Polen, weil nirgends wie dort Adel und Staat identisch waren.

Zu jener der Geschichte wenig zugänglichen Zeit, als slavische Völker die osteuropäische Ebene überschwemmten und sich vom Schwarzen und Adriatischen Meer bis zur Ostsee und zum Eismeer verbreiteten, da nöthigte das immer erneuerte Nachdringen tatarischer Stämme aus denselben Gegenden, welche die Sarmaten verlassen, dies Nomadenvolk, zugleich ein kriegerisches zu werden. Das neue Besitzthum zu schirmen übernahmen hier wie überall die, welche die Mittel besaßen, ein Pferd, eine Rüstung zu schaffen, und die Kraft fühlten, sie zu führen.

Diese Mittel, die Verbindlichkeit, welche sie auflegten, und das persönliche Ansehen, welches beide verliehen, vererbten sich; denn Erblichkeit ist so alt wie Besitz, beide sind verschwistert und das erste Produkt geselligen Zusammentretens. So bildete sich ein Stand, man mag ihn Adel oder Wehrstand nennen; denn in ursprünglicher Bedeutung sind beide gleich. Wie überall trat der Beschützte in die Abhängigkeit des Beschützers, dieser wurde der Mächtigere, der Bevorrechtigte und Einflußreiche und trat gegen seinesgleichen in ein republikanisches Verhältniß. Da aber gerade der militärische Ursprung und der kriegerische Zweck dieses Adels die Einheit in der Anführung und obersten Leitung nothwendig bedingte, so entstand der Antheil des monarchischen Prinzips, welchen die spätere Verfassung aufnahm.

Der Adel war im ausschließlichen Besitz aller politischen Rechte, er allein bildete den Staat. Polen war eine Republik aus etwa 300 000 kleinen Souveränetäten zusammengesetzt, deren jede in unmittelbarem Verhältniß zum Staate stand, nur der Gesammtheit unterworfen war und keine Art von lehnsherrlicher Beziehung oder feudaler Abhängigkeit anerkannte. Kein polnischer Edelmann stand unter der Hoheit eines anderen. Selbst der Diener, sofern er Edelmann war, hatte dieselben politischen Rechte, wie sein Brotherr, und der Unbedeutendste unter ihnen trat auf dem Reichstag in den vollen Genuß des Theiles der Souveränetät, welcher für Alle ohne Unterschied gleich war. Hierin unterscheidet sich die polnische Verfassung wesentlich von den Feudalstaaten des Abendlandes wie von den Despotien des Morgenlandes, und mit Erstaunen sehen wir die ursprünglichste europäische Verfassung, die der Kelten, Franken, Gothen, bis mitten in unsere Zeit hinein fortdauern.

Diejenigen slavischen Stämme, welche, weit später zwar, unter der gemeinsamen Benennung der Russen bekannt wurden, empfingen ihre erste Bildung, ihre Religion, Sitten und Gebräuche, ihre Schrift und einen Theil ihrer Sprache von den Griechen. Die Polen hingegen traten in nähere Berührung mit dem europäischen Abendlande, und früh schon nahmen beide verwandten Völker eine sehr abweichende Richtung der Ausbildung und Entwickelung.

Die Idee, welche der polnische Adel seinem Verhältniß unter sich zum Grunde legte, war: vollkommene Gleichheit Aller und eine auf diese gestützte größtmögliche Unabhängigkeit jedes Einzelnen.

Von dem Grundsatz ausgehend, daß kein freier Mann gegen seinen erklärten Willen besteuert oder beherrscht werden kann, mußten alle Anordnungen in dieser Beziehung, d. h. alle Gesetze aus dem übereinstimmenden Willen Aller hervorgehen, der Widerspruch Einzelner oder eines Einzigen aber hinreichen, sie zu verhindern.

Wirklich muß man annehmen, daß die Völker, welche sich in die Beschlüsse der Mehrzahl fügen (und das ist freilich heutigen Tages die Bedingung, ohne welche wir uns keinen Staat denken können), daß diese wenigstens einmal den Entschluß einstimmig faßten, die Mehrzahl als Autorität anzuerkennen,*) und daß die Aufhebung der nothwendigen Beistimmung Aller das letzte Ergebniß dieser Beistimmung Aller gewesen sein muß, um rechtlich begründet zu erscheinen.

Der polnische Edelmann erkannte seine Verbindlichkeit gegen das gemeinsame Vaterland an, er unterwarf sich dem Gesetze, aber das Gesetz sollte der Gesammtwille der Nation sein. Er hätte geglaubt, der Tyrannei zu unterliegen, wenn er sich der Herrschaft der Pluralität unterworfen, und so weit wurde der Grundsatz vollkommener Gleichheit ausgedehnt, daß der Wille Eines den Willen Aller aufwog, daß das Ja! von 100 000 auf dem Wahlfeld versammelten Edelleuten durch das Nein! Eines aus ihrer Mitte aufgehoben wurde, und daß die Hand eines Einzigen in das Getriebe der Staatsmaschine greifen durfte und sie zum Stehen brachte.

Wir heben dies Recht des unbedingten Nein! (des liberum veto) zuerst hervor, weil es, in seinem Prinzip gerechtfertigt, in seiner Ausübung so gefährlich und in seinem Mißbrauch so verderblich, dennoch zu allen Zeiten dem Polen als das heiligste Pfand seiner persönlichen Unabhängigkeit erschienen ist.

Je mehr aber Neigung und Gewohnheit den polnischen Adel

---

*) J. J. Rousseau.

auf seine entlegenen Landsitze zerstreute, wo jeder in seinem Kreise unabhängig herrschte, um so nothwendiger wurde es, die gemeinsamen Interessen in der Person eines Staatschefs zu verknüpfen. Aber eben jener lebhafte Unabhängigkeitssinn machte, daß man diesem Oberhaupte, welches in den letzten Jahrhunderten und ziemlich uneigentlich den Titel eines Königs führte, wohl die höchste Würde, keineswegs aber die höchste Macht zuerkannte. Außer dem Glanz der Krone stand ihm von ihren Rechten nur die Ernennung der Aemter, die Vertheilung der Staatsgüter und die Schlichtung der Rechtshändel zu.

Die Besetzung des Thrones war von der Wahl des versammelten Adels abhängig. Wenn einzelne glorreiche Familien die Krone auf längere Zeit erblich zu erhalten wußten, so versäumte die Nation nie, bei dem jedesmaligen Erlöschen dieser Geschlechter ihre Wahlansprüche aufs Neue geltend zu machen.

Neben dem Wahlkönige bestand der fortdauernde Senat, zusammengesetzt aus den Bischöfen, Woywoden oder Palatinen und Kastellanen, welche zwar ihrerseits durch den König ernannt wurden, dann aber (seit Casimir dem Großen) nicht wieder abgesetzt werden konnten und dadurch natürlich eine große Selbstständigkeit und Unabhängigkeit erhielten.

Die Woywoden (von woy Krieg und wodz Führer) oder Palatine waren Gouverneure einer Provinz oder eines Palatinats und Vorstand des Adels dieser Provinz, den sie in seinen Zusammenkünften, auf dem Wahlfeld und im Kriege anführten. Sie hatten das Recht, den Preis der Erzeugnisse festzustellen, Maß und Gewicht zu regeln, und hatten ihre eigenen Gerichte.

Unter den Palatinen standen die Kastellane, ursprünglich Befehlshaber der königlichen Städte und festen Schlösser, nichterbliche Burggrafen. Sie hatten in ihrem Distrikt die Gerechtsame der Palatine und vertraten sie in ihrer Abwesenheit.

Das frühere Amt der Kastellane war den Starosten überwiesen. Die Starosten verbanden die Gerichtsbarkeit in den

Städten mit Belehnung von bedeutendem Grundbesitz als Belohnung für das um den Staat verdiente Alter (daher der Name). Sie waren verpflichtet, Recht zu sprechen. Von den Starosten hatte aber nur einer, der von Samogitien, ausnahmsweise Sitz im Senat.

Dieser Senat war gebildet aus 2 Erzbischöfen, 15 Bischöfen, 33 Palatinen, 85 Kastellanen, in Allem 136 Senatoren.

Das Haupt des Senats war der jedesmalige Erzbischof von Gnesen, als Primas des Reiches, die erste Person im Lande nächst dem Könige, ja in den Interregnen selbst König, weshalb man ihn auch Interrex nannte. Er war legatus natus des päpstlichen Stuhles und empfing fürstliche Ehrenbezeugung, hielt wie der König seinen eigenen Marschall, seinen Kanzler und zahlreiche berittene Haustruppen.*)

Der König empfing den Primat stehend, und dieser hatte das Recht, ihm Vorstellungen über seine Regierung zu machen, im Falle er beharrte, sie im versammelten Senat oder auf dem Reichstage zu erneuern. Die Bischöfe waren durch eine Bulle Clemens' VIII. ermächtigt, trotz der Maxime „die Kirche verabscheut Blutvergießen", für den Krieg zu stimmen, Todesurtheile zu unterzeichnen und an allen Berathungen theilzunehmen.

Der Senat entschied provisorisch bis zur Zusammenkunft des nächsten Reichstages, theilte die höchste Gewalt mit dem Könige und hörte nie auf, die Rechte der Krone zu schmälern, bis die Reichstage ihm die seinigen entrissen.**)

Es geht schon aus dem ganzen Geist der Verfassung hervor, daß die großen Staatswürden und Aemter nicht weniger wählbar waren als der Thron, und die oft wiederholten Versuche mächtiger Familien, sie erblich zu bewahren, wurden ebenso oft von

---

*) Avec un timbalier et des trompettes qui jouent quand il est à table et qui sonnent la diane et la retraite. Histoire de J. Sobieski par l'Abbé Coyer. Amsterdam.
**) Solignac.

der Eifersucht aller Uebrigen zurückgewiesen. Diese Nichterblichkeit der Palatinate, welche man vielleicht mit der früheren Herzogswürde der germanischen Völker vergleichen könnte —, der Kastellanien und der Starosteien, eben diese Nichterblichkeit machte es unmöglich, daß sich neben dem Königthum eine Kurwürde, Pairie oder hoher Adel hätte bilden können, durch welche jenes Wurzel hätte fassen können im Volk.*)

Zwar war der König der alleinige Vertheiler der gedachten vielen und großen Verleihungen, da er aber Männer, welche er einmal gewählt, nicht wieder absetzen durfte, so erstreckte sich der königliche Einfluß eigentlich weniger auf solche, welche die großen Würden innehatten, als auf diejenigen, welche sie nicht hatten. Der König war daher eher von geschmeidigen Hofleuten umgeben als von abhängigen Staatsdienern, jene waren allenfalls durch ihre Erwartungen, diese höchstens durch die Dankbarkeit an die Interessen der Krone gekettet. Die großen Stellen waren Gnadensache des Hofes dem, welcher sie nachsuchte, Güter der Republik in den Augen dessen, welcher sie erhalten hatte, und die Vergebung einer Stelle schuf gewöhnlich hundert Mißvergnügte und einen Undankbaren.

Die Minister des Königs waren zehn an der Zahl, und zwar ihrem Range nach folgende:

Der Kronfeldherr für Polen, der für Litthauen, der Großkanzler für Polen, der für Litthauen, die zwei Vicekanzler, der Groß-Schatzmeister, der Hofmarschall für Polen und die für Litthauen. — Diese Minister hatten Sitz im Senat ohne berathende Stimmen.

Der Kronfeldherr war die dritte Person im Staat und seine Macht fast unumschränkt und ausgedehnter als die der Connetables, welche der Krone Frankreich so oft furchtbar geworden sind. In Kriegszeiten hing der Kronfeldherr in nichts

---

*) Rulhière, Histoire de l'anarchie de la Pologne. Paris 1807. Livre I.

vom Könige ab und war Herr über Leben und Tod seiner Untergebenen.

Wie schwer es unter solchen Umständen, ja wie unmöglich es scheinen mag, daß ein König je dahin gelangen konnte, sich einen Anhang im Staate zu bilden, welcher den individuellen Gerechtsamen Gefahr drohte, dennoch hatte die Nation geglaubt, sich gegen ein solches mögliches Uebergewicht der Gewalt durch ein Mittel sichern zu müssen, von welchem die Geschichte keines anderen Volkes etwas Aehnliches aufweist. Dies Mittel war die Konföderation.

Es ist nicht zu verkennen, daß das älteste aller Rechte, das Recht des Stärkeren, das der Gewalt, durch die ganze Geschichte Polens seine Fortdauer und seinen Einfluß geäußert hat, ja, es stand in der Ansicht des Volkes, man möchte sagen, rechtlich begründet da. — Wir erkennen sein Dasein bis in die Vollstreckung der Urtheilssprüche des Königs, die von dem bewaffneten Adel gegen den Betreffenden vollzogen wurden, welcher seinerseits vollkommen gerechtfertigt schien, wenn er Macht, Einfluß und Verbindungen benutzte und wenn er seine Abhängigen und seine Haustruppen zur Abtreibung einer solchen Exekution aufbot. Ja, es war sogar angenommen, daß, wenn ein solcher gerichtlicher Feldzug dreimal zurückgeschlagen war, die Sache einstweilen und bis zur Dazwischenkunft der Republik auf sich beruhte.

Wir erkennen diese Gewalt nicht minder bei den Zusammenkünften des Adels behufs gemeinsamer Berathungen oder Wahlen. Wenn bei diesen Gelegenheiten Einzelne oder Parteien hartnäckig ihre persönlichen Interessen gegen den Willen der Nation in die Wagschale zu werfen wagten, wenn Ueberredung, Geduld und Drohung nichts mehr vermochten, dann war es durchaus keine ungewöhnliche Erscheinung, bei dem verhängnißvollen nie pozwolam (ich willige nicht ein), tausend Säbel entblößt und die Opposition durch Niedermachung der Verwegenen schnell beendet zu sehen. — Diese Prozedur zur Herstellung der unumgänglich nothwendigen

Einstimmigkeit war die einzige, aber in der That für das Ganze heilsame Beschränkung gegen den Mißbrauch des gefährlichen liberum veto, dessen verderbliche Folgen erst in den letzten 300 Jahren ans Licht traten, wo diese Versammlungen durch Abgeordnete repräsentirt wurden, welche sich solcher Gewaltthätigkeiten enthielten. So steht das Recht des Stärkeren nicht sowohl als ein Mißbrauch denn als ein nothwendiges Element dieser eigenthümlichen Verfassung da.

In seiner höchsten Potenz erscheint die rechtliche Ausübung der Gewaltsamkeiten aber in der Konföderation.

Abweichend von dem Grundsatz anderer Völker, welche die Revolution als das größte Unglück im Staat betrachten, war hier die Revolution gesetzlich organisirt. Wenn irgend in der Republik ein Interesse zahlreich genug empfunden wurde, welches gegen die bestehende Regierung oder gegen das Veto der Einzelnen auf anderem Wege nicht durchzusetzen war, so traten die Betheiligten in eine Konföderation zusammen, verbanden sich feierlich durch einen Eid, wählten einen Marschall und griffen zu den Waffen, ihre Absichten durchzufechten. Die Macht der Konföderation war ihr Recht, und welchen Ausgang das Unternehmen auch hatte, nie durfte einer der Theilnehmer als Rebell bestraft oder angesehen werden. Bei diesen Konföderationen galten die Beschlüsse der Mehrzahl, wie denn überhaupt die Konföderation nichts Anderes war als ein gewaltsames Durchführen des Willens der Mehrheit der Nation. Das liberum veto war suspendirt während dieser Diktatur, welche sehr oft keinen andern Zweck hatte als die Aufrechthaltung des liberum veto.

Damit aber ein so gewaltsames Gegenmittel gegen die Tyrannei nicht selbst zum Tyrannen wurde, war die Dauer der Konföderation im Voraus festgesetzt, und mit ihrer Auflösung traten auch alle ihre Bestimmungen außer Kraft; Gesetz blieb nach wie vor nur das, was einstimmig beschlossen, und jede Konföderation endete mit der Berufung eines Reichstages.

Die polnische Verfassung. Der Reichstag.

Wenn demnach König und Senat gemeinsam die höchste Gewalt im Staate ausübten, so wohnte die eigentliche Souveränetät in dem Gesammtkörper des Adels, welcher seinen Willen gegen beide auf dem Reichstage, wenn er in sich einig, oder auf dem Wege einer Konföderation (rokosz) gesetzlich geltend machen konnte. Bei der jedesmaligen Erledigung des Thrones nahm er seine veräußerten Rechte zurück, prüfte den Gebrauch der Macht unter dem vorigen Regenten und übertrug sie einem neuen.

Dem Reichstage gingen die Versammlungen in den Palatinaten oder Landtagen sechs Wochen voraus, wo die Gegenstände in Anregung gebracht und vorbereitet wurden, welche auf der allgemeinen Versammlung der Nation entschieden werden sollten. Hier, wo die Richter für die beiden Tribunale und nachmals auch die Landboten ernannt wurden und wo jeder Edelmann der Provinz in Person bewaffnet und beritten erschien, konnten die gewaltsamsten und blutigsten Auftritte kaum ausbleiben.

Der König war verpflichtet, den Reichstag alle zwei Jahre zu berufen. Unterließ er es, so hatte die Nation das Recht, selbst zusammenzutreten. — Der Reichstag wählte einen Marschall, welcher einen großen Einfluß auf die Angelegenheiten übte, alle Berathungen fanden im Freien oder bei offenen Thüren statt, und in diesem Reichstage wohnte die höchste gesetzgebende Gewalt, mit der Bedingung der Einstimmigkeit.

Die Angelegenheiten der Einzelnen dagegen wurden durch Stimmenmehrheit und durch summarisches Verfahren erledigt. Man kannte weder Advokaten noch Anwälte. Die Betheiligten trugen ihre Sache selbst vor, und die Entscheidungen erfolgten ohne Aufschub oder Kosten. — Charakteristisch ist es, daß dieselben Männer im Senat beriethen, auf dem Reichstage Gesetze gaben, in den Tribunalen Recht sprachen und im Felde den Degen führten. — Denn der Adel, welcher alle Ehren und alle Rechte im Staate besaß, glaubte auch, daß die ganze Vertheidigung desselben ihm obliege.

Polen ist der einzige europäische Staat, welcher bis in das 16. Jahrhundert hinein kein anderes Militär kannte als den bewaffneten und berittenen Adel. Die Infanterie kam gar nicht in Betracht. Man unterschied nur Husaren und Panzerreiter. Erstere waren die zahlreicheren, und die jungen Edelleute mußten in diesem Korps gedient haben, um zu den Staatswürden zugelassen zu werden. Diese Husaren und ihre Ausrüstung waren sehr verschieden von dem, was man jetzt unter jenem Namen versteht. Sie trugen Helm und Küraß mit einem übergeworfenen Tigerfell, führten eine 15 Fuß lange Lanze mit einem Fähnlein versehen, 2 Pistolen und 2 Säbel, wovon einer am Sattel befestigt war. Erst seit Sobieskis Zeiten vertauschten die Husaren die Lanze mit einer Muskete. — Diese Reiterei war aus dem Kern des Adels gebildet, vortrefflich beritten und bildete 40 000 Mann.

Etwas hinter ihr zurück blieben die Panzerreiter, welche ein Panzerhemd von Schuppen oder Ringen trugen und gewöhnlich die Haustruppen der Großwürdenträger, der Bischöfe und Erzbischöfe bildeten.

Alle diese Krieger nannten sich towarczycz, d. h. Brüder, und wurden von ihren Königen selbst so genannt.

In dringenden Fällen gewährte Polen das außerordentliche Schauspiel von 150 000 bis 200 000 Edelleuten, welche aufsaßen und eine ungeheure, aber regellose Heeresmasse bildeten. Solche Versammlungen wurden pospolite ruszenie genannt.

Eine schöne Eigenthümlichkeit dieses kriegerischen Adels war die Einfachheit seiner Sitten. Jeder lebte den größten Theil des Jahres auf seinen Landsitzen, dort verzehrte er seine Einkünfte, übte eine ausgedehnte Gastfreiheit, welche asiatischen Ursprungs zu sein scheint, und hielt sich fern und unabhängig vom Hofe. Der Reichthum, welchen der Edelmann von seinen Unterthanen zog, kehrte auch zu ihnen zurück. — Einige Bänke, Tische und Teppiche bildeten das Mobiliar der reichsten Palatine. Die Frauen kannten keinen Luxus und waren weit entfernt, wie dies nachmals so sehr der Fall war, sich in politische Angelegenheiten zu mischen. Die einzige Pracht der Männer bestand in einer guten Rüstung und vortrefflichen Pferden. Ihre Tracht hatte ein asiatisches Ansehen. Lange, mit Pelz besetzte Mäntel mit aufgeschlitzten Aermeln und breitem Gürtel, Pelzmützen, krumme Säbel und Halbstiefel. Das Haar trugen sie wie die Tataren abrasirt bis auf einen Büschel, der auf dem Scheitel stehen blieb.*)

Die alten Polen übten eine große Toleranz. Sie nahmen keinen Theil an allen den Religionsfehden, welche im 16. und 17. Jahrhundert Europa verheerten.**) Calvinisten und Lutheraner, Griechen, Schismatiker und Muhamedaner lebten lange friedlich in ihrer Mitte, und Polen hieß nicht mit Unrecht eine Zeit lang das gelobte Land der Juden. — Ja, die Polen ließen ihre Könige in den pacta conventa die Duldung aller Sekten beschwören. Als Heinrich von Valois diesen Eid zu vermeiden suchte, erklärte ihm der Kronfeldherr unumwunden: „Si non iurabis, non regnabis."

Dennoch waren die Polen äußerst streng in der Beobachtung der äußeren Gebräuche der Kirche. Das Christenthum war ihnen von jeher zu milde erschienen. Sie legten sich selbst härtere Entbehrungen auf, fügten zu dem Fasten der Freitage und Sonnabende noch die der Mittwoche und der Septuagesimä. Die Päpste selbst schafften einige der strengen Bußen ab, welche die Polen übten.

---

*) Cromer (S. 73) behauptet, diese Mode sei von dem Papste Clemens II. auferlegt, als er den Mönch Casimir seines Gelübdes entband, um ihn 1041 auf den polnischen Thron zu setzen, und sei seitdem bis auf unsere Zeit gewissenhaft befolgt worden.

**) La Pologne n'a vu dans son sein ni conspiration des poudres ni St. Barthélémi ni sénat égorgé ni rois assassinés ou sur un échafaud ni des frères armés contre des frères; c'était le pays où l'on a brûlé le moins de monde pour s'être trompé dans le dogme. — La Pologne cependant était barbare — ce qui prouve qu'une demiscience est plus orageuse que la grossière ignorance. L'Abbé Coyer. Livre I.

In dem Verkehr unter einander beobachteten die Edelleute eine große Herzlichkeit und Freimüthigkeit, fern von Unterthänigkeit gegen den Mächtigeren oder Reicheren. Die geringen Bedürfnisse machten, daß damals Armuth noch nicht mit Abhängigkeit verbunden war. Aller Umgang trug den Stempel der ursprünglichen Gleichheit aller Edelleute. Die Anrede war „Bruder" (brat) und hat sich noch heute erhalten. — Es gab weder Titel*) noch äußere Auszeichnungen. Die Czartoryski, die Sangusko und Wisniowiecki waren die einzigen als Fürsten anerkannten Häuser, welche bei der Vereinigung Litthauens mit Polen dieser Republik, gegen den Geist der Verfassung, überkamen. Orden und dergleichen Dekorationen waren eigenmächtige Verleihungen der Monarchen, welche erst unter August II. und Poniatowski eingeführt wurden und nie zu großem Ansehen gelangten.**) Nur die Stellung im Staat wies dem Edelmann seinen Rang an.

Bei diesen vielen trefflichen Eigenschaften seiner Bürger behauptete die Republik nicht nur ihr Dasein mitten unter Staaten, die in rascher Entwickelung begriffen und immer mehr dem Willen ihrer Herrscher unterworfen, auch immer mehr mit Einheit handelten, sondern sie erlangte bei dieser primitiven Einfachheit ihrer Einrichtungen, bei der ungemessenen Achtung der Rechte des Einzelnen und der daraus folgenden schwierigen Fortbildung des Ganzen einen hohen Grad von Macht, Einfluß und Ansehen, und man darf behaupten, daß Polen im 15. Jahrhundert einer der gebildetsten Staaten in Europa gewesen. Aber freilich mußten bei einer so lückenhaften und unvollständigen Verfassung, wie die

---

*) Les titres de marquis et de comte s'y sont introduits avec les cuisiniers français. Il n'y en a que pour des valets et de flatteurs. L'Abbé Coyer, Histoire de J. Sobieski.

**) Den Orden des weißen Adlers stiftete August II. im Jahre 1705 während des Krieges mit Schweden. Der des heiligen Stanislaus 1765, sowie der Militär-Verdienstorden 1791 rührten von Stanislaus August Poniatowski her.

der Republik, die Tugenden der Bürger die große ergänzende Hälfte bilden und gute Sitten den Mangel an guten Gesetzen erstatten. Mit allen Vorzügen einer höheren Civilisation schlichen sich auch der Luxus, die Verderbtheit und alle die Laster ein, welche von ihr unzertrennlich zu sein scheinen, und von dem Augenblick, wo die Staatsverwaltung nicht länger auf die Rechtschaffenheit der Personen basirt war, mußten sich bei der Mangelhaftigkeit der Gesetze und der Schwierigkeit ihrer Handhabung nothwendig ungeheure Mißbräuche in allen Zweigen der Verwaltung einschleichen. — Die alten Gesetze bestanden fort, aber die Sitten waren verändert, und weil kein Gesetz in Widerspruch mit den Sitten sich erhalten kann, so dauerten auch hier nur die Formen noch fort, denen eine neue Bedeutung untergeschoben wurde, ein Unglück, gegen welches die Verfassung kein Mittel kannte, weil es die Verfassung selbst aufhob.

Im Widerspruche mit dem Prinzip, welches vor Allem der Verfassung zum Grunde lag: die vollkommene Gleichheit der Rechte aller Staatsbürger, war nach und nach eine unermeßliche Verschiedenheit des Besitzes und somit eine faktische Ungleichheit der Besitzer entstanden.

Die Gunst der Könige hatte oft große Staatsbedienungen und reiche Starosteien auf einen Scheitel gehäuft, oft Sohn und Enkel damit belehnt und so einzelne Familien in dem langen, wenngleich nicht erblichen Genuß dieser Güter erhalten. Eine mehr oder minder gute Wirthschaft, Heiraten, Erbschaften, kurz Glück und Klugheit hatten in einzelnen Geschlechtern ganz unverhältnißmäßige Reichthümer angehäuft, zur selben Zeit, wo andere minder glückliche Familien durch ihre Verschwendung oder durch ihre Tugenden selbst in die tiefste Armuth versanken. Reichthum war demnach nicht mehr bloße Belohnung, zu welcher der König die Verdienstvollen erhob, es war unabhängiges Eigenthum, zu welchem die Erblichkeit berechtigte.

Es gab polnische Edelleute, welche in Besitz von Länderstrecken waren, die an Ausdehnung manche damalige Souveränetät übertrafen. So hatten die Radziwill gegen den Geist der Verfassung vor Jahrhunderten ein Majorat in ihrer Familie gestiftet, wodurch der Chef dieses Hauses der mächtigste Privatmann vielleicht in Europa geworden war. Er hatte ein Gefolge von einigen hundert Edelleuten, besaß mehrere Festungen und unterhielt 6000 Mann Haustruppen. Nicht viel weniger mächtig und reich waren die Oginski, die Czartorinski, die Tarlo, die Zamoyski, Lubomirski, Pototski und Andere.*) — Wenn man bedenkt, daß die Rechtserkenntnisse durch bewaffnete Macht vollstreckt werden mußten, so begreift man, daß es nicht leicht war, sein Recht gegen solche Bürger im Staate geltend zu machen.

Die Verwirrung selbst, in welcher sich diese großen Vermögen fast überall im Lande befanden, trug nur noch mehr dazu bei, den Einfluß der reichen Familien zu vermehren. Der größte Theil der Ländereien war nämlich für verhältnißmäßig sehr geringe Summen verpfändet. — Bei dem steigenden Werth der Grundstücke und dem durch Vervielfältigung des Geldes immer mehr abnehmenden Werth des Kapitals wäre die Einlösung des verpfändeten Gutes das größte Unglück für den Inhaber gewesen, und die Auszahlung der Summe hätte seinen Untergang verursacht. Auf diese Weise hing eine bedeutend große Zahl der kleineren Grundbesitzer durchaus von den großen Familien ab und sicherte sein Wohlergehen nur durch unbedingtes Anschließen an die Interessen dieser.

Aber während ein geringer Theil des Adels unermeßliche Reichthümer anhäufte, verlor ein weit größerer Theil alles Besitzthum. Diese verarmten Edelleute fanden nun eine gastfreie Aufnahme bei den Häuptern jener mächtigen Geschlechter. Sie bildeten diesen einen Hofstaat, und zwar einen durchaus mili-

---

*) Wir glauben, die Orthographie dieser Namen ändern zu dürfen, damit der deutsche Leser sie richtig ausspreche.

tärischen, erhielten Waffen, Pferde, Obdach und Unterhalt von ihrem Schutzherrn, dem sie zur Vergeltung ihre Stimme auf dem Reichstage und ihren Arm in den vielfachen und fast ununterbrochenen Streitigkeiten widmeten.

Diese Gastfreiheit ohne Grenzen stand ganz im Verhältniß mit dem ungemessenen Reichthum der Besitzer. Ueberdies war die ansehnliche Zahl armer, abhängiger Schlachtschitzen*) für die Großen von vieler Wichtigkeit, und von der Zahl und der Tapferkeit derer, über die sie geboten, hing oft nicht nur ihr Einfluß, sondern ihre Wohlfahrt und ihre persönliche Sicherheit ab. — Immer waren sie in dem Fall, dies kleine Heer kühner Männer zu gebrauchen, welche außer ihrem Leben nichts zu verlieren hatten. Bald galt es, mit gewaffneter Hand ein veräußertes Schloß oder eine Stadt zurückzunehmen, bald eine Urtheilsvollstreckung abzuwenden, heute mußte ein langer Prozeß auf dem kürzeren Wege der Gewalt geschlichtet, morgen ein unruhiger Nachbar bedroht werden. Aber vor Allem war es auf dem Reichstag, wo mit den Interessen des Ganzen auch die des Einzelnen nach Maßgabe, wie er reich, mächtig und einflußreich war, zur Sprache kamen. Dort gewann das Gefolge von Edelleuten eine doppelte Bedeutsamkeit durch ihre Stimme und durch ihren Arm, denn an diesen wurde in letzter Instanz fast immer appellirt, und es wurde als ein besonderes Zeichen der Fortschritte der Civilisation angeführt, daß auf den Versammlungen des Abels 1764 nur noch zehn Edelleute niedergehauen wurden.**)

Dennoch wurde in Polen nie ein hoher und niederer Abel anerkannt, und erst heute sieht man polnische Familien sich Grafentitel aneignen, die ihre Väter verschmäht haben würden und die in Widerspruch mit ihrer ganzen volksthümlichen Entwickelung stehen. Macht, Ansehen und Reichthum begründeten keine politi-

---

*) Edelleute (szlachczlz).
**) Rulhière, Histoire de l'anarchie de la Pologne.

schen Rechte oder höhere Stellung, und der ärmste Edelmann entsagte keinem seiner Ansprüche um der Armuth willen. Es leuchtet vielmehr ein, wie hartnäckig eben der arme Edelmann an einer Verfassung halten mußte, welche allein ihm durch seine Geburt Werth gab. Das liberum veto ertheilte dem letzten unter ihnen eine Bedeutsamkeit, und der Reichstag gab Gelegenheit, diese geltend zu machen. Ja, es fehlt nicht an einem Beispiel, wo ein solcher unbedeutender, armer, dazu verwachsener Schlachtschitz sich zum höchsten eigenen Erstaunen auf den Thron gehoben sah, weil die mächtigen Parteien sich über ihre Kandidaten nicht zu einigen vermochten.

Wie groß daher auch die Abhängigkeit des Unbemittelten von seinem Gastfreund oder Brotherrn sein mochte, beide Begriffe fielen hier zusammen, immer mußte dieser in dem letzten seiner Klienten seinesgleichen ehren, dessen persönliche Opposition sich ihm und seiner ganzen Partei entgegenwerfen durfte, und in jedem Einzelnen des Volkes mußte er die Souveränetät eben dieses Volkes achten.

Daher hat sich auch in Polen nie jener schroffe Abstand unter den Ständen, jene Härte im Verkehr zwischen Vorgesetzten und Abhängigen entwickelt, wie in anderen Ländern. Noch heute erkennt man in der demüthig einschmeichelnden Höflichkeit des unbemittelten, vielleicht zum Dienstboten herabgesunkenen Edelmannes das verhaltene Gefühl seiner Ebenbürtigkeit und in der würdevollen Milde der Großen eine Art patriarchalischen Schutzes und Anerkennung selbst des Geringsten. Aber diese Demokratie des Adels ließ in Polen die Monarchie zur Aristokratie und die Aristokratie zur Oligarchie entarten.*)

Eine der hauptsächlichen Ursachen des Verfalles der Republik war ferner die fortgesetzte Verminderung der königlichen Gewalt im Staate.

---

*) Ferrand, Histoire du démembrement de la Pologne.

In allen Ländern Europas ist das königliche Ansehen in mehr oder minder schnellem, aber dauerndem Fortschreiten geblieben, ja in einigen erreichte es eine Spitze, wo es, alle übrige Autorität um sich her vernichtend, durch die heftigsten Reaktionen erst wieder mit den Rechten der Völker ins Gleichgewicht gebracht wurde. Die polnischen Regenten konnten hingegen nie Einfluß genug gewinnen, die Ruhe im Innern aufrecht zu erhalten, geschweige denn kraftvoll nach außen zu wirken. Kaum konnte es anders sein bei der Wählbarkeit der Monarchen. Zugeständnisse, zum Vortheile der Wählenden gemacht und nicht selten zum Nachtheil des Ganzen, immer aber zum Nachtheil des Gewählten, waren nur zu oft die Mittel, sich auf den Thron zu schwingen oder sich auf demselben zu erhalten. Denn dieser Thron, das einzige Amt im Staate, welches von einem Ausländer bekleidet werden durfte, war von jeher der lockende Preis des Verdienstes, der Ehrsucht, der Gunst und der Ränke.

Verderblich war schon der Einfluß, welchen die römische Kurie unter Boleslaw II. 1058 auf das Königthum gewann. Noch verderblicher endete der vergebliche Kampf Casimirs des Großen 1366 gegen den Senat, welcher die Anmaßungen des Adels gegen die Krone vertrat, um vom Adel in den seinigen unterstützt zu werden. Der Adel wurde unabhängiger in dem Maße, wie der Senat mächtiger wurde. Beides konnte aber nur auf Kosten einerseits des Königthums, andererseits des Bauernstandes geschehen. — Doch davon weiter unten.

Die Jagellonen hatten das große Verdienst um die Republik gehabt, ihr eine so beträchtliche Provinz wie Litthauen zuzuführen. Dies Geschlecht brachte überdies mehrere ausgezeichnete Männer hervor, und der Thron war, zwar durch Wahl, aber doch durch Jahrhunderte in der Familie geblieben.

Mit dem Tode des letzten Jagellonen aber, 1573, zu eben der Zeit, wo Ungarn und Böhmen sich das Wahlrecht durch ihre Könige entreißen ließen, wo Schweden zu Gunsten seiner

Könige darauf verzichtete, erneuerte Polen das Wahlrecht in seiner weitesten Ausdehnung. Zu eben der Zeit, wo nach und nach die europäischen Monarchen den großen Lehnsträgern die Gerechtigleitspflege entrissen, verloren die polnischen Könige dies Recht an den Adel. Und zu eben der Zeit, wo in Dänemark das Volk seinem Könige eine unumschränkte Gewalt gesetzlich übertrug, vernichtete in Polen der Adel fast die letzten Spuren königlicher Macht.

Kein Prätendent der Krone vereinte von jetzt an die Huldigung der Menge in dem Maße, daß nicht eine bedeutende Opposition stattgefunden hätte. Je gewaltsamer die Mittel, diese zu vernichten, waren oder je größer die Opfer, sie zu gewinnen, um so schwächer und unhaltbarer mußte die Stellung des Monarchen werden. Denn der Adel fing an, es als einen Vorzug seiner Stellung zu betrachten, Gesetze zu geben, die er nicht befolgte, und Könige zu ernennen, denen er nicht gehorchte.

Die persönliche Schlichtung der Rechtshändel war den Königen schon durch die bedeutende Vergrößerung des Landes an sich unmöglich geworden.*) Unter den langen Kriegen Stephan Batorys ging dieses Recht oder diese Pflicht ganz verloren. Der Adel erklärte sich selbst zum Schiedsrichter seiner Streitigkeiten. Es wurden Tribunale errichtet, die Gesetze zu handhaben, deren Dauer nur auf 15 Monate festgesetzt wurde, und da die Glieder derselben nicht vom König eingesetzt sondern von dem Adel der Provinz selbst gewählt wurden, so machten diese Gerichtshöfe nur zu oft ein Werkzeug politischer Absichten aus. Da die Stellung eines solchen Richters dem Unbedeutendsten einen entschiedenen Einfluß auf die Angelegenheiten der Mächtigsten in der Provinz gab, so begreift man, wie diese Wahlen und mithin das Recht selbst ein weites Feld für Ränke und Gewaltthätigkeit werden mußten.

---

*) „Ils n'ont fait qu'un juge de moi", sagte Heinrich von Valois.

Im Jahre 1578 wurde den Königen auch das Recht genommen, den Adel zu verleihen und dem Reichstag allein zugesprochen.

An der Gesetzgebung hatten die Könige vollends gar keinen Theil, vielmehr wurden gerade dann Gesetze gegeben, wenn kein König im Lande war, nämlich in den Interregnen. Sobald der Thron durch den Tod des Monarchen erledigt, und bevor der Reichstag zu einer neuen Wahl schritt, versammelte sich der Adel der Provinz, um die Verfügungen des Königs und des Senats in der letzten Regierungsperiode zu prüfen. Die Anordnungen, welche während derselben getroffen, konnten abgeschafft und neue vorgeschlagen werden, welche Gesetzeskraft erhielten, sofern der Reichstag sie einstimmig annahm. Diese Einstimmigkeit war aber nie leichter und oft nur dann zu erlangen, wenn es sich darum handelte, eine Verfügung aufzuheben, welche den Rechten der Einzelnen gefährlich werden konnte, oder eine anzunehmen, welche das Ansehen der Krone verminderte. Denn die Polen sind von jeher weit eifersüchtiger auf eine Macht gewesen, die in ihrer Mitte aufkeimte, als gegen irgend eine auswärtige, und so geschah es denn, daß der polnische Adel seine ganze persönliche Unabhängigkeit noch behauptete, als die Freiheit des Staates schon verloren gegangen war. Wie daher auch ein König an der Erweiterung seiner Macht arbeiten mochte, immer fand sein Nachfolger ein neu zu beginnendes Werk.

Aber selbst von der Verwaltung sah sich der König ausgeschlossen, und nicht die dringendsten Verhältnisse konnten ein selbstständiges Handeln desselben ohne Zuziehung des Senats rechtfertigen. Dieser Senat *) entriß dem König selbst das Recht, Krieg und Frieden zu schließen. Ein Angriffskrieg war gegen die Konstitution und durch die ganze Einrichtung des

---

*) Vergl. Ferrand, Histoire du démembrement de la Pologne.

Staates auch wirklich fast unmöglich. Der Adel durfte nach den Bestimmungen nicht länger als drei Wochen unter den Waffen gehalten und nicht weiter als drei Stunden über die Grenze geführt werden. Bei einem feindlichen Einbruche verstand sich der Krieg von selbst, wurde aber von den am meisten betheiligten Woywodschaften auf eigene Rechnung und oft ohne Zuthun der Krone geführt. Nachdem Polen durch das Beispiel aller Nachbarn gezwungen war, ein stehendes Heer zu halten, so stand dieses nicht unter dem unmittelbaren Befehl des Königs. Er ernannte einen Kronfeldherrn für Polen und einen für Litthauen, welche er aber nicht wieder absetzen konnte. Auch war man weit entfernt, zum Unterhalte dieser Armee einen bestimmten Theil der Staatseinnahmen anzuweisen; die Subsidien wurden von Reichstag zu Reichstag bewilligt und äußerst unregelmäßig gezahlt. Die Truppen blieben denn auch auf der untersten Stufe der Mittelmäßigkeit und waren um so weniger geeignet, den Königen zur Stütze zu dienen, als mancher Edelmann zu Zeiten mehr Haustruppen unterhielt denn die Krone Soldaten.

Fügen wir noch hinzu, wie seit 1572 bestimmt wurde, daß die Wahlen nicht mehr durch Deputirte der Palatinate, sondern durch persönliche Konkurrenz aller Edelleute geschehen sollten und so von Bestechung und Gewalt abhängig gemacht waren, daß alle Steuern gegen eine festgesetzte Abgabe der Grundbesitzer abgeschafft wurden, daß der König keine Starosteien für sich behalten durfte, sondern alle und zwar lebenslänglich und unwiderruflich verleihen mußte, so wird es deutlich, daß ein König, ausgeschlossen von der Gesetzgebung, ohne Domänen, ohne Privatvermögen und ohne bestimmte Einkünfte, umgeben von unabsetzbaren Staatsdienern und absetzbaren Richtern, kurz ohne alle wahre Gewalt keinen Einfluß im eigenen Staat üben konnte als durch Bestechung, Intrigue und Parteigeist.

Doch auch dem Senat*) wurden seine Machtvollkommenheiten entrissen, und die Abgeordneten des Adels legten sich selbst die höchste Gewalt bei. Das Uebergewicht des Adels blieb im beständigen Steigen. Er allein besetzte alle Staatsämter, die hohen geistlichen Benefizien waren für ihn allein, er bekleidete ausschließlich die Richterstellen und war vollkommen frei von allen Abgaben, Zöllen, Steuern ꝛc. Der Adel maßte sich die Gerichtsbarkeit über die Bauern an und entriß der Krone das Statut: „Neminem captivabimus", demzufolge kein Edelmann, ohne zuvor überwiesen zu sein, verhaftet werden konnte; ein Gesetz, welches ihm volle Straflosigkeit sicherte. Es kann nicht befremden, daß in einem Lande wie Polen der Todtschlag ursprünglich nicht sehr streng bestraft wurde. Jeder Edelmann trug den Säbel und wußte auch, daß er ihn trug, um sich zu wehren. Der Todtschlag wurde durch Wehrgelder (die Mandebode der Skandinavier) gebüßt. Für einen Edelmann zahlte man 60 Mark (etwa 900 fl. rheinisch), für einen nicht lange Adeligen 30 Mark, für einen Schulzen oder Soldaten 15 Mark, für einen Bauern 10 Mark, davon 6 der Wittwe und den Kindern, 4 dem Herrn. (Const. 1547 Vol. 1 Fol. 7.) Es ging hier ausschließlich nur nach der Geburt. Ein Geistlicher, wenn er auch ein Bischof war, konnte demnach unter Umständen für 10 Mark gebüßt werden. Wenn man aber bedenkt, daß dieses Gesetz und diese Taxe für Menschenleben bis zum Jahre 1768 fortbestand, so begreift man, daß ein polnischer Edelmann mit einem Vermögen wie das der Radziwill oder Oginsky, eine ziemliche Freiheit im Todtschlagen genießen konnte. Zwar hatte

---

*) Blackstone sagt vom langen Parlament, was vollkommen hierher paßt: — when the houses assumed the power of legislation, in exclusion of the royal authority, they soon after assumed likewise the reins of administration, and in consequence of the united power, overturned both, church and state, and established a worse oppression than any they pretended to remedy.

Matthias Corvin die Todesstrafe auf den Mord gesetzt, aber Casimir der Große hatte sie schon wieder abgeschafft. Auch in Litthauen war die Todesstrafe verhängt, aber der Mord mußte durch sechs Zeugen, darunter zwei Abelige, bewiesen sein.*)

Endlich band man dem Regenten ganz die Hände, indem man ihn die pacta conventa beschwören ließ, denen in jedem Zwischenreich ein beschränkender Artikel mehr hinzugefügt wurde.

Ein anderes Hauptübel, an welchem die Republik verblutete, war der Mißbrauch des an sich schon so gefährlichen liberum veto, seit 1652 zum Gesetz erhoben und von den Polen unicum et specialissimum ius cardinale genannt, ein Gesetz, welches voraussetzte, daß jeder Einzelne das Gute kannte und das Gute wollte.

In früheren Zeiten gab es der Veranlassungen wenige, wo ein Zusammentreten der die Nation ausmachenden Körperschaft des Abels nothwendig wurde.

Allein je mehr die Republik an Größe und Umfang zunahm, je mehr sie mit dem Ausland in Berührung trat, je öfter mußten solche nothwendigen Beschlüsse über allgemeine Interessen gefaßt werden. Als endlich auch Polen der Nothwendigkeit nachgab, ein stehendes Heer zu unterhalten, doch aber die erforderlichen Summen zu dessen Erhaltung nicht permanent auswerfen wollte, um dies mächtige Werkzeug unumschränkter Gewalt stets von sich selbst abhängig zu erhalten, da wurde eine häufigere Zusammenberufung des Abels bringend nothwendig.

Dies veranlaßte 1467 zum ersten Mal den Reichstag durch Abgeordnete oder Landboten repräsentiren zu lassen (ein Gebrauch, der im übrigen Europa schon 200 Jahre früher allgemein ge-

---

*) Jekel 3. Theil.
Und neben dieser Bestrafung des Mordes bestand unter Anderem als Gesetz: Wer jemand vorwirft, nicht adelig zu sein (d. h. den Abel angemaßt zu haben), ohne es beweisen zu können, wird in Litthauen gestäupt und verliert in Polen den Hals. (Const. 1633 Fol. 806.)

worden war), ausdrücklich aber mit Vorbehalt des Rechts aller Edelleute, sich bei wichtigen Angelegenheiten persönlich zu berathen. Die Einstimmigkeit Aller wurde auch bei den Verhandlungen dieser Repräsentantenversammlung zu Grunde gelegt.

Die Landboten wurden, wie schon erwähnt, auf den Landtagen gewählt, welche der König sechs Wochen vor jedem Reichstag durch gedruckte Umlaufschreiben an bestimmten Orten in jedem Bezirk ausschrieb. Dort und am festgesetzten Tage kam der Adel des ganzen Bezirks zusammen, wählte einen Landtagsmarschall und hörte den königlichen Abgeordneten über die Reichstagsverhandlungen an. Nachdem dieser sich entfernt, schritt man zur Wahl der Landboten, deren Instruktion durch Stimmeneinheit bestimmt werden mußte. Natürlich wurden daher viele dieser Landtage zerrissen, und nie war die Zahl der Landboten auf den Reichstagen vollzählig, was aber auch nicht für nöthig erachtet wurde. Merkwürdig ist das Gesetz, infolge dessen der, welcher den Landtag durch sein Veto zerriß, mit halbjährigem Thurmarrest und 3000 Mark gestraft wurde; doch bestand dies erst seit 1764.

Die Landboten waren vier Wochen vor und vier Wochen nach dem Reichstag unverletzlich, und wer sich an einem derselben vergriff, wurde als Majestätsverbrecher bestraft.*)

Anfangs durften nur ansässige und begüterte Edelleute zu Landboten gewählt werden, später genügte es, mit einem solchen verwandt zu sein.

Der Ort, wo der Landtag zusammenkam, durfte nicht von Militär besetzt sein. Keiner durfte Feuergewehr in die Versammlung bringen, auch war es Observanz, die Säbel nicht zu schleifen.

---

*) Alle Verwendung des Hofes vermochte nicht das Leben eines sächsischen Obersten zu retten, der unter August II. eine erlittene Beleidigung an einem Landboten gerächt hatte.

In frühesten Zeiten waren die Reichstage in Lublin, Parczow, Piotrkowa und Lomza abgehalten worden, seit 1569 wurde Warschau dazu bestimmt; doch sollte, um die Litthauer zufrieden zu stellen, jeder dritte Reichstag sich in Grodno versammeln. Ausgenommen hiervon waren bei Erledigung des Throns die Konvokations-, Wahl- und Krönungs-Reichstage, die stets bei Warschau statt hatten.

Die ordentliche Zeit war alle zwei Jahre zwei Tage nach Michaelis, doch konnte der König in dringenden Fällen den Reichstag auch früher und an anderen Orten versammeln. Seine Dauer war dann statt sechs Wochen nur 14 Tage. In keinem Fall durfte diese Zeit verkürzt oder verlängert werden, noch war es erlaubt, bei Licht zu berathen.

Am ersten Tage wurde der Reichstagsmarschall gewählt und die Rechtmäßigkeit der Landboten untersucht. Hierauf erfolgte unter Anführung des Marschalls die Bewillkommnung des Königs durch die Landboten, wobei die pacta conventa verlesen wurden. Dann wurden die Vorschläge vom Thron gemacht. Die Senatoren votirten über die Gegenstände der Reichstagsverhandlungen in Gegenwart der Landboten, um sie zu belehren, was dem Staat ersprießlich sei. Dann wurde die Verwaltung der Minister geprüft, und hierauf trennten sich die Landboten von den Senatoren, um die Reichstagsgesetze abzufassen, deren erster Gegenstand die öffentliche Sicherheit sein sollte.

Die fünf letzten Tage hießen die großen Tage. Beide Kammern vereinten sich wieder, der Reichstagsmarschall las die Reichstagsgesetze, über welche alle Landboten einig geworden, dem versammelten Reichstag vor, und noch jetzt konnte Jeder sein Veto einlegen. Nur das, was hier noch von Allen angenommen wurde, hatte Gesetzeskraft.

Wahr ist es, daß diese Repräsentanten ihre Unverletzlichkeit in sich selbst ehrten und nicht mehr wie früher die erforderliche

Unanimität durch Niedermetzelung der Widerstrebenden herstellten. Aber das Uebel war dadurch nur um so schlimmer geworden.

Nie konnten die Deputirten sich als Männer betrachten, die, einmal erwählt, die Interessen des Landes wahrzunehmen, nun nach eigener Erkenntniß und nach Gutdünken handeln durften. Nie durften sie das Beste des Landes über den Vortheil ihrer Provinz setzen. Sie erhielten eine vollständige und bestimmte Instruktion dessen, was sie fordern und was sie zugestehen sollten, und wurden bei ihrer Rückkehr, auf den seit 1589 gesetzlich eingeführten Relations-Landtagen, zur strengsten Verantwortlichkeit gegen ihre Kommittenten gezogen. Natürlich, daß eine Versammlung von 400 Männern, von denen jeder das Organ einer ganzen Körperschaft war, weit weniger nachgiebig sein konnte, als da, wo jeder nur sein persönliches Recht vertrat. Wenn früher halsstarriges Widerstreben auf dem Reichstage den Verwegenen in Gefahr brachte, niedergestoßen zu werden, so war es jetzt Nachgiebigkeit, welche dem Deputirten bei seiner Rückkehr zu denen unfehlbar das Leben gekostet hätte, deren Befugniß er dadurch überschritten. Dieselbe Besorgniß, welche sonst zur Fügsamkeit zwang und die einzige Fessel der Anarchie war, wurde gegenwärtig ein Grund, um auf keine Weise zu weichen.

Vergeblich stellten die Könige diesem Unwesen Geduld, Ueberredung, Hartnäckigkeit und Muth entgegen. Als König Wladislaus einen Reichstag auf keine Weise trennen wollte, bevor dieser einen Beschluß gefaßt, es andererseits aber nicht erlaubt war, die Berathungen bei Licht fortzusetzen, so entschloß man sich, die Nacht über beisammen zu bleiben, und die Welt erlebte das Schauspiel eines schlafenden Reichstages, unter dem Vorsitz eines schlafenden Senates und eines Königs, der auf seinem Thron schlief.

Ein Schritt blieb noch zu thun, um jede Uebereinstimmung geradezu unmöglich zu machen und die Anarchie förmlich zu organisiren. Er geschah, als einzelne Palatinate ihren Bevollmächtigten den Auftrag gaben, sich allen Berathungen zu widersetzen, bevor die Vorschläge, welche sie selbst machten, gehört und angenommen seien. Da es sich nun bald ereignete, daß mehrere Deputirte dieselbe Instruktion mitbrachten, so war der Reichstag schon zerrissen, ehe er eröffnet wurde.*)

Andere Deputirte verweigerten, ihre Beistimmung irgend einem Vorschlag zu geben, wenn man die, welche ihre Woywodschaft machte, nicht ebenfalls genehmigte; und so zog das Veto eines Deputirten in einer einzelnen Angelegenheit die Auflösung des ganzen Reichstages nach sich, d. h. er suspendirte für zwei Jahre die Ausübung jeder Souveränetät. Das Veto eines Deputirten war die Zauberformel, welche, kaum genannt, die Republik in ihren Todesschlaf zurück versenkte. Kein Gesetz konnte mehr gegeben, kein Beschluß mehr gefaßt werden, das Heer blieb ohne Sold, der Feind verwüstete einzelne Provinzen, ohne daß die anderen zu Hülfe kamen, das Recht blieb verschoben, die Münzen waren in Verwirrung, kurz Polen war für die Dauer von zwei Jahren aus der Reihe der Staaten gestrichen.

Auch wurde der Bruch eines Reichstages, so oft er sich wiederholte, jedesmal als eine öffentliche Kalamität angesehen. Der Name des Deputirten, welcher ihn veranlaßt, und der seiner Angehörigen wurden dem Fluch der Nachwelt übergeben. Um sich vor der allgemeinen Wuth zu sichern, pflegten solche Deputirte ihre Protestation schriftlich einreichen zu lassen und irrten dann unter der Last des allgemeinen Abscheus und beladen mit dem Fluch der Nation Jahre lang unstät und unbekannt umher. Doch man ging noch weiter in der Kunst, die Bemühungen aller rechtlichen Patrioten erfolglos zu machen, und seit 1652 wurde die

---

*) In den Jahren 1695, 1698, 1701, 1720, 1729, 1730, 1732, 1750, 1754, 1760, 1761 und 1762 wurden die Reichstage noch vor der Wahl des Marschalls zerrissen, in 67 Jahren 12 Reichstage.

freiwillige Entfernung eines Mitgliedes als hinreichend erklärt, den Reichstag aufzulösen.

Zu allem diesem Unheil kamen endlich noch die Glaubens= spaltungen, welche in einem Lande so voll Gährungsstoff die gefährlichste Einwirkung haben mußten. Lange übertraf Polen an Toleranz das ganze übrige Europa. Auch nach der großen Kirchentrennung im 16. Jahrhundert blieb in Polen noch Alles ruhig. Inter nos dissidemus, sagten Katholiken wie Protestanten, und Dissidenten waren beide Parteien. Erst nachdem Jesuiten und Bemühungen von außen her die Flammen der religiösen Zwie= tracht angefacht, bezeichnete dieser Name die Protestanten allein. Polen, welches an gewaltsame Ausbrüche so gewöhnt, wo die Opposition der Minorität so gewichtig war, und welches in den nothwendig gewordenen vielfachen Zusammenkünften des Adels immer neue Anlässe zu Hader und Zwiespalt gab, dies Polen mußte durch die neue Spaltung des eigenen Adels furchtbare Erschütterungen erleiden. Jetzt erst fingen die Reichstage an, erfolglos zu werden. In den 36 Jahren von 1536 bis 1572 wurden sieben Reichstage aufgelöst, und unter König August III. versammelte die Nation sich 30 Jahre vergebens.

Die Dissidenten wurden eine gefährliche Wunde des Staates, denn obgleich ihre Zahl verhältnißmäßig sehr gering war, so gaben sie nachmals einen verderblichen Vorwand und Stützpunkt für die Einmischung des Auslandes ab.

Wir dürfen unter den Gründen, welche den Untergang der Republik verbreiteten, nicht die Lage des Bauern übergehen, welcher freilich früh schon ganz aus der Geschichte Polens ver= schwindet.

Es ist nachweislich falsch, wenn der polnische Edelmann oder seine Schriftsteller behaupten, der Bauer sei von jeher seinem Grundherrn erb= und eigenthümlich untergeben oder gar leibeigen gewesen. Dies Verhältniß von elf Millionen Menschen zu noch nicht einer halben Million Herren ist ein zweihundert=

jähriger Mißbrauch, dem aber ein tausendjähriger besserer Zustand der Dinge voranging.*)

Ursprünglich stand dem Adel nicht einmal die Gerichtsbarkeit über den Bauern zu, diese wurde von den königlichen Kastellanen gehandhabt und nur ausnahmsweise einzelnen Edelleuten für ausgezeichnete Verdienste persönlich verliehen.**)

Der Nachlaß eines Bauern, selbst wenn er ohne Kinder starb, fiel an die Verwandten, ohne Abzugsrecht der Herrschaft.***) Wenn ein Bauer den Hof widerrechtlich verlassen, so durfte dieser erst dann an einen anderen vergeben werden, wenn der Entwichene drei- bis viermal zur Rückkehr aufgerufen worden, und gegen eine Grundsteuer von 2 Gr. pro Lahn war der Bauer befreit von allen weiteren öffentlichen Abgaben, Lieferungen, Vorspann u. s. w.†)

Diese Verfügungen Casimirs des Großen, des Heinrich IV. Polens, erwarben ihm den ehrenvollen Spottnamen „des Bauernkönigs".

Die Hauländer waren nach deutschem Recht ansässig, sie frohnten nicht, sondern bezahlten Zins. Für den polnischen Bauer hingegen stellte der Reichstag zu Thorn 1520 die Dienstleistungen dahin fest, daß derselbe von jedem Lanco wöchentlich einen Spanntag entrichten sollte. Der Lanco oder Lahn ist aber nach billiger Berechnung mindestens gleich zu rechnen mit einer Hufe von dreißig Magdeburger Morgen, die nach der altpolnischen Dreifelderwirthschaft durchschnittlich zehn Berliner

---

*) v. Grävenitz, Der Bauer in Polen.
Aus dieser vortrefflichen kleinen Schrift sind auch die nachfolgenden Citate von Urkunden entlehnt, welche wir wegen der Wichtigkeit des Gegenstandes anführen, ohne Anspruch zu machen, an diesen Quellen selbst geschöpft zu haben.
**) Schenkungsurkunde des Klosters Tyraß 1286 u. a. O. Boleslaw verleiht dem Ruscżyn die Gerichtsbarkeit 1252.
***) Statut Casimirs des Großen 1347.
†) Statut Wladislaus Jagellos 1420 und 1433.

Scheffel Winteraussaat gewährt, und diese begründete die Verpflichtung von 52 Spanntagen des Jahres, eine Belastung, die dem Bauern nach durchschnittlicher billiger Schätzung und sachverständiger Berechnung noch die Hälfte des Ertrages seines Grundstücks übrig läßt. Die Zehnten waren in billige Körner- oder Geldabgabe verwandelt.

Das persönliche Verhältniß des Bauern betreffend, so waren nur die nach deutschem Recht Ansässigen frei, und solche, die bisher wüste Landstrecken urbar machten und bewohnten.*) In der Arbeitsbedürftigkeit der großen Besitzer lag es, daß alle Uebrigen schollenpflichtig waren und das Gut nicht ohne Zustimmung des Herrn verlassen durften. Aber der Bauer war nie an die Person des Gutsherrn gebunden, er konnte nicht verkauft werden. Das Gut konnte in andere Hände übergehen, ohne daß der Bauer seinen Hof verlassen mußte. Es liegt überhaupt schon in der Besitzfähigkeit von Grund und Boden, daß nie eine eigentliche Leibeigenschaft stattgefunden.

Aber selbst die Schollenpflichtigkeit war durch die polnischen Gesetze gemildert.**) Aus jedem Dorfe konnten jährlich zwei Familien ungehindert ziehen, von mehreren Söhnen konnte der Vater einen zu auswärtigem Dienst bestimmen, und Künste und Wissenschaften waren frei erklärt.***) Es gab sogar Verhältnisse, wo alle Unterthanen freizügig wurden, nämlich wenn weltliche oder geistliche Strafen der Herrschaft die Gemeinde mittrafen, oder bei Gewalt an einer Unterthanin.

Deutlich spricht sich das Landes-Polizeigesetz Johann Alberts 1496 über den Zustand des Bauern aus. „Er überschreite", heißt es, „seine Schranken, treibe eine Kleiderpracht und einen Aufwand, welcher verursache, daß er oft von den Städtern wegen Schulden festgehalten werde." Es bestimmt

---

*) Statut Jagellos 1420.
**) Skrzetusky prawo polityczne narodu polskiego.
***) Statut Alexanders 1501.

in dieser Beziehung, wie der Bürger künftig den Gerichtsstand der Bauern nicht umgehen, sondern nur dort klagbar werden solle. Der Bauer war also im Wohlstand, konnte sein Besitzthum verschulden und hatte eine geordnete Rechtspflege.

Fassen wir zusammen, wie Gesetz und Recht damaliger Zeit das Verhältniß des Bauern feststellte, so ist das Ergebniß: Eigenthum an Haus, Hof und Feld, menschlich begrenzte Schollenpflichtigkeit, billig ausgemessene Dienstleistungen, mäßige öffentliche und geistliche Belastung.

Aber dieser glückliche Zustand der Bauern endete, als mit dem Aussterben der Jagellonen der Adel seinen immer mächtiger werdenden Einfluß auf Kosten der Krone und des Bauernstandes erweiterte. Es ist auffallend, daß der polnische Bauer solche Freiheiten*) zu einer Zeit genoß, wo die Leibeigenschaft über das ganze übrige Europa verbreitet war, und daß seine Knechtschaft anfing, als sie in anderen Ländern schon aufhörte. Denn schon im 12. und 13. Jahrhundert verlor sich die Leibeigenschaft in Deutschland (außer in den vormals slavischen Provinzen Mecklenburg, Pommern, Lausitz ꝛc.). In Frankreich hob sie Ludwig X. 1315 auf; in England befreite noch Elisabeth 1574 Leibeigene; in Böhmen und Mähren bestand dies Verhältniß 1781 bis auf Joseph II.; in Polen fing es mit dem 16. Jahrhundert erst an. Die Könige mußten versprechen, ferner keinem Bauern Geleitsbriefe gegen ihre Herren zu ertheilen.**) Es solle künftig allen Herren freibleiben, ungehorsame Unterthanen

---

*) J. J. Jekel ist geneigt, einen Zustand der Leibeigenschaft in Polen vor dem 11. Jahrhundert anzunehmen, doch gesteht er selbst, über die Frage: „Was waren eigentlich die Bauern? Zu was waren sie verpflichtet? Unter welchen Gesetzen lebten sie?" giebt uns die Geschichte keine befriedigende Auskunft. Polens Staatsveränderung 3. Theil Seite 87. Genug denn, daß, soweit die Geschichte reicht, sie uns keine Leibeigenen zeigt, sondern nur glebae adscripti.

**) 1505 Alexander, 1543 Sigismund I., 1588 Sigismund III.

nach eigenem besten Gutdünken zu strafen.*) Auch wurde der Satz: „Die Luft macht eigen" auf alle Fremden ausgedehnt, die ein Jahr im Dorfe lebten.**) Und so wurde, ohne daß irgend eines der Gesetze, welche zu Gunsten des Bauern sprachen, aufgehoben worden wäre, zum Verfassungsgrundgesetz erhoben: „daß der Bauer vor keinem weltlichen Gericht auf Erden fortan irgend rechtliches Gehör gegen seinen Herrn haben solle, seine Klage betreffe Gut, Ehre oder Leben".

So wurde der Bauer einer Willkür preisgegeben, die keine Grenze mehr fand als die, welche das Uebermaß des Uebels dem Uebel setzt. — Jeder Edelmann war unumschränkter Alleinherrscher auf seinem Gut; der Bauer hatte auf Erden keinen Schutz zu hoffen als von der Gnade seines Herrn oder von seiner eigenen Verzweiflung. Daher die furchtbaren Bauernaufstände, deren Androhung schon den Adel erzittern machte. Daher aber auch der tiefe Verfall des Grundeigenthums und das Versiegen der Quellen, aus welchen die Nation ihren Wohlstand und ihre Kraft schöpfen sollte.

Wie hoch das Elend der polnischen Bauern stieg, entnimmt man aus Bestimmungen, wie die der Reichstagssatzung 1768, 18. und 19. Art., wonach „die Machtvollkommenheit und das Eigenthumsrecht des Adels über Land und Leute in ihrer ganzen Ausdehnung aufrecht erhalten, doch das Recht über Leben und Tod der Bauern nicht mehr in der Hand der Herren liegen soll". — Im Jahre 1791 mußte noch erst geboten werden: „wenn von nun an Gutsherren sich mit ihren Einsassen über ein Rechtsverhältniß in glaubhafter Form einigen, so soll diese Handlung einen Vertrag gründen und darüber gehalten werden". Fragen wir über den Zustand der Bauern die Schriftsteller der eigenen

---

*) Vierter Artikel des Religionsvereins von 1515.
**) Statut von 1633.

Nation*) jener Zeit, so hören wir, „daß der Bauer**) ohne Recht und ohne Richter, ohne Gesetz und König, selbst oft ohne Religion lebte, daß er selbst die Sonn- und Festtage zur Arbeit gezwungen, indem an manchen Orten die Hufe mit fünf Spanntagen belastet war". Diese Ungemessenheit der Dienstleistung machte es zuweilen ganz unmöglich, einen Maßstab zu ihrer Abgleichung zu finden. — Der Bauer***) wird für nichts angesehen, ohne Willen seines Herrn vermag er vor Gericht nicht zu erscheinen, gegen seinen Herrn giebt es hienieden keinen Richter, — es sind einst Verordnungen zu seinem Besten abgefaßt worden, sie sind aber längst vergessen. Gegen Unterdrückung findet der Bauer nirgends Recht, — lange war der Gutsherr Herr über Leben und Tod.†) — Polen ist das einzige Land, wo das gemeine Volk aller Rechte der Menschheit entblößt ist.††)

Bei der ungeheuren Kluft zwischen Herrn und Knecht, zwischen Edelmann und Bauer hat sich in Polen dennoch nie ein Mittelstand entwickeln können. Gewerbfleiß und Handel†††) konnten da nicht gedeihen, wo die Regierung ihnen weder Aufmunterung noch Schutz zu gewähren vermochte, wo willkürliche und gewaltsame Eingriffe die Sicherheit des Eigenthums und das Vertrauen aufhoben, deren sie vor Allem bedürfen.

So nur erklärt es sich, daß ein Land arm bleiben konnte, welches 13 000 Quadratmeilen und 11½ Millionen Einwohner hatte, von großen schiffbaren Flüssen durchströmt war, die dem Schwarzen wie dem Baltischen Meere zuführten, einen Ueberfluß an Korn, Weizen, Wachs, Honig, Hopfen, Fischen, Pelzwerk,

---

*) Es ist nöthig, diese anzuführen, um nicht der Uebertreibung angeklagt zu werden.
**) Warszewicki.
***) Nicolaus Zalaczewski.
†) Vincent Rojituski.
††) König Stanislaus Leszczynski, Observations sur le gouv. de Pologne, liv. c. pag. 9.
†††) J. Jekel, Polens Handelsgeschichte. Wien 1809.

zahllose Herden des stattlichsten Rindviehs und der trefflichsten Pferde, einen nicht zu erschöpfenden Salzstock und unermeßliche Vorräthe von Schiffs- und Bauholz besaß.

Aus allen diesen Reichthümern wußte der inländische Kunstfleiß nichts zu schaffen als grobe Leinwand, Segeltuch, Seile, Potasche und Schiffshölzer; alle übrigen Erzeugnisse wurden außerhalb verarbeitet.

Nur ein Siebentel des Landes war angebaut, und wenn Polen dennoch beträchtliche Versendungen von Korn und Schlachtvieh ins Ausland machte, so war dies nur möglich, weil der große Theil der Nation, der unterdrückte Bauer, sich jene Erzeugnisse abdarben, von Haferbrot wie heute von den Kartoffeln kümmerlich leben mußte und kaum dreimal des Jahres Fleisch zu essen bekam, und weil diese Lebensweise wieder die Menschenzahl klein erhielt.

Alle übrige Ausfuhr war gering und stand in gar keinem Verhältniß zu den theueren Gegenständen des Luxus, welche, trotz aller Luxusgesetze, immer mehr gefordert und eingeführt wurden.

Die Bleiwerke zu Olkusz waren eingegangen, und selbst der Betrieb der unerschöpflichen Vorräthe des Steinsalzes zu Wieliczka und Bochnia und die Salzquellen Rothrußlands wurden so sehr vernachlässigt, daß nicht nur von diesem Reichthum nichts ausgeführt, sondern zum unermeßlichen Nachtheil der Krone die ganze Provinz Preußen mit fremdem Seesalz versorgt werden mußte.

Die Handelsbilanz mußte diesem nach ganz natürlich zum Vortheil aller der Nationen ausfallen, welche mit Polen handelten und zum ungeheuren Nachtheil dieses Landes. — Im Jahre 1777 war: *)

die Einfuhr für 47 488 876 polnische Gulden,
die Ausfuhr für 29 839 238   =   =

---

*) J. Jekel. Polens Handelsgeschichte, 2. Theil S. 87, die genaueren Angaben.

Die Einfuhr überstieg demnach in diesem Jahre die Ausfuhr um 17 649 629 Gulden. — Davon gewann Preußen über 5 Millionen, Oesterreich fast 11 Millionen, Rußland und die Türkei 1½ Million.

Im Jahre 1776 war die Einfuhr 48 640 679 Gulden,
die Ausfuhr 22 096 360 „

Der Ausfall betrug also 26 544 380 Gulden für das einzige Jahr. — Die Hauptquelle des Geldes, welches noch in Polen cirkulirte, war der Verkauf der Königswürde.

Trotz aller inneren Hülfsquellen übertraf der Schatz mancher europäischen Stadt den der Republik, und zwei oder drei Amsterdamer oder Londoner Kaufleute machten größere Umsätze, als die Domänen des Königs eintrugen. Polen darbte mitten in den Reichthümern, welche ihm die Natur freigebig ertheilt. Der Ueberfluß seiner Erzeugnisse half ihm nichts, es hatte keine Straßen, sie abzuführen, keine Schiffe, sie zu versenden, weder Fabriken, um sie zu bearbeiten, noch Handel, um sie zu benutzen.

Die ganze Handelsgeschichte Polens beschränkt sich fast ausschließlich auf die Geschichte der Stadt Danzig.

Als im dreizehnten Jahrhundert die bedeutendsten Städte Deutschlands zusammentraten, um gemeinsam sich gegen die Willkür und die Eingriffe zu schützen, denen sie einzeln nicht zu widerstehen vermochten, um sich die Straßen zu öffnen, welche hundert Raubschlösser und zahllose Schlagbäume verlegten, und um das Recht unter sich zu handhaben, welches die Fürsten ihnen nicht gewähren konnten, — als sich mit einem Wort der Hansebund bildete, welcher Jahrhunderte hindurch den Handel auf zwei großen Meeren mit unumschränkter Macht beherrschte, da mußte Danzig früh die unermeßlichen Vortheile erkennen, welche vorzugsweise ihm durch ein Anschließen an diesen neuen Bund erwachsen konnten.

Die Bewohner Danzigs waren deutschen Ursprungs, wurden nach deutschen Gesetzen (dem Sachsenspiegel) und durch ihre eigene

Verfassung regiert. Sie standen eine Zeit lang unter den deutschen Ordensherren, und als sie später die Landeshoheit der Republik anerkannten, hielten sie sich dennoch soweit möglich von ihr entfernt und unabhängig. Danzigs Bürger befestigten ihre Stadt auf eigene Kosten und auf eigene Verantwortung, auch vertheidigten sie durch ihre eigenen Kräfte ihre Selbstständigkeit nicht nur gegen das Ausland, sondern selbst gegen Polen.*) Sie verweigerten den Russen den Eintritt in ihre Mauern, als Polen schon nicht mehr wagte, diesen Feind zurückzuweisen.

Seitdem die Republik das Schwarze Meer verloren, war Danzig der vorzüglichste und bald darauf der einzige Hafen, durch welchen Polen mit der Welt verkehrte, und es erreichte eine sehr hohe Stufe von Wohlhabenheit und Bedeutsamkeit.

Als die königlichen Städte in Polen das Magdeburger Recht erhielten, wanderten zwar eine Menge fleißiger Ausländer ein, welche Betriebsamkeit und Handel schnell in Aufnahme gebracht hätten. Auch schlossen sich Thorn, Culm, Elbing, Königsberg, Braunsberg und Krakau dem Hansebund an. Da sie sich aber nicht selbstständig zu erhalten wußten, so erlagen sie den immer mehr sich erweiternden Rechten des Adels, und die Nachkommen jener fremden Einwanderer hatten eine sehr traurige, beschränkte Existenz.

Alle übrigen Städte lagen öde und ohne Mauern, denn sie umschlossen nichts als Dürftigkeit. Ihre Bewohner waren Ackerbürger, und kaum durfte man in ihnen die allerunentbehrlichsten Handwerker suchen.

Denn was nicht Edelmann war, lebte verachtet in den Städten oder unterdrückt auf den Dörfern, und wirklich gab es in Polen keinen Bürgerstand.

Der ganze übrige Handel Polens lag völlig darnieder. Von dem Bauern, der selbst im eigentlichsten Sinne nichts hatte, konnte

---

*) Im Jahre 1576 gegen Stephan Batory, 1733 gegen August II. 2c.

der Handelsmann auch nichts gewinnen. Vom Adel war ebenso wenig zu verdienen. Die Reichen und Mächtigen, also die, welche bei den Kaufleuten das Meiste hätten kaufen können, bezogen für das Holz, Getreide ꝛc., welches sie nach Danzig schickten, ihre Weine und Luxuswaaren zollfrei. Wie konnten die Kaufleute in einem Lande mit Vortheil verkaufen oder ankaufen, wo die angesehenste Klasse der Staatsbürger eben diese Gegenstände zollfrei bezog oder verschickte, von welchen jene in beiden Fällen auf öffentlichen und Privatmauthen Abgaben zahlen mußten? Endlich machte die schlechte Justizverfassung, besonders der schwierige Exekutionszug es fast unthunlich, irgend Jemandem Kredit zu geben. Auch war es unmöglich, einen abligen Kompagnon zu bekommen, da das Handelsgeschäft den Verlust des Adels nach sich zog. Anfangs genoß Polen die Vortheile eines Zwischenhandels, indem es die den Russen unentbehrlichen Waaren zu Breslau, Leipzig und Danzig aufkaufte und ihnen zu Lande zuführte. Allein seitdem Peter der Große seinem Volk die Ostsee und das Schwarze Meer geöffnet, verschwand auch dieser Erwerbszweig des Landes.

Das Wenige, was in Polen noch vom Handel übrig blieb, verdankte man den Juden.

Man kann nicht leugnen, daß dieses genügsame, um seine Nahrung besorgte Volk die einzige vermittelnde Klasse im Lande bildete. Alle die Thätigkeiten, welche Sorglosigkeit oder Stolz den Edelmann verschmähen ließen und welche der Stumpfsinn, die Unwissenheit und die unterdrückte Lage dem Bauern unzugänglich machten, fielen den Juden anheim, die, wenn sie später ein nationales Unglück wurden, zugleich eine nationale Nothwendigkeit waren: — ersteres als Folge der schlechten Maßregeln der Regierung, denn man hat es überall leichter gefunden, die Juden zu verbrennen, als gute Bürger aus ihnen zu machen, — letzteres, weil man die Juden haßte und ihren Reichthum beneidete, ohne den Fleiß nachzuahmen, durch welchen sie ihn erwarben.

Wir sind genöthigt, einen Blick auf dies merkwürdige, wenig gekannte und doch so wichtige Volk zu werfen,*) welches, aus seiner Heimat vertrieben, in beständigem Wachsthum blieb und nach und nach Eingang in alle Länder fand, bis es den Erdball umklammerte, wie die Ranken des Epheu den Stamm, an dem und durch den sie fortleben, selbst wenn die Wurzel dem Erdboden entrissen, der sie entstehen ließ.

Zu allen Zeiten durch Willkür und Gewalt niedergetreten, finden wir diese Nation durch List und Beharrlichkeit immer wieder emporstrebend. Mit Feuer und Schwert verfolgt und vertilgt, sehen wir sie aufs Neue zurückkehrend oder ersetzt. Unzählige Male beraubt und geplündert, ist sie stets im Besitz alles Reichthums.

Bei einer wunderbaren Mischung von äußerer Schwäche und verborgener Kraft, — demüthig und geschmeidig gegen Mächtigere, herrisch und grausam gegen Abhängige — übt dies Volk, welches in seiner Gesammtheit unterdrückt und gemißhandelt ist, in seinen einzelnen Gliedern eine individuelle Tyrannei über seine Unterdrücker aus. — Denn weil der Mensch auch in seiner Entwürdigung noch eine Erinnerung des angeborenen Adels und ein Gefühl seiner Unterdrückung bewahrt, so setzte auch der Jude der Gewaltthätigkeit und Feindschaft Haß und Verachtung entgegen, Gefühle, die in ihm um so tiefer wurzeln mußten, als er genöthigt war, sie sorgfältig in sich zu verschließen.

Die Juden sind trotz ihrer Zersplitterung eng verbunden. Sie werden durch ungekannte Obere zu gemeinsamen Zwecken folgerecht geleitet. Nach tausendjährigem Aufenthalt in einem Lande stehen sie als Fremdlinge da, den Boden, auf dem sie geboren, nie als ihre Heimat, das Volk, mit welchem sie aufwuchsen, stets als ihren Feind betrachtend. Indem sie alle Versuche der Regierungen, sie zu nationalisiren, zurückweisen, bilden die Juden

---

*) Tableau de Pologne ancienne et moderne par Malte Brun, refondu par Leonard Chodzko. Paris 1830.

einen Staat im Staate und sind in Polen eine tiefe und noch heute nicht vernarbte Wunde dieses Landes geworden.

Die ganze politische Stellung der Juden, so gut wie ihre eigenen Gesetze, schlossen sie vom Grundbesitz, vom Staatsdienst, von Aemtern, Würden, kurz von aller öffentlichen Thätigkeit unwiderruflich aus. Das allgemeine Wohl konnte bei ihnen nie Ziel des Talents, des Wissens oder Fleißes sein. Vaterlandsliebe, Ehrgeiz, Thatendrang, kurz alle die mächtigen Hebel, welche die Thätigkeit des Menschen aufregen, fanden für sie kein Feld, sich zu entwickeln. Ueberall mit Verachtung zurückgestoßen, war der Jude auf sich selbst allein verwiesen, und dies eigene Selbst war und mußte der einzige Gegenstand aller seiner Handlungen werden.

Der höchste Standpunkt, auf den der Jude in seinem Lande gelangen konnte, war der, ein reicher Mann zu sein. Aber der Reichthum selbst verschaffte ihm kein größeres bürgerliches Ansehen, er schützte ihn nicht gegen die Schmach des öffentlichen Hasses und Abscheues, und der Jude mußte seinen Reichthum verstecken oder ihn mit Gefahr genießen.

Auch das Geld war dem Juden kein Mittel mehr zum Glück, und so wurde es zum Zweck selbst; Reichthum war das alleinige Ziel aller Bestrebungen jedes Einzelnen, und alle Wege, die zu diesem Zweck, dem einzigen Zweck führten, waren ihm recht und Rache an den Drängern zugleich. Jede Demüthigung verschmerzend, jede Beleidigung ertragend, stets nüchtern, genügsam und vom Wenigsten lebend, alle Vortheile nutzend, Betrug, Wucher und Meineid nicht verschmähend — war es wohl ein Wunder, daß alle Reichthümer in die Hände dieser Einwanderer zusammenflossen und daß nach und nach die Unterdrücker in die Abhängigkeit der verachteten Fremdlinge geriethen?

Die ersten jüdischen Ansiedler waren Vertriebene aus Deutschland und Böhmen.*) Sie flüchteten um das Jahr 1096 nach

---

*) Vergl. Leonard Chodzko's Ausgabe des Tableau de Pologne par Malte Brun.

Polen, wo damals eine weit größere Duldsamkeit herrschte als im ganzen übrigen Europa.

Diese Auswanderung der Juden war eine Folge der Grausamkeit und Habsucht der ersten Kreuzfahrer. Diese behaupteten, die Juden seien die natürlichen einheimischen Feinde Christi. In Mainz allein wurden 1400 Juden verbrannt. In Bayern fielen 12 000 Opfer; die Frauen tödteten ihre Kinder und die Männer sich selbst, um der Taufe und den Täufern zu entgehen. Aus Böhmen wanderten alle aus, sie mußten ihre ganze Habe zurücklassen, denn „da sie keine Reichthümer aus Judäa mitgebracht, so mußten sie arm, wie sie gekommen, aus Böhmen abziehen".

Die Liebe Casimirs des Großen zur schönen Esther, einer Jüdin aus Opoczno, verschaffte den Israeliten einige bürgerliche Rechte und Freiheiten, soweit ein König dergleichen in Polen verleihen konnte, und die dem Lande nur zum Vortheil gereichten, allein schon unter Ludwig von Ungarn, 1371, wurden sie sämmtlich des Landes verwiesen. Dennoch finden wir sie 1386 schon wieder über ganz Polen verbreitet. — Es wurde den Christen damals bei Strafe der Exkommunikation untersagt, mit Juden umzugehen oder von ihnen zu kaufen. Diese wurden gezwungen, in allen Städten, wo sie sich niedergelassen, in gewisse Vorstädte zusammenzuziehen. Der Wucher wurde ihnen untersagt, und Johann Albrecht vernichtete mit einem Male alle hypothekarischen Einschreibungen, durch welche sie im Begriff standen, den größten Theil der Güter des Adels an sich zu bringen, welche behufs der Kriegsrüstungen verpfändet worden waren; doch sollte das Darlehen mit gesetzlichen Zinsen zurückgezahlt werden.

Sehr charakteristisch ist das Privilegium Boleslaws des Frommen, 1505.*) Es zeigt, daß die Könige genöthigt waren, die Juden gegen den allgemeinen Haß und die Bedrückung der

---

*) Vergl. Jekel, Polens Staatsveränderung, 2. Theil.

Christen in Schutz zu nehmen. So heißt es unter Anderem: Leichen der Juden können ohne Zoll abgeführt werden. — Für die Verunehrung der Synagoge zahlt der Christ dem Woywoden zwei Steine Pfeffer als Strafe. — Niemand soll bei Juden einkehren. — Es ist falsch, daß die Juden Menschenblut gebrauchen. — Wird ein Jude angeklagt, ein Christenkind entführt zu haben, so muß er durch drei christliche und drei jüdische Zeugen überführt werden. Wird er nicht überführt, so soll der Ankläger die Strafe erleiden, welche der Jude hätte erleiden müssen. — Wird ein Jude bei Nachtzeit mißhandelt und schreit um Hülfe, so sind die Christen bei Strafe verpflichtet, ihm beizustehen u. s. w.

Manchen Beschluß der Reichstage, manch Gesetz, das ihren Handel völlig zu Grunde gerichtet hätte, und manchen Sturm, den fanatische Priester gegen sie erregten, wußten die Juden durch ihr Geld (Miczynski sagt: durch ihre Zauberei) zu beschwören. Dieses sicherte ihnen zu allen Zeiten hohe Gönner. Einige Schriftsteller dagegen behaupteten: „Gott segne die, welche die Juden verfolgen!" und führten als Beleg mehrere polnische Familien an.*)

Bei der niedrigen äußeren Stellung der Juden maßten sie sich in ihren Schriften eine kühne Ueberlegenheit über die Christen an. Wie die russischen Juden einst versucht hatten, Wladimir den Großen zum Judenthum zu bekehren, so gaben die polnischen Juden eine große Menge von Schriften heraus, in welchen sie den Ritus der katholischen Kirche lächerlich machten und die Polen einluden, sich dem Gesetze Mosis zu unterwerfen, nicht

---

*) Ziechowski in seinen Oglos Processu behauptet: „da der Jude Alexander den Kindesmord auf der Folter nicht eingestand, so hätte man sich nicht begnügen sollen, ihn zu verbrennen, sondern auch seinen Schatten, da es sehr wohl möglich, daß der Teufel zu Gunsten eines Juden ein Unding auf der Folter untergeschoben und daß der Schatten der wahre Jude gewesen sei!" Noch 1783 klagte der Bernhardiner Mönch Tyszkowski die Jüdinnen der Zauberei an. Jekel, Polens Staatsveränderung 1. Th. S. 44 und 3. Th. S. 14.

zweifelnd, daß dies Land ein zweites Idumäa werden werde. — Kühn gemacht durch die Ausdehnung ihrer Verbindungen und die Größe ihrer Geldmittel, sollen sie zu wiederholten Malen Unterhandlungen mit den Türken gepflogen haben, um mit ihrer Hülfe Polen zu unterjochen.*)

Nach der eigenen Angabe der Juden befanden sich im Jahre 1540 nur 500 christliche, dagegen 3200 jüdische Kaufleute und 9600 jüdische Goldarbeiter und Fabrikanten im Lande. Die reichen Juden hatten angefangen, sich ganz wie die polnischen Edelleute zu kleiden, ja sie überboten sie an Pracht. Charakteristisch ist in dieser Beziehung ein Erlaß König Sigismunds I., welcher ihnen untersagte, goldene Ketten, Wappenringe und Säbel zu tragen, die mit Edelsteinen besetzt waren. Die Juden hielten ihre eigenen Reichstage, jede Provinz schickte ihre Deputirten nach Warschau, wo sie einen großen Rath unter sich bildeten und einen Marschall ernannten, der von der Regierung bestätigt wurde. — Kurz die Israeliten bildeten nächst dem Adel die angesehenste und mächtigste Körperschaft im Lande.

Vorzugsweise beunruhigend war die unglaubliche Vermehrung dieser Gäste, von welcher man annimmt, daß sie die der eingeborenen Landbewohner um das Dreifache übersteigt. — Da sich die Juden — durch ihre ganze Lebensweise begünstigt und durch ihr Gesetz dazu aufgefordert — allen öffentlichen Lasten und Auflagen mit Erfolg zu entziehen wußten, so beschloß Sigismund August, ihren Vorstellungen zum Trotz, eine Kopfsteuer von ihnen zu erheben, infolge welcher jedes Individuum 1 Gulden, damals 1½ Thaler, zahlen sollte. Zugleich beabsichtigte man, ihre wirkliche Zahl dadurch zu ermitteln. Man schätzte diese damals auf mindestens 200 000 Seelen, von der Steuer kamen aber nur 16 000 Gulden ein.**)

---

*) Zur Sprache gekommen in den Synoden 1420 und 1672.
**) „Dites-moi" — sagte König Sigismund dem Bischof von Krakau, „vous qui ne croyez pas aux sorciers, ou que le diable puisse

Noch mehr Macht gewannen die Juden unter Johann Sobieski, welchem sie seine einstmalige Thronbesteigung vorher geweissagt hatten. — Dieser Monarch begünstigte die Israeliten so sehr, daß der Senat 1682 ihn förmlich ersuchte, das Wohl des Staates wahrzunehmen und nicht alle Gnaden der Krone durch die Hände der Juden gehen zu lassen.

Das Verbot, mit den Bauern zu handeln, Wirthshäuser zu halten und Branntwein zu schenken, welches fast unter jeder neuen Regierung wiederholt, und dessen Uebertretung selbst mit Todesstrafe belegt wurde, zeigt, daß die Juden nie aufgehört haben, diesen für sie so einträglichen und dem Landmanne so verderblichen Erwerbszweig zu benutzen.

Zu allen Zeiten hielten die Juden einen Eidschwur in Bezug auf einen Christen nicht für bindend. Aus der Streitigkeit eines der Ihrigen mit einem Christen machten sie stets eine Angelegenheit ihrer Nation. Wenn es darauf ankam, gemeinsame Zwecke zu fördern, so wurde ein allgemeiner Fasttag ausgeschrieben, und bei Strafe eines der drei jüdischen Flüche,[*] mußte dann Jeder den Betrag einer eintägigen Konsumtion für sich und die Seinigen einzahlen. Auf diese Weise haben einzelne Städte oder Provinzen andere oft weit entlegene mit bedeutenden Geldsummen unterstützt.

Noch jetzt hat jede Stadt ihren eigenen Richter, jede Provinz ihren Rabbi, und alle stehen unter einem ungekannten Oberhaupte, welches in Asien hauset, durch das Gesetz zum beständigen Umherirren von Ort zu Ort verpflichtet ist, und den sie den „Fürsten der Sklaverei" nennen. So ihre eigene Regierung, Religion, Sitte und Sprache bewahrend, ihren eigenen Gesetzen

---

se mêler de nos affaires, dites-moi comment il se fait que 200 000 Juifs ont pu se cacher sous terre pour ne paraître que 16 598 aujourd'hui qu'il s'agit de payer la capitation." „Votre Majesté sait," entgegnete dieser, „que les Juifs n'ont pas besoin du diable pour être sorciers."

[*] Niddony, Gherem und Schamatha.

gehorchend, wissen sie die des Landes zu umgehen oder ihre Ausübung zu hintertreiben, und eng unter sich verbunden, weisen sie alle Versuche, sie der Nation zu verschmelzen, gleich sehr aus religiösem Glauben wie aus Eigennutz zurück.

Wir haben jetzt die widerstrebenden Elemente betrachtet, welche in ihrer Verbindung den Staat bildeten. Einen kraftlosen König, einen übermächtigen demokratischen Adel, der in seinen Interessen und religiösen Meinungen unter sich zerfallen war, einen Mittelstand, welcher im Staate wucherte, ohne dem Staate anzugehören, und den die Masse der Nation bildenden Landmann ohne politische, fast ohne Menschenrechte ins tiefste Elend versunken.

Aber welches Bild der Verwirrung bietet auch das Innere dieses unglücklichen Landes dar!

Früh schon hatte Polen eine gewisse Höhe der Kultur erreicht, allein seitdem der Adel, um seine ganze Unabhängigkeit zu bewahren, der Regierung alles Ansehen raubte, seitdem das Volk sich selbst die Möglichkeit der Gesetzgebung auf gesetzlichem Wege raubte, da blieb es auf seinem Standpunkt stehen, und während alle Nachbarstaaten um Jahrhunderte fortschritten, blieb Polen um ebenso viele Jahrhunderte zurück.

Wirklich war es dahin gekommen, daß die gesetzliche Ausübung aller Souveränetät aufgehört hatte. — Die Münze war seit 1685 geschlossen, und da das polnische Geld einen höheren Gehalt als das der Nachbarstaaten hatte, so verschwand es aus dem Kurs oder wurde verfälscht. Auf diese Weise soll das ganze polnische Geldkapital zweimal außer Landes umgeprägt worden sein. Die fremden Münzen dagegen hatten einen willkürlichen Kurs. Diese Verwirrung wurde endlich so groß, daß König August II. auf eigene Verantwortung sächsisches Geld in Warschau prägen ließ, zwar ohne von der Nation und dem Senat ermächtigt zu sein, denn kein Reichstag kam unter seiner langen Regierung zu Ende, welcher ihn dazu hätte autorisiren können.

So zwang die gebieterische Nothwendigkeit nicht nur die Könige, sondern alle hohen Staatsbeamten, sich eine Macht anzueignen, welche ihnen nicht zustand, und welche die bei weitem an Ausdehnung übertraf, welche eine unumschränkte Regierung ertheilt hätte. Gezwungen, seine Vollmachten zu überschreiten, um den dringendsten Anforderungen zu genügen, herrschte jeder uneingeschränkt und ohne alle Kontrole in seinem Fache und übte nothgedrungen eine Gewalt über die Menge, von welcher jeder Einzelne ihn wegen eines Mißbrauchs zur Rechenschaft ziehen konnte, zu dem jeder Nachfolger aufs Neue hätte greifen müssen.

Die Republik unterhielt keine Gesandten an auswärtigen Höfen; das Land war ohne Festungen, ohne Marine, entblößt von Straßen und Waffenvorräthen, ohne Schatz und selbst ohne gesicherte Staatseinkünfte. Das Heer war klein, vernachlässigt, ohne Disziplin und blieb oft ohne Sold, so daß die Truppen genöthigt wurden, sich zu konföderiren und sich vor den Versammlungen des Reichstages zu lagern, um ihren gesetzlichen Ansprüchen ein so ungesetzliches Gewicht zu geben.

Die ganze Stärke des Staates nach außen bestand daher in der Konföderation. Aber die Könige, welche eine Macht, die über die ihrige ging, nur mit Besorgniß erblickten, suchten diese Verbindungen stets zu durchkreuzen und zu hintertreiben, oder wenn sie ihrerseits die Konföderation bildeten, so hinderte Mißtrauen die Nation, sich anzuschließen. Ueberdies war der sonst so streitbare polnische Adel durch Luxus und Ueppigkeit, zum Theil auf Betrieb der Regierung selbst, geschwächt und entartet. Fast alle großen Vermögen waren mit Schulden und Prozessen überhäuft. Der größte Theil der Edelleute hatte weder Waffen noch Pferde und bildete nur noch eine tumultuarische Versammlung ohne Ordnung, ohne Disziplin und Leitung.

Andererseits durfte man nie wagen, die Masse des Volkes zur Vertheidigung des Vaterlandes zu bewaffnen. In der Lage, worin sich der Bauer befand, in der er im strengsten Sinne des Wortes nichts mehr zu verlieren hatte, mußte Grundherr und Feind ihm gleich gelten. Jedes Versprechen, jede Aussicht auf ein Verbesserung, selbst nur auf eine Veränderung seiner drückenden Stellung mußte, wenn der Feind sie ihm bot, den Bauern zum fürchterlichen Gegner seines Herrn machen. — Die bloße Möglichkeit eines Bauernaufstandes in Begleitung von Greueln, wie sie die aufgeregteste Phantasie nur ersinnen kann und wie sie mehr als einmal große Provinzen des Landes verheerten — hielten den Adel und seine Haustruppen von der Vertheidigung der Republik entfernt, denn wer hätte gewagt, Haus und Hof und Weib und Kind eine Beute der entzügelten Wuth der Knechte zurückzulassen.

Und so bestand Polen wirklich im Innern nur durch angemaßte Gewalt, nach außen durch seine Schwäche selbst fort.*) Denn Polen mit einer Armee angreifen, hieß es erobern wollen, und das hat die gegenseitige Eifersucht der Nachbarmächte eine sehr lange Zeit hindurch allein verhindert.

Die Königswahlen und die Religionsstreitigkeiten waren die Fugen, durch welche der fremde Einfluß zuerst in die Republik einbrang.

Im Jahre 1697 verschaffte ein Heer von 10 000 Sachsen seinem Kurfürsten August II., gegen den Willen des größeren Theils der polnischen Nation, die Krone dieses Landes. Aber eben daher beburfte August stets dieses Heeres, um seine Krone gegen die Nation zu behaupten.

Polen, in dem Zustand, wie wir es gesehen, zu schwach, um sich selbst zu schützen, wollte dennoch lieber unbewaffnet mitten unter kampfgerüsteten Nachbarn bleiben, als daß es das Heer seines Königs im Lande gebulbet hätte. Besorgt für die Rechte

---

*) Polonia confusione regitur.

der Einzelnen und eifersüchtig auf die königliche Gewalt, drangen die Reichstage entschieden auf die Entfernung der sächsischen Truppen, lieber die Freiheit des Staates als die Prärogativen des Standes aufs Spiel setzend.

In den Kriegen, welche der König nun unternahm, um eine Armee behalten zu dürfen, welche allein ihm ein Gewicht in der Republik sicherte, war er unglücklich. — Schwedische Waffen waren es, und abermals nicht der Wille der Nation, welche 1704 Stanislaus Leszczynski krönten.

Nach Karls XII. Unglück erschien August II. aufs Neue mit einem Heer in Polen, um den Thron wieder zu besteigen. Allein als nunmehr dieser Monarch durchsetzen wollte, was wohl vom ersten Augenblick sein Hauptaugenmerk gewesen war, die Gründung der königlichen Gewalt im Staat, da trat ihm die Konföderation so nachdrücklich entgegen, daß August der russischen Vermittelung und des russischen Schutzes bedurfte, um sich zu erhalten, so seinen Nachfolgern das verderbliche Beispiel gebend, an welchem der Staat zu Grunde ging.

August III. bestieg den Thron seines Vaters nicht mehr durch die Waffen eines sächsischen Heeres, sondern unter dem Einfluß und dem Schutze Rußlands und trat, um sich auf seinem Throne zu erhalten, in die entschiedenste Abhängigkeit dieses Staates. Aber das Mittel seiner Erhöhung wurde zugleich das Werkzeug seines Verderbens.

Die Rüstungen Augusts II., um seinen Thron zweimal zu erobern, seine Kriege und mehr noch der Luxus und die Bestechungen, durch welche er den Adel seiner Nation zu unterjochen anfing, als die Waffen es nicht vermochten, endlich die grenzenlosen Verschwendungen des dritten August erschöpften alle Hülfsquellen Polens und Sachsens. Diese reichen Erbländer gingen im siebenjährigen Kriege endlich auch noch verloren, und so war August von einem mächtigen Kurfürsten zum ohnmächtigsten aller Könige geworden.

Das Ableben Augusts III. war der Zeitpunkt, welchen die Parteien im In- und Auslande abgewartet hatten, um alle Kräfte und alle Leidenschaften für ihre Zwecke in Bewegung zu setzen. Politik, Vaterlandsliebe, Verrätherei, Ehrgeiz und Käuflichkeit, Ränke und Gewalt kämpften gegeneinander und erregten einen furchtbaren Sturm in der Republik.

Fassen wir in jenem verworrenen Treiben diejenigen Parteien näher ins Auge, welche die neue Königswahl zu einer Verbesserung des geselligen Zustandes ihres Vaterlandes zu benutzen beabsichtigten.

Viele Polen zwar betrachteten diesen Zustand damals als ein Meisterwerk der Staatskunst. Sie blickten mit Stolz auf die persönlichen Rechte, uneingedenk daß neun Zehntel der Nation in die tiefste Knechtschaft versunken waren und daß selbst die Unabhängigkeit des Adels weit davon entfernt war, Freiheit zu sein. Denn die Schwäche des Staates, welche eben aus ihr hervorging, konnte keine Bürgschaft für die Fortdauer der Verfassung sein, weil sie keine Bürgschaft für das Dasein des Staates gab. — Stets besorgt wegen des Mißbrauchs der Macht, sahen diese Männer nie die Gefahr des Mißbrauchs der Freiheit, und es bedurfte noch einer langen Schule des Unglücks, um sie zu überzeugen, daß eine Aenderung der Verfassung unvermeidlich geworden.

Es fehlte indeß auch nicht an Männern, welche die ungeheuren Fehler dieser Verfassung anerkannten.

„Alle unsere Berathungen", so redete der Fürst-Primas den Konvokations-Reichstag an, „führen zu keinem Zweck. Die Reichstage haben keinen Erfolg, und Wenige unter uns dürfen sich rühmen, einen Reichstag erlebt zu haben, wo die Freiheit der Berathungen geachtet worden wäre. — Wir halten uns für eine Nation, und doch stehen wir unter dem Joch der Knechtschaft, unter dem Schrecken der Schwerter. — Wir Alle fühlen das Unglück unserer Dienstbarkeit, und dennoch fehlt uns die Klugheit, uns selbst zu rathen, und die Kraft, unser Schicksal zu bessern, dennoch stürzen wir uns verblendet in unser Verderben."

„Alle unsere Leiden sind die Folgen unserer Handlungen. Wir schmachten in den Fesseln unserer eigenen Furcht, die wir nichts haben, worauf wir unsere Hoffnung setzen können, weder den Rath der Weisheit, noch den Beistand der Kraft. Wir haben keine Festungen, denn sie sind verfallen, keine Besatzungen, denn sie sind schwach und ohne Kriegsbedarf, weder gesicherte Grenzen noch ein Heer, sie zu vertheidigen. — Gestehen wir uns, dieses Reich gleicht einem offenen Hause, einer Wohnung, welche die Stürme verheerten, einem Gebäude ohne Besitzer, welches über seine erschütterten Grundfesten einstürzen würde, hielte die Vorsehung es nicht noch aufrecht!" —

„Werfen wir einen Blick auf diese Mißbräuche, welche allen Glauben übersteigen. Die Gesetze, entartet und herabgewürdigt, finden keine Ausübung; die Tribunale, welche Verbrechen richten sollten, sind aufgehoben; der Meineid ist geduldet auf Kosten des Heils der Seelen und des Vaterlandes! Die Freiheit ist durch Gewalt und durch Willkür unterdrückt; der königliche Schatz verschleudert durch Einführung fremder Münzen von schlechtem Gehalt; die Landstädte — die schönsten Zierden eines Reiches — sind entvölkert und der Vortheile des Handels durch die Juden beraubt. In den Städten müssen wir die Stadt suchen, so sind die Märkte, die Straßen und Felder veröbet."

„Eine Reihe von 50 Jahren hat diese Umgestaltung vollendet. Und warum? Weil wir gegen den Geist des Christenthums und der brüderlichen Liebe, ohne Eintracht, ohne Vertrauen und ohne Redlichkeit leben. Bedenken wir, wie wir durch ein solches Verfahren unser Gewissen belasten; wie schwer es ist, das wiederherzustellen, was wir zertrümmern; wie groß die Strafe des Rächers sein wird, die wir auf unsere Häupter laden. Bedenken wir die Rechenschaft, welche wir Gott und dem Lande schuldig werden, indem wir Provinzen unserer Grenzen der Gefahr preisgeben, unterjocht zu werden."

„Gegenwärtig, wo unsere Freiheit ohne Zaum und ohne Schranken sich der wildesten Ungebundenheit überläßt, ist ihr nichts so nothwendig als Fesseln, um sie vor Ausschweifungen zu bewahren, die sie zum Untergang, zur Knechtschaft leiten. Eine Freiheit wie unsere ist nur Zügellosigkeit. Ihr verderblicher Einfluß erstreckt sich bis auf diese Versammlung selbst und macht es nothwendig, daß wir sie der Regel, dem Gesetz unterordnen. Dieser Reichstag ist der Ort, wo die Raserei der Freiheit gebändigt werden muß, welche zu unserem Verderben führt, welche uns verletzt und unterdrückt, welche unsere Gesetze umstößt, die Gerechtigkeit hemmt und die öffentliche Sicherheit vernichtet."*)

Wenn solche Worte auch an der Menge verhallten oder von denen nicht geachtet wurden, welche ein Interesse an der Fortdauer der Anarchie hatten, so gab es doch der Verständigen viele, die ihre Wahrheit anerkannten. Es hat überhaupt zu keiner Zeit Polen an Männern gefehlt, welche sich selbst dem Vaterland zu opfern bereit waren, und wenngleich das morsche tausendjährige Gebäude der Republik den, der daran rüttelte, unter seinen Trümmern zu begraben drohte, so schreckte dies die Kühnsten nicht ab, mit kräftiger Hand die alten Grundsäulen zu zertrümmern und neue unterzuschieben.

Aber eben diese Versuche, eine bessere Ordnung der Dinge herbeizuführen, müssen als die letzten Ursachen des endlichen Sturzes dieser Republik genannt werden.

Unter den Parteien, welche eine Umwälzung im Staat beabsichtigten, nennen wir zuerst den Hof selbst.

Dieser fand in der Zerrüttung aller Verhältnisse, in der Bedrängniß des Landes und in der Entartung des Adels, die von

---

*) Ferrand, Histoire du démembrement de la Pologne.

ihm selbst ausging, die Hoffnung, eine größere Selbstständigkeit zu gründen. Die großen Bedienungen wurden an die Geschmeidigsten und Fügsamsten vergeben; der Edelmann sank zum Hofmann hinab, und die Tüchtigkeit der Nation wurde absichtlich untergraben. Das Uebermaß des Uebels sollte die Morgenröthe eines glücklicheren Zustandes werden. Durch den übertriebenen Luxus, zu welchem der Hof das Beispiel gab, war die Masse des Adels in die drückendste Armuth gerathen, und während etwa 100 Palatine, Bischöfe und Starosten in ihrem Haushalt und ihren Aufzügen die französischen Moden mit dem Reichthum des Orients verbanden, vermiethete sich eine weit größere Zahl von Edelleuten als Diener.*) Viele von ihnen, um sich ihrer Niedrigkeit zu entziehen, wollten den Handel ergreifen; sie hätten dadurch dem Vaterland den wesentlichsten Dienst erzeigt. Der Reichstag von 1677 war unweise genug, zu erklären, daß der Handel, des Adels unwürdig, alle seine Gerechtsame aufheben solle. Und dennoch wurde dieser polnische Adel, welcher früher von ausländischen Fürsten nachgesucht war, jetzt ohne Rücksicht verschleudert. Ein Jude, welcher vom Glauben seiner Väter abfallen mochte, wurde durch die Taufe polnischer Edelmann, und wie der jüngste Adel fast überall der anmaßendste ist, so hörte man diese Bekehrten auf den Reichstagen einen größeren Lärm als das Blut der Jagellonen machen.

Von dieser Abhängigkeit des niederen Adels schreibt sich auch die geschmeidige Demüthigkeit, die Unterthänigkeit der Formen her, die wir noch heute und bis in den gewöhnlichen Gruß: „Upadam do nog!" („Ich werfe mich Dir zu Füßen!") erkennen, welcher bei den geringen Ständen zugleich von dieser Handlung oder doch von einer Verbeugung begleitet wird, bei welcher die Hand den Fußboden berührt.

---

*) Le gentilhomme sous la livrée fait-il une faute, le cantchou le corrige. Mais on lui met un tapis sous les genoux par respect pour sa généalogie. Histoire de J. Sobieski par l'Abbé Coyer.

Freilich mußte ein solcher gedemüthigter Adel leichter zu unterwerfen sein als die freisinnigen, selbstständigen alten Landbesitzer.

Aber im ganzen Staat konnte Keiner weniger eine vorherrschende Macht gründen als der Vertreter aller Macht im Staat, der König. Das liberum veto war die Schranke, über welche hinaus keine Anstrengungen dieser Partei reichten.

Eine andere mächtigere Faktion bildeten die Pototski (Potocki), eine der bedeutendsten Familien im Lande. An der Spitze standen zwei Brüder Pototski, der eine Primas des Reiches, der andere Kronfeldherr. Die Maßregeln dieser Männer wurden mit all der Vorsicht eingeleitet, zu welcher ein Unternehmen verpflichtete, welches die Existenz des Staates aufs Spiel setzte. Die Wiedergeburt Polens sollte aus Polen selbst und durch seine eigenen Kräfte hervorgehen. Das große Ziel war die Abstellung des ganz unhaltbar gewordenen, aber der Menge so theuren liberum veto. Allein bei der Entartung eines großen Theils des Adels erblickten die Pototski in jenem größten Uebel auch die einzige Schranke des frei werdenden Despotismus, und bevor sie diese zertrümmern durften, glaubten sie der Krone das gefährliche Werkzeug zur Unterjochung eines von der Gnade des Hofes abhängigen Adels, die Verleihung der Würden und Aemter nehmen zu müssen. Sie wollten zu dem Ende eine Kommission einsetzen, welche die Belehnungen von Gnadensachen des Hofes zu Belohnungen des Verdienstes gemacht hätte.

Aber diese Neuerungen berührten die Interessen der Krone, wie die der Masse des unbemittelten Adels zu nahe, als daß sie nicht den allerleidenschaftlichsten Widerstand gefunden hätten.

Kühner und mit unwiderstehlicher Gewandtheit traten die Czartorinski (Czartoryiski) und ihr Anhang auf.

Die verunglückten Bestrebungen der Pototski auf dem Reichstag 1742 hatten gezeigt, daß die polnische Verfassung wirklich auf diesen wunderbaren Punkt gekommen, wo aus der

Anarchie selbst eine Stabilität hervorging, wo ein aus der Verfassung entwickeltes organisches Fortschreiten geradezu unmöglich geworden, und daß Polen auf dem reißenden Strom der Weltbegebenheiten dahin glitt, wie ein Schiffer, der freiwillig sein Steuerruder fortgeschleudert. Die Schlechtigkeit der Verfassung selbst machte sie unantastbar. Keine Macht im Staat konnte sich gegen sie erheben, denn wiewohl Jeder die Mittel, zu hindern, besaß, hatte doch Keiner die Kraft, zu handeln. So lange der Staat bestand, war die Verfassung unantastbar, sie ändern wollen, hieß den Staat umstürzen. Eben die Fehler, welche eine Reform nothwendig machten, waren es, welche sie verhinderten. Alle Macht im Staat war dergestalt nivellirt, daß nirgend eine Gewalt mehr auftauchen konnte, und das völlige Gleichgewicht aller Theile hinderte jede Bewegung. Dieses sind die gewichtigen Gründe, welche man nie außer Acht lassen sollte, ehe man unbedingt den Stab über diejenigen bricht, welche den Stützpunkt der nothwendigen Umwälzung außerhalb des Vaterlandes suchten, in welchem ihn zu finden unmöglich geworden war.

Die Familie der Czartorinski, welche sich durch den Glanz ihrer Abkunft von den Herzögen Litthauens schon über die republikanische Gleichheit erhob, seit Jahrhunderten mit den ersten Würden des Landes bekleidet, dazu kürzlich durch Heirat in den Besitz großen Reichthums getreten, diese Familie sah damals zwei Brüder, Michael und August, an ihrer Spitze, dieser Palatin von Polnisch-Rußland, jener Großkanzler von Litthauen.

Wenn es die Absicht der Pototski gewesen, die Staatsgewalt der großen Familien auf Kosten des Thrones und durch die letzten Trümmer seiner Rechte zu gründen, so wollte die Partei, an deren Spitze die Czartorinski standen, gerade entgegengesetzt, diese Staatsgewalt durch ein höheres Ansehen der Könige, durch Beschränkung der Macht der großen Familien und Einführung der Entscheidungen durch Mehrstimmigkeit begründen, dies vielleicht um so eher, als sie, die Sprößlinge der Jagellonen, diesen Thron zu besteigen selbst die Kraft fühlten, und Vaterlandsliebe und Familiengeist sich bei ihnen verschmolzen.

Die Czartorinski erkannten indeß die Unmöglichkeit an, diese Reform der Nation durch die eigene Nation zu bewirken, und ihre Blicke richteten sich auf das Ausland, um die Kraft zu erborgen, deren sie benöthigt waren.

Polen hat immer geglaubt, in Frankreich seinen natürlichen Verbündeten zu erblicken, und gewiß wäre es einer gesunden Politik angemessen gewesen, eine Reform wie die, welche die Czartorinski beabsichtigten, nachdrücklich zu unterstützen. Nur so konnte Polen ein Staat werden, welcher nach außen zu wirken Kraft hatte, und indem Frankreich die alte Freundschaft durch eine wirkliche Wohlthat bewährte, hätte es sich einen ebenso mächtigen als treuen Alliirten im Osten erschaffen. Aber wenn die Geschichte eine Menge von Parteien aufzuzählen hat, welche die französischen Machinationen in Polen zu unterhalten und aufzuregen wußten, so sehen wir diese im entscheidenden Augenblick auch ebenso oft verlassen und preisgegeben, Inkonsequenzen, die sich nur aus dem häufigen Wechsel der Maitressenherrschaft des Versailler Kabinets erklären. Frankreich hat Polen in ältester wie in neuester Zeit oft zu seinen Zwecken benutzt, ohne je etwas zum wahren Wohl dieser Nation zu thun. Kein Land hat wie Frankreich Polens Schicksal in Händen gehabt, und keines hat es so sehr getäuscht.

Hierzu kam eben damals jene widerstrebende Vereinigung Frankreichs mit Oesterreich, die bizarre Schöpfung des Fürsten Kaunitz, so daß Polen vom Beistand der Franzosen wenig erwarten durfte.

Oesterreich und Preußen gingen eben aus dem blutigen Kampf hervor, nach welchem letzteres durch den Glanz seiner Waffen und die Größe seines Königs so ruhmvoll in die Reihe der Mächte Europas eintrat. Preußen hatte gegen Europa und Oesterreich gegen dies Preußen gekämpft. Wenn man die Kraft der Staaten gewöhnlich nach ihren Siegen und glücklichen Feldzügen mißt, so giebt umgekehrt wohl kein Land eine höhere Meinung von seiner Macht, von der Unerschöpflichkeit seiner Hülfsquellen, als Oesterreich durch seine Niederlagen. Nach einer Reihe von Mißgeschicken sehen wir es stets noch unüberwunden dastehen.

Der Friede war geschlossen, aber beide Mächte hatten die Waffen nicht aus der Hand gelegt. Heere von 200 000 Mann standen von jeder Seite bereit, den Kampf, wenn es sein mußte, zu erneuern, und Jeder beobachtete eifersüchtig die Bewegungen des Anderen.*) Dennoch brauchten und wollten beide Staaten Friede und blieben nur gerüstet, um den Frieden zu erhalten.

Begreiflich konnte Polen von keiner dieser beiden Mächte Unterstützung hoffen. Der Beitritt der einen wäre Krieg mit der anderen gewesen, vielmehr drohte das alte Scepter der Kaiser ebenso schwer als das Schwert des jugendlichen Königreichs. Zudem mußte sowohl Oesterreich als Preußen darin einig sein, daß sie lieber die alte Anarchie der Republik sahen, als daß sie die Hand geboten, aus diesem besten aller Nachbarn eine kräftige und allen Nebenstaaten gefährliche Monarchie zu bilden.

Auch die Türken schienen an dem Schicksal Polens einen lebhaften Antheil nehmen zu müssen, und schon die in letzter Zeit immer häufiger wiederkehrenden und immer verderblicher endenden Kriege, mit welchen Rußland dies Reich überzog, hätten es darauf leiten können, einen Gegner jenes Erbfeindes zu unterstützen.

Allein die Prädestinationspolitik des Divans unterschied in allen christlichen Mächten nur Feinde, die sie bekriegte, und solche, die sie einstweilen in Ruhe ließ. Da die hohe Pforte an

---

*) Vergl. Dohms Denkwürdigkeiten seiner Zeit ꝛc.

keinem Hofe Gesandte unterhielt, so erblickte sie die Dinge nur
so, wie die Gesandten fremder Mächte Sorge trugen, daß sie sie
erblicken sollte. Die vollendetste Unkenntniß aller politischen
Verhältnisse mischte sich im Divan mit religiösen Lehrsätzen und
die höchste Geringschätzung aller Gegner mit der tiefsten eigenen
Schwäche. Denn seitdem die Türken nicht mehr „in Europa
lagern", sondern wohnen, seitdem sie aufgehört, ihre Nachbarn
zu unterjochen, haben sie auch die Kraft verloren, sich gegen sie
zu vertheidigen. Alle die Institutionen, durch welche sie einst so
furchtbar wurden, sind in ihrem Wesen geändert, und von einem
kriegerischen Volk sind die Türken ein aus Ohnmacht friedliebender
Staat geworden. Die Janitscharen waren nicht mehr die aus
geraubten Christenknaben gebildete Elite, die ohne Weib und
Kind und Heimat dem Glanz des Halbmondes folgte und nur
dem Ruhm und der Beute lebte. Dies Korps war jetzt größten=
theils aus verweichlichten Türken gebildet, aus ansässigen Bürgern,
welche sich die großen Prärogative der Janitscharen aneigneten,
ohne nur einmal ihre Waffen handhaben zu können. Die Spahis
zwar waren von der Stufe ihres alten Ruhmes nicht ganz
hinabgestiegen, allein ihre Feinde waren mittlerweile fortgeschritten,
und sie stießen jetzt auf zwei Hindernisse, die selbst ihre fanatische,
an Wahnsinn grenzende Tapferkeit nicht besiegen konnte, es waren
die spanischen Reuter*) und die Artillerie. Der Rest dieser Heere
von Hunderttausenden, welche die Pforte in jedem Feldzug be=
waffnen zu müssen glaubte, war Gesindel, welches, kaum an=
geworben, den Roßschweif verließ, um sich aufs Neue anwerben
zu lassen. Nach einer verlorenen Schlacht sah man 80 000 dieser
Menschen nach Konstantinopel fliehen, wo der Großherr ihnen

---

*) Spanische Reuter, chevaux de Frise, sind Balken, die mit sechs
Reihen Spitzpfählen versehen, eine etwa 4 bis 5 Fuß hohe Brustwehr
bilden und welche die russische Infanterie in den türkischen Feldzügen
überall mit sich führte, und an welchen der ungestümste Kavallerie=Angriff
scheitern mußte.

Lebensmittel und Schiffe nach Kleinasien geben mußte, um eine so zügellose Rotte nur aus der Hauptstadt zu entfernen.

Ein solches Heer zu Hülfe rufen hieß nach dem Ausdruck des Bischofs von Kaminiec: „das Haus anzünden, um das Ungeziefer daraus zu vertreiben".

Da nun Polen von seinen Freunden in Europa nichts zu hoffen hatte, so faßten die Czartorinski den kühnen Gedanken, sich seiner Feinde für ihre Zwecke zu bedienen, nicht zweifelnd, die Macht, welche sie ihnen einräumen mußten, zu seiner Zeit wieder vernichten und das gefährliche Werkzeug, wenn es seinen Zweck erfüllt, zertrümmern zu können. Mit einer tiefen Verachtung gegen das noch halb barbarische Rußland wollten sie sich seiner materiellen Kräfte zur Wiedergeburt Polens bedienen, um mit diesem neuen, kräftigen Polen die Anmaßungen Rußlands zurückzuweisen, welche schon jetzt schwer auf der Republik lasteten. Allein dies Werk wurde unter Peters III. schwacher Regierung angefangen, und als es vollendet, führte schon Katharinens kräftiger Arm das Scepter Peters des Großen, und die so verwegen herauf beschworenen Geister des Verderbens waren durch keine Zauberformel mehr zu bannen.

Rußlands Entwickelung ist eine durchaus asiatische gewesen. Wenngleich die Sonne des Christenthums tausend Jahre nach ihrem Aufgang einen Strahl ihres Lichtes über diese Einöden geworfen, so hatte sie doch weder die Milde der Sitten, noch Wissenschaften und Verkehr erblühen lassen. Früh schon ging die Unabhängigkeit des Volkes in der Leibeigenschaft,*) die des Adels

---

*) In dem Gesetzbuch Jaroslaws, 1050, heißt es: „Zum leibeigenen Knecht oder Sklaven wird ein vor Zeugen gekaufter Mensch — wer seinem Gläubiger nicht zahlen kann, — wer ohne Bedingung sich als Diener vermiethet, — wer eine Sklavin heiratet u. s. w."

„Ein Pferdedieb wird dem Fürsten überantwortet und verliert alle bürgerlichen Rechte, Freiheit und Eigenthum."

„Für einen Sklaven wird kein Wehrgeld entrichtet, wer ihn aber in der unbeschränkten Gewalt der Fürsten und die Freiheit dieser in den größeren Staaten unter, welche in Kiew, Nowgorod, Moskau und endlich in Petersburg entstanden. Der Wille des Einzelnen verschwand immer mehr gegen den Willen des Staates oder vielmehr des Staatsoberhauptes, welches, wie in keinem anderen europäischen Staat, die höchste weltliche und geistliche Macht in seiner Person vereinte. Daher die Einheit und die Kraft in den Handlungen des Staates, daher die rasche Entwickelung desselben; denn für die Barbarei ist der Despotismus die beste Regierungsform. Deshalb ist auch die polnische die Geschichte großer Männer, die russische die eines großen Staates. Dort erblicken wir die Tugenden der Einzelnen mit den Fehlern des Ganzen ringen, hier das Talent einer Folge erblicher Fürsten an der Schlechtigkeit derer scheitern, welche berufen waren, sie zu unterstützen.

Die Fortbildung Rußlands wurde durch eine Reihe von Empörungen erschüttert, denn die Revolutionen sind um so häufiger, je geringer die Freiheit ist. Unter einem despotischen Scepter ist Ungnade mit Verderben verbunden. Daher ist aber auch nur ein Schritt von Unzufriedenheit zur Empörung, denn es ist minder gefährlich, die Regierung zu stürzen, als sich über sie zu beklagen.

Rußland war durch Jahrhunderte völlig isolirt und von aller Welt abgeschieden. Die mächtigen Ströme, welche aus seinen endlosen Wäldern hervorbrachen, führten in ein Meer ohne Ausgang oder in ewige Eisregionen. Unabsehbare Einöden trennten es von den übrigen Völkern des Erdballes, und wie unermeßlich auch das Ländergebiet des neuen russischen Staates sein mochte, so war er nothwendig auf eine fernere Erweiterung

---

schuldlos tödtet, muß — dessen Herrn den Werth des Erschlagenen entrichten."

Karamsin, Geschichte des russischen Reiches, 2. Band, 3. Hauptstück. — Kriminal-Gesetze.

desselben angewiesen, wenn er aus jener Vereinzelung hervorgehen sollte.

Allein im Süden traten ihm unübersteigliche Gebirge und endlose Steppen, im Osten ein seit Jahrtausenden schon civilisirtes Volk von 900 Millionen Seelen, im Norden eine unbesiegbare Natur feindlich entgegen.

Peter der Große rüttelte endlich sein Volk mit eiserner Faust aus dem Schlafe der Barbarei, ohne es freilich auf eine Stufe der Civilisation erheben zu können, die das Werk der Zeit sein muß und durch keine, auch nicht die riesenhafteste Anstrengung des Augenblicks zu ersteigen ist. Allein indem er Rußland die Ostsee eröffnete, schuf er den ersten Kanal für das politische Leben seines Landes, und indem er sich von den Reichthümern des Morgenlandes zu den Künsten des Abends wandte, gab er Rußland die erste Richtung, ein europäischer Staat zu werden.

Seitdem nun mußte Polen das beständige Augenmerk der Herrscher Rußlands werden, und diese Republik, einer der ältesten Staaten Europas, sah sich mit Schrecken mitten zwischen zwei der jüngsten Monarchien dieses Welttheils, deren aufstrebender Entwickelung sie durch ihre ganze geographische Lage durchaus hindernd im Wege stand.

Auch gewöhnte sich Polen schon seit einem Jahrhundert daran, russische Heere innerhalb seiner Grenzen zu erblicken, bald um die angeblich unterdrückten Dissidenten zu schirmen, bald um die Rechte des Adels wahrzunehmen, einmal um die Freiheit der Nation, das heißt die dem Nachbarn so nützliche Anarchie, zu bewahren, ein andermal um das liberum veto in Kraft zu erhalten, denn nachdem die öffentliche Meinung es schon verdammt, führten die russischen Waffen es noch zurück. Bald war es, um das sächsische Haus auf dem Thron zu beschützen, bald, um es von demselben auszuschließen.

Während des siebenjährigen Krieges mußte Polen den Durchmarsch und den Winteraufenthalt von 100 000 Russen gestatten, und — leidender Zeuge ihrer Ausschweifungen und Bedrückungen — sie ernähren und kleiden. Selbst nach dem endlichen Frieden blieben 12 000 Russen unter dem nichtigen Vorwand im Lande zurück, ein Magazin in Graudenz zu decken, weil es nicht vortheilhaft genug verkauft werden konnte. Die wenigen festen Plätze, welche Polen besaß, außer Danzig, welches sich selbst geschützt, waren in den Händen der Russen, von denen schon ein kleineres Heer hingereicht hätte, in einem Lande zu herrschen, wo Alles, was von Kraft darin vorhanden, nirgend einen Anknüpfungspunkt gemeinsamen Wirkens fand; denn die Konföderation selbst wurde in den Händen der Russen das furchtbarste Mittel der Unterjochung.

Die russischen Waffen nun, welche Polen halb schon unterjocht hatten, waren es, durch welche die Czartorinski ihr Vaterland befreien wollten.

Diese Familie war so lange im Genuß aller Gnaden des Hofes gewesen, daß die Ungnade desselben ihr nichts mehr anhaben konnte, daß sie von diesem Hof völlig unabhängig und ein furchtbarer Feind desselben geworden war. Ein Name, an den große geschichtliche Erinnerungen sich knüpften, und ausgebreitete Familienverbindungen sicherten den Czartorinski einen bedeutenden Einfluß auf die mächtigsten Geschlechter des Landes. Ungemessene Reichthümer, eine Gastfreiheit, welche diesen Reichthümern und dem Geist jener Zeit entsprach, hielten eine sehr große Zahl der ärmeren Edelleute in ihrer Abhängigkeit. Endlich machten die ausgedehnten Privilegien der hohen Würden, die sie bekleideten, daß ihre Gunst von allen denen gesucht wurde, welche durch Aemter emporzusteigen strebten. Doch alle diese Macht und alle Popularität reichten nicht aus, wo es darauf ankam, der Demokratie des Adels die Rechte zu entreißen, welche ihr das einzige Gewicht im Staat gaben.

Die Czartorinski hatten, um ihre Angelegenheiten zu

fördern, bewirkt, daß ihr Neffe Poniatowski als Gesandter der Republik nach Petersburg geschickt wurde. Allein dieser junge Mann hatte dabei seine eigenen ehrgeizigen Absichten vor Augen.

Ein Zufall, der aus Wunderbare grenzt, hatte ihm in der Wiege schon eine Krone prophezeien lassen, und diese Prophezeiung selbst trug nicht wenig dazu bei, sie in Erfüllung gehen zu lassen. Die Eltern, durch ihre eigenen seltsamen Schicksale an das Außerordentliche gewöhnt, hielten nichts für unmöglich, gaben dem Kinde die bedeutungsvollen Namen Stanislaus August, leiteten die Erziehung des Knaben ganz auf dies außerordentliche Ziel hin und nahmen nicht Anstand, den Jüngling früh schon in das Geheimniß ihrer kühnen Hoffnungen einzuweihen.*)

Während seiner Anwesenheit in Petersburg hatte dieser das Glück, durch seine Persönlichkeit die junge Großfürstin von Rußland, nachmals Katharina II., für sich zu gewinnen. Diese Neigung wurde zur Leidenschaft, als Poniatowski, auf Betrieb des Großfürsten, aus Petersburg zurückgerufen wurde, und Katharina gelobte, die Prophezeiung an ihm wahr zu machen.

In der That, als sie das Scepter ihres unglücklichen Gemahls ergriffen und als der Thron von Polen erledigt war, rüstete sie sich, ihr Versprechen zu erfüllen, sei es nun aus einer romantischen Anhänglichkeit an ihren Geliebten, sei es aus Eitelkeit, eine Krone zu verschenken; — dachte sie wirklich an eine Heirat und an die Verbindung beider slavischen Länder, oder hatte sie den Ehrgeiz, einen mächtigen Einfluß auf die europäischen Staatsangelegenheiten zu gewinnen?

Indeß war ihre eigene Stellung in einem Lande wie Rußland, auf einem so oft erschütterten Thron, den sie eben erst durch eine neue Revolution bestiegen, keineswegs so sicher, daß

---

*) Rulhière, Hist. de l'anarchie de Pologne, Tome I.

sie etwas Bedeutendes gegen eine Nation, welche immer noch für mächtig galt, hätte unternehmen dürfen, ohne einer starken Partei in dieser Nation selbst versichert zu sein.

Hier nun kamen ihr die Fürsten Czartorinski entgegen, welche sich anzubieten schienen, der Nation Fesseln anzulegen, um sie für die Zwecke der Kaiserin gelehrig zu machen.

Uneingedenk zweier Gesetze, welche den für vogelfrei erklären, welcher in einem Interregnum fremde Truppen ins Land ruft, und die Gültigkeit aller dadurch zu Stande gebrachten Beschlüsse annulliren, forderten die Czartorinski das Einrücken eines russischen Heeres. Dieses wurde auch bewilligt, denn beide Theile arbeiteten sich in die Hände, jeder überzeugt, für sich zu wirken und den anderen nur als Werkzeug zu seinen eigenen Zwecken zu benutzen.

Der gewichtige Einfluß der Fürsten Czartorinski hatte sich schon auf dem Reichstage 1762 offenbart, als es darauf ankam, Maßregeln gegen die Besetzung Kurlands durch russische Truppen zu nehmen. Es kam zu den gewaltsamsten Auftritten, und dieser Reichstag wurde aufgelöst wie alle vorigen; ja die Fürsten, welche damit umgingen, bald alle Macht in der Hand des Monarchen zu vereinigen, nahmen nicht Anstand, die Vertheilung der Aemter durch eine Nationalkommission in Anregung zu bringen und gegen die jetzige Besetzung derselben zu protestiren. Sie bezweckten dadurch, einen größeren Anhang unter dem geringeren Adel zu erwerben und zugleich ihre mächtigsten Feinde, namentlich die jungen Fürsten Radziwill, aus ihren Würden zu verdrängen. Nach dem Tode Augusts III., auf dem Konvokations-Reichstag, welcher ausdrücklich dazu bestimmt war, die nöthigen Reformen in der Staatsverwaltung zu berathen, waren es eben diese Czartorinski, welche jeden Vorschlag dieser Art überstimmten; denn wiewohl sie die größte aller Reformen in Kurzem beabsichtigten, so fürchteten sie nur um so mehr, dem Adel Verdacht einzuflößen, bevor er in ihrer Gewalt war. Die

Erfahrung hatte sie gelehrt, daß sie keine ihrer Pläne durchsetzen würden so lange die Nation frei war.

Endlich kam der für Polen so entscheidende Zeitpunkt der neuen Königswahl heran, — entscheidend, nicht sowohl wegen der Wahl des einen oder des anderen Individuums zum Thron, als wegen der Bedingungen, unter welchen es diesen Thron besteigen sollte.

Um die nöthigen Summen für diesen Reichstag zur Hand zu haben, hatte Katharina alle Zahlungen im Reiche, selbst die des Soldes, eingestellt.*) Der russische Schatz, für welchen polnische Deputirte gekauft werden sollten, zog unter einer starken Militärbedeckung in Warschau ein. 12 000 Russen lagerten vor den Thoren dieser Stadt oder wurden in Eilmärschen dahin gezogen. Ein russisches Heer von 60 000 Mann stand an den Grenzen der Republik. Die Fürsten Czartorinski führten 2000 Mann ihrer Haustruppen herbei, und durch den Einfluß, welchen sie bei den Deputirtenwahlen geübt, waren sie sicher, eine große Zahl von Freunden oder Abhängigen unter den Gliedern des Reichstages zu finden, um so mehr, da sie das Geld mit der größten Verschwendung austheilten.

Aber wenn die russische Partei ihrerseits gerüstet war, so hatte die republikanische, welche, einem so furchtbaren Feind gegenüber, für den Augenblick mit der sächsischen verschmolz, nicht minder ihre Maßregeln genommen, und je dringender die Gefahr, um so entschlossener waren sie, ihr zu trotzen. Eine Summe von 50 000 Dukaten, die ihnen von Sachsen gezahlt war, belebte den Muth der Menge in einer Sache, wo seit lange schon das Geld einen so wichtigen Einfluß äußerte.

---

*) Les soldats n'en murmuraient point, espérant bien s'en dédommager par le pillage des provinces polonaises, habitués depuis longtemps à regarder le choix d'un roi de Pologne comme un droit que leurs souverains excerçaient avec quelques efforts. Rhulière, Tome II. livre 2.

Branicki und Mokranowski waren die Männer, auf welche die Republikaner ihr Augenmerk gerichtet hatten, jener ehrwürdig durch ein langes Leben voll Ruhm, welches er zurückgelegt, dieser die Hoffnung Aller durch unerschütterliche Rechtlichkeit und Muth, welche ihm eine glänzende Zukunft zuzusichern schienen.

Die Armee der Republik hatte nicht versammelt werden können. Ohnehin betrug ihre Zahl nicht über 4000 Mann ungeübter Truppen.

Der alte Kronfeldherr zog daher mit seinen sämmtlichen Haustruppen gegen Warschau, seine eigenen Güter ohne Schutz gegen die Plünderung der Russen lassend. Der Kern seines kleinen Heeres bestand aus Ungarn, Janitscharen und Tataren. Zu ihm stieß Radziwill mit seinen Mannschaften und mit dem stolzen Bewußtsein, daß man nicht wagen werde, die Freiheit der Republik anzutasten, bevor man ihn persönlich vernichtet haben werde. Die Oginski, Massalski, Malachowski, Lubomirski und viele andere berühmte Namen wurden unter den ihrigen genannt.

Trotz der Schwäche dieser Partei in Vergleich mit ihren Feinden verzweifelten die Häupter derselben nicht, selbst angesichts der Russen, einen freien Reichstag abzuhalten oder, wenn dies unmöglich sein sollte, den Reichstag unter russischem Schilde zu annulliren, und Mokranowski übernahm den mißlichen Auftrag, ihn durch sein veto zu zerreißen.

Um diese Zeit traf auch der Gesandte Preußens unter Bedeckung einer Eskadron Husaren ein. Warschau bot damals den glänzendsten und wunderbarsten Anblick vielleicht in Europa dar. Neben einer Menge von Einheimischen und von Fremden, welche geheime Aufträge oder eigenes Interesse dahin gezogen, umschlossen seine Mauern Alles, was Polen von großen, mächtigen und edlen Männern aufzuweisen hatte. Die ungeheuren Summen, welche Bestechung hier anhäufte, und welche, leicht erworben, auch ebenso leicht verschleudert wurden, belebten den Verkehr auf eine beispiellose Weise. Die glänzenden Läden prangten mit dem Luxus beider Hemisphären, die kostbaren Tücher Armeniens, die theuren Spielsachen der Pariser Mode, die Perlen Indiens, die Rosse des Landes — Alles fand für die höchsten Preise immer seinen Abnehmer. Beladene Schiffe segelten den Strom hinauf und in den volkbelebten Straßen drängten sich Christen, Juden und Moslem durcheinander. Der Turban des Janitscharen erschien neben der Pelzmütze des Polen und dem Dolman des Ungarn. Die Pfeile und den Bogen des Tataren sah man neben dem preußischen Karabiner und dem russischen Bajonnet, und Sprachen, welche zwei Welttheilen angehörten, wiederhallten in denselben Lüften. Bei den zahlreich besuchten Festen und Schauspielen, bei dem eifrigen Treiben und der Schönheit der Frauen, bei dem Glanz ihrer Aufzüge hätte man glauben können, Alles sei zu einer großen Feierlichkeit versammelt. Allein die Wohnungen der Großen waren von ihren Haustruppen umringt. Poniatowski hatte seinen Palast mit Schießscharten versehen lassen, und im Hofe des russischen Gesandtschaftshotels waren Geschütze aufgefahren. Alle waren bewaffnet, und wenngleich Alle noch friedlich nebeneinander wanderten, so zitterte doch Jeder, daß ein Zufall, ein Streit der Funke sein könnte, der die schrecklichste Explosion da hervorrufen konnte, wo die persönlichen Leidenschaften wie die höchsten Interessen auf eine so furchtbare Höhe gespannt waren, und wo die gewaltsamsten Ausbrüche kaum zu vermeiden waren.

So kam der 7. Mai des Jahres 1764 heran, welcher zur Eröffnung des Reichstages bestimmt war.

Alle Wachen waren verdoppelt, starke Kavallerie-Abtheilungen durchzogen die Straßen, 500 Grenadiere beschützten den Palast des russischen Gesandten v. Kayserlingk, und das russische Heer war in Schlachtordnung vor der Stadt angetreten, bereit, auf den ersten Befehl in dieselbe einzurücken. Die Anhänger der

Der Konvokations-Reichstag 1764.

Czartorinski, an einer Kokarde mit den Farben dieses Hauses kenntlich, zogen mit starken Bedeckungen nach dem Versammlungshaus, welches mit russischen Soldaten umstellt und angefüllt war, die man selbst auf den Bänken der Deputirten erblickte. Die Aufmerksamkeit der Anwesenden war erwartungsvoll gespannt, als der Reichstags-Marschall Malachowski mit Mokranowski in die Versammlung trat. Sobald Letzterer seinen Platz als Deputirter eingenommen, redete er die Anwesenden mit folgenden Worten an: „Da die Freiheit unter uns verschwunden, da russische Truppen bis in die Versammlung der Republik gedrungen und da die Vertreter des Vaterlandes die Livree einer Familie tragen, so erkläre ich im Namen von 22 Senatoren und 45 Abgeordneten, sowie in meinem Namen den Reichstag für ungültig und aufgelöst."

Ein furchtbarer Tumult entstand bei diesen Worten. Man rief dem Reichstagsmarschall zu, welcher mitten im Saal mit gesenktem Stabe stand, ihn als Zeichen der Eröffnung des Reichstags zu erheben. Allein dieser achtzigjährige Greis erwiderte: „Ihr könnt in Gegenwart der Russen nicht berathen. Ihr mögt diese Hand abhauen, aber nie wird sie den Stab erheben, so lange wir unterjocht sind. Die freie Nation hat ihn mir anvertraut, nur die freie Nation kann ihn mir nehmen. Ich verlange, den Saal zu verlassen."

Ein allgemeiner Aufstand hatte stattgefunden, alle Seitengewehre waren entblößt und umringten die Verwegenen. Die Russen stürzten von den Galerien auf sie ein, allein die Czartorinski selbst drängten sich um sie und schützten sie mit ihren Leibern, entsetzt über das Brandmal, welches der Mord zweier so allgemein verehrten Bürger ihrem Unternehmen aufgedrückt hätte. Wirklich entzogen sich Beide der Wuth der Menge, und Malachowski trug angesichts der Russen, der Deputirten und des Volkes seinen Marschallstab davon.

Noch am folgenden Morgen verließen die Republikaner die Stadt. Man hatte sie gebeten, nicht durch das Lager der Russen zu ziehen. „Ich frage nicht, wo die Russen stehen", antwortete Branicki, „und werde die übliche Straße einschlagen." Schweigend und schlagfertig zog das republikanische Heer an dem russischen vorüber, — kein Gruß, keine Herausforderung und kein Ruf wurde gehört, und mit Thränen in den Augen sah Poniatowski manchen tapferen Freund des Vaterlandes sich von seiner Sache trennen.

In allen diesen Auftritten lag nichts, was die Czartorinski nicht vorhergesehen und worauf sie nicht gefaßt gewesen wären. Weder der Haß der Menge noch selbst der Abscheu rechtlicher Patrioten, nicht der Schein der Verrätherei noch die Gefahr der Unterjochung durfte sie erschüttern, wenn sie das große Ziel der Wiedergeburt Polens erreichen wollten. Gesetzlich war der Reichstag durch den Protest Mokranowskis allerdings ungültig, allein dies war er im Grunde schon vorher durch die Anwesenheit eines russischen Heeres und dadurch gewesen, daß die Deputirtenwahl des preußischen Adels zu Graudenz von den Russen verhindert worden war. Gewalt mußte hier das Recht ersetzen, und die Fürsten Czartorinski ließen die nicht unbenutzt, welche sie mit so großen Aufopferungen an sich gerissen hatten.

Die wenigen Abgeordneten unter den Zurückgebliebenen, welche nicht völlig von den Czartorinski abhingen, wurden überstimmt oder getäuscht. Die Menge beschäftigten die Fürsten mit unbedeutenden Erörterungen oder gaben ihrem Fanatismus die Forderungen der Dissidenten preis, welche sich denn auch bald in Absicht ihrer Rechte auf gleiche Linie mit den Schutzjuden gestellt sahen. — Erst als fast die ganze Zeit, welche zur Dauer des Reichstags bestimmt war, verstrichen, da traten sie mit den wichtigsten Angelegenheiten hervor, in zweifelhafte Ausdrücke gehüllt und mit einer Eile berathen, daß die Mehrzahl kaum wußte, worum es sich handle. Gegen die Abschaffung des liberum veto hatten sich die fremden Gesandten geradezu erklärt; allein wenn die Fürsten hierin nachgeben mußten, so wußten sie dies Gesetz durch neue Verfügungen fast ganz zu umgehen.

Die Großwürdenträger in den Fächern der Justiz, der Finanzen, des Krieges und der Polizei waren seither förmliche Souveräne gewesen. Diese Männer, die natürlichen Feinde der beabsichtigten Reform, wurden insgesammt entsetzt, und Michael Czartorinski, als Kanzler von Litthauen, legte seinerseits dies Amt freiwillig nieder. Es wurden in jedem dieser Zweige Kollegien von sechzehn Mitgliedern eingesetzt. Die Ernennung nun der Mitglieder sollte durch den Reichstag geschehen, und nur so lange kein Reichstag versammelt war, stand dem König das Recht der Ernennung zu. Da es aber sehr gewiß war, daß, so lange das liberum veto fortdauerte, nie ein Reichstag zu Ende kommen konnte, so diente hierdurch eben dies furchtbare liberum veto zu einer Erweiterung der königlichen Gewalt.

Es wurde ferner bestimmt, daß alle Vorschläge und Angelegenheiten, welche unmittelbar auf den Vortheil der Republik Bezug hatten, gleich anfangs auf den Reichstagen, und zwar nach juristischer Form, d. h. durch Mehrstimmigkeit, entschieden werden sollten. Dieser Ausdruck war unbestimmt genug, um alle möglichen Angelegenheiten darunter verstehen zu können, und war, wenn Polen Macht genug gegen das Ausland gewinnen konnte, nicht viel weniger als die faktische Aufhebung des liberum veto.

Außerdem stellte eine Menge von Bestimmungen die Ordnung in allen Verwaltungszweigen wieder her. Das Kollegium des Krieges wurde angewiesen, für die Aushebung, den Unterricht, die Disziplin und den Unterhalt der Armee zu sorgen, welche verstärkt werden sollte. — Im Fache der Justiz wurde den Bauern eine richterliche Behörde wiedergegeben. Die Macht der Großen wurde gebrochen, die vom König fast unabhängigen

Stellen aufgehoben, die Willkür der Edelleute gegen ihre Unterthanen beschränkt, die Prärogativen der großen Städte, der Provinzen und der Sekten abgeschafft und alle der Regierung unmittelbar untergeordnet.

Am 7. September 1764 bestieg Stanislaus August Poniatowski den Thron, welchen seine Oheime befestigt und mit so großen Rechten ausgestattet. Die vier Garde-Regimenter wurden sogleich unter seine unmittelbaren Befehle gestellt, die Post und die Münze seinen Händen anvertraut und ihm das Recht bewilligt, vier der bedeutendsten Domänen, welche dem Adel gehörten, für sich zu wählen.

So war es dem Kanzler von Litthauen gelungen, die ganze anarchische Verwaltung in eine wirkliche Monarchie umzubilden. Unter dem Schein, einzelne Verwaltungszweige zu verbessern, war in der That das ganze Staatsgebäude umgeformt. Um aber dem Ausland den Schein der alten Verfassung und selbst der alten Mißbräuche zu lassen, zugleich aber, um den Adel zu nöthigen, der neuen Ordnung der Dinge beizutreten und gegen das Ausland gerüstet zu sein, verwandelte der Reichstag sich am Schluß der Sitzung in eine Konföderation, an deren Spitze ein Czartorinski gestellt wurde.

Nie war ein Unternehmen kühner gedacht, von größeren Schwierigkeiten begleitet, mit mehr Gewandtheit durchgeführt und, wie es schien, glücklicher beendet als diese Staatsreform der Czartorinski.

Die Gegenwart auswärtiger Feinde hatte die inneren in Zaum halten müssen. Die Plünderungen und die Gewaltthätigkeiten der Russen waren eine furchtbare Drohung in der Hand der Fürsten gewesen. Ihre Waffen bändigten den Adel, und der konföderirte Adel konnte die neue Verfassung gegen das Mittel, durch welches sie entstanden, vertheidigen.

Aber nicht nur die russischen Waffen, sondern auch die Leidenschaften ihrer Monarchin hatten die Fürsten sich dienstbar gemacht. Indem ihr Stolz das Opfer einer Krone brachte und indem sie dem Glanz eines schwankenden Thrones entsagten, waren sie gewiß, sich die Ausübung aller Rechte des neugegründeten zu bewahren. Daß Polen eine andere Verfassung erhalten, daß der Grund zu einer kräftigen Monarchie gelegt, welche in Kurzem ein furchtbarer Nachbar werden mußte, bemerkten die, deren man sich dazu bedient hatte, erst, als dieses unglaubliche Ereigniß wahr geworden war.

Dem neuen Scepter Polens fehlte jetzt nichts als eine kräftige Hand, die ihn geführt hätte; allein Stanislaus August war dieser schweren Aufgabe nicht gewachsen. Er erschrak vor dem Gedanken, einem Krieg mit Rußland und einer Revolution des unzufriedenen Adels die Stirn bieten zu müssen. Indem er sich von dem Interesse seiner Oheime trennte, gab er ihre Schöpfung und Polen auf, und indem er alle seine Hoffnung auf die Großmuth der russischen Kaiserin setzte, wurde er ein Opfer ihrer Politik.

Der Untergang der Republik und die endliche Theilung ihres Ländergebiets war die natürliche Folge des ganzen inneren Zustandes dieses Staates, dessen Fortbestehen unmöglich geworden, und bei dem man nur bewundern kann, daß er so lange hat dauern können. Zwar machte die Konstitution vom 3. Mai 1791 noch einen Versuch, das Dasein des Vaterlandes durch eine Regeneration seiner Institutionen zu erhalten. Eine verständige Befestigung und Erblichmachung der königlichen Macht, Abschaffung des liberum veto, Emanzipation des Bürgerstandes und wenig, aber doch etwas, zum Wohl der Bauern*) waren die

---

*) In Beziehung auf die Unvollkommenheiten dieser Konstitution, den Abstand, zwischen dem, was sie zu bezwecken gewünscht und was sie zu erreichen vermocht, darf man mit Mably sagen: „On ne peut attaquer directement les abus les plus considérables sans effaroucher les citoyens qui trouveront un avantage à les conserver. Cette multitude innombrable se liguera, elle conjurera contre la patrie, et ses efforts

Grundzüge einer weiseren Verfassung, welche den Polen aus einer langen Schule des Leidens erblühen sollte. Allein dieser Versuch kam hundert Jahre zu spät und blieb ohne Folgen für das innere Leben des Staates.

Die Zerstückelung der Republik mußte endlich zur Vernichtung derselben führen, und mit Trauer erblickte Polen seine eigenen Söhne in den Reihen seiner Feinde.

Ein zweiter Grund, weshalb die Umformung des geselligen Zustandes in Polen keine Wurzel fassen konnte und mithin der Untergang der Republik wurde, ist darin zu suchen, daß die Klassen der Gesellschaft, zu deren Gunsten eben die Reformen ausgeführt, erst geschaffen werden mußten, wenigstens weit entfernt waren, sich auf einer Stufe von Ausbildung und Macht zu befinden, wo die neue Ordnung der Dinge hätte hoffen dürfen, eine Stütze und Vertheidiger in ihr zu finden.

Endlich darf man nicht übersehen, daß Polen durch seine Weltstellung selbst zwei Nachbarstaaten durchaus hindernd im Wege stand, welche beide in den letzten hundert Jahren einen beispiellos schnellen Aufschwung nahmen und in ihrer raschen Entwickelung selbst untergehen oder die Schranken, die sich ihnen entgegenstellten, niederwerfen mußten. Schon die Bildung der Erdoberfläche brachte die polnische Nation in einen feindlichen Konflikt mit Preußen, der von dem Augenblick sichtbar wurde, wo die Völker aus der Vereinzelung der Barbarei hervortraten.

Nachdem die Republik das Schwarze Meer an Rußland verloren, führten alle ihre Flüsse und alle ihre Verbindungen durch Preußen. Preußen schnitt es vom Meere, von der Welt ab. Die Weichsel war die letzte große Pulsader des Lebens für die Republik, und Preußen war im Besitz der Mündung dieses

---

réunis empêcheront sans doute qu'on ne pût fixer les principes du gouvernement. Combien de législateurs n'ont pû réparer la faute qu'ils avaient faite de montrer ou de laisser entrevoir toute l'étendue des projets qu'ils méditaient."

Stromes. — In der That, man sieht nicht wohl ein, wie Polen ohne Preußen selbstständig bestehen soll. Man wird nicht behaupten wollen, daß dies durch den Besitz von Danzig oder durch freie Schifffahrt auf der Weichsel zu erzielen sei. Wehe dem Volk, dessen Existenz von einer Urkunde abhängen soll, für welche es die Garantie nicht in seiner eigenen Stärke findet. Ueber kurz oder lang mußte Preußen polnisch oder Polen preußisch werden, oder die Republik mußte aufhören zu existiren. — Interessant in dieser Beziehung ist es, zu denken, welches das wahrscheinliche Schicksal dieses Staates geworden sein möchte, wenn es das brandenburgische statt des sächsischen Hauses auf seinen Thron gerufen hätte.

Die lange Reihe der Erschütterungen sollte mit einer dreimaligen Theilung für Polen noch nicht beendet sein, und dies unglückliche Land blieb der Schauplatz für Staatsumwälzungen, als es schon aus der Reihe der Staaten gestrichen war.

Viele Polen wanderten nach der Katastrophe am Schluß des Jahres 1795, welche das Schicksal ihres Vaterlandes entschied, aus, und die Waffenfähigen sammelten sich nach und nach unter Frankreichs Fahnen. — Es ist allgemein bekannt, mit wieviel Auszeichnung diese Männer alle die glänzenden Feldzüge mitmachten, welche Frankreich zu jener Suprematie erhoben, die bald so schwer auf ganz Europa lastete.

Da nun richteten alle Polen, welche in ihren neuen Herrschern nur Unterdrücker und in der Wiederherstellung des Landes alles Heil erblickten, ihre Hoffnung auf Frankreich, auf ihren ältesten Bundesgenossen, ihren natürlichen Freund, für den sie eben erst und siegreicher als für sich selbst gefochten hatten. — Napoleon, der Schiedsrichter der Weltschicksale, der so viele neue Reiche aus den Trümmern derer gebildet, die er zerschlagen, — wie sollte er nicht auch einmal aus ihren zerrissenen Theilen eine der ältesten Mächte wieder zusammenfügen, die seine treueste Verbündete war.

Und wirklich, als der Tilsiter Friede ihm die Macht gab, die eine Hälfte Preußens zu verschenken und die andere zu erdrücken, da bildete er aus dem Antheil Polens, welchen jenes besessen, einen selbstständigen Staat unter dem Namen des Herzogthums Warschau.

Dies neue polnische Herzogthum erhielt eine französische Verfassung nud einen deutschen Regenten in der Person des Königs von Sachsen. Die Reichstage wurden neu organisirt und in zwei Kammern getheilt, das französische Gesetzbuch eingeführt, die Leibeigenschaft aufgehoben.

Betrachten wir einen Augenblick, was hier geschah und was die Begeisterung der Menge erregte. — Ein Flächenraum von 1800 Geviertmeilen mit einer Bevölkerung von vier Millionen Polen war als selbstständiges Herzogthum konstituirt worden, und nur zu bald sollte der neue Staat das ganze Gewicht seiner politischen Existenz fühlen. — Die Nachbarschaft Rußlands und Oesterreichs machten es nöthig, ein Heer zu unterhalten, welches mit der Bevölkerung des Landes in keinem Verhältniß stand. Zwar war den Polen ein geachteter und väterlicher Herrscher zu Theil geworden, aber Sachsen selbst war nicht bedeutsam genug, um sie gegen die vielfachen Bedrückungen Napoleons sicherzustellen. Die Truppenstellungen für Frankreichs Heere auf dem gewaltsamen Wege der Konskription beraubten das Land seiner Kraft. Die auf einen großen Fuß entworfene Civilliste und die Dotationen französischer Marschälle erschöpften sein Einkommen. Mehr als Alles aber vernichtete die Kontinentalsperre die Quellen des Wohlstandes, aus welchen so große Leistungen hervorgehen konnten. Aller Handel hörte auf, und Polen litt mitten in seinen vielen Erzeugnissen den tiefsten Mangel. Zu so großen Opfern kam nun noch die Ueberzeugung, welche sich allen Verständigen aufdrängte, daß das Herzogthum beim ersten Kriege Frankreichs mit Oesterreich oder Rußland ein Schauplatz desselben werden mußte und daß es dann von Frankreich, ja von seinen eigenen Truppen verlassen sein werde. Denn jenes Heer, welches das Land mit der äußersten Anstrengung unterhielt, war ja nicht einmal zum Schutze des Landes vorhanden, sondern war in den preußischen Festungen vertheilt oder focht in Spanien.*)

Wenn es nun zwar eine drückende Last war, daß alle Staatseinrichtungen und die Leistungen nicht minder nach einem für die Größe des Herzogthums ganz unverhältnißmäßigen Maßstab zugeschnitten, so glaubten Viele eben darin eine um so sicherere Bürgschaft zu finden, daß Napoleon vorerst nur den Rahmen für einen Staat entworfen habe, in welchem später alle Polen vereint werden sollten. Die Größe der Opfer, welche diese Nation dem Interesse Frankreichs brachte, schien zu nicht geringeren Erwartungen zu berechtigen. Napoleon selbst hatte den Vorsatz, Polen wieder herzustellen, in Berlin, in Posen und in Warschau unumwunden ausgesprochen, er hatte die galizischen Abgeordneten empfangen und selbst Emissäre nach Litthauen geschickt.

Andere Polen fingen dagegen an zu glauben, daß sie sich von der Großmuth des Kaisers nicht viel versprechen dürften. Die Bereitwilligkeit, mit welcher Bialystok im Tilsiter Frieden an Rußland abgetreten worden, ließ sie vermuthen, daß Napoleon auch wohl den Rest von Preußisch-Polen geopfert haben würde, wenn es sein Interesse erheischt hätte. Er forderte Geld, Waffen, Menschen, Pferde und zahlte mit entfernten Hoffnungen und unbestimmten Versprechungen. Es schien ihnen, als ob Napoleon zwar eine sehr gute Meinung von den Polen als Soldaten, eine geringe aber von ihnen als Staatsbürgern habe.

Dieser Ansicht möchte auch Kosczius ko gewesen sein, von dem ein Wort an seine Landsleute dem Kaiser ein Heer gegolten hätte. Aber der treueste Freund des Vaterlandes blieb stumm, und keine noch so glänzenden Versprechungen Napoleons ver=

---

*) Vergl. Mémoires sur la Pologne et les Polonais, par Mich. Oginski.

mochten ihn, Theil an der neuen Schöpfung dieses polnischen Herzogthums zu nehmen.

Wenn schon der gebildetere Stand, der, bei welchem Nationalgefühl, Vaterlandsliebe und Hoffnung wiegen, wenn schon dieser sich getäuscht sah, so empfanden der Bürger und Bauer nur eine Vermehrung ihres Elends.

Daß bei den ungeheuren Abgaben, bei der Kontinentalsperre und der Unsicherheit der politischen Existenz des Landes kein Handel gedeihen konnte, bedarf keines Beweises. Die Folge war, daß die kaum entstandenen Fabriken und Manufakturen zum Theil wieder zu Grunde gingen, welche Preußen sich Millionen hatte kosten lassen.*)

Der Bauer war frei erklärt; — das Prinzip, für welches Frankreich so lange und so siegreich gekämpft, erlaubte seinem Oberhaupt nicht, die Knechtschaft einer Nation zu perpetuiren. Er kündigte vielmehr mit großem Gepränge die gänzliche Aufhebung aller Leibeigenschaft an. „Die Dienstleistungen und Lasten des Bauern können nur auf einem Vertrag beruhen. Haus, Hof, Land, Vieh und Geräthe gehören dem Herrn, der Bauer aber sei vollkommen frei."

Was nun aus dieser Gesetzgebung folgte, war: daß der Bauer alljährlich seiner Stelle entsetzt werden konnte und sie dann ohne irgend eine Art von Entschädigung verlassen mußte.**) Allerdings hatte er das Recht, auszuwandern, und außerhalb

---

*) Man zählte schon im Jahre 1800 in Südpreußen — wohl zu merken in einem Lande, wo Alles erst geschaffen werden mußte — 1 200 000 Schafe. Der Warschauer Distrikt erzeugte in diesem Jahre 4000, der Kalischer 12 000, das Posener Departement 42 000 Stein Wolle, und dennoch war die Zahl der neu angelegten Tuchmanufakturen so zahlreich, daß diese Produktion der Wolle ihnen nicht ausreichte. Sie fertigten 1802 145 000 Stück Tuch.

**) v. Grävenitz, Der Bauer in Polen. „Es war die Freiheit des Vogels auf dem Dach, der fortfliegt, wenn man ihn mit Steinen wirft."

seines Vaterlandes hätte ihm seiner Hände Arbeit selbst auf der
untersten Stufe der Gesellschaft ein erträgliches Dasein ver=
schafft. Allein Gewohnheit, Armuth, Unwissenheit und Sprache
fesselten den Unglücklichen gleich sehr an seine Heimat, und
aller Gebrauch, den er von seiner neuen Freiheit machen konnte,
war der, daß er einen Ort verließ, wo es ihm schlecht ging,
um sich an einen andern zu begeben, wo es ihm nicht besser
gehen sollte. — Gegen diese Freiheit war die Schollenpflichtig=
tigkeit eine Wohlthat gewesen. Das Elend des Landmanns er=
reichte jetzt erst seine höchste Spitze, und die Rede des Bauern:
„Nichts ist mein, als was ich vertrinke!" war Sprüchwort und
schreckliche Wahrheit zugleich Denn das Leben gewährte ihm
keine Freuden mehr als die Täuschung eines berauschten Zustandes,
und keine Hoffnung als das Jenseits, welches seine Priester ihm
versprachen.

Als nun in dem Krieg von 1812, welchen Napoleon den
zweiten polnischen nannte, die General=Konföderation zu Warschau
die Wiederherstellung Polens ausrief, da fehlte viel daran, daß
die Begeisterung allgemein gewesen wäre. — Litthauen hatte das
Beispiel des Herzogthums zu nahe vor Augen. Seine Großen
waren von Rußland mild behandelt worden, sie sahen sich ge=
schmeichelt, ihre Gebräuche geehrt. Auch Alexander machte
Hoffnung zu einer Wiedervereinigung aller Polen auf fried=
licherem Wege unter Rußlands Scepter. — Frankreich befreite
ihnen ihre Bauern und erheischte die größten Opfer. — Seine
Heere, aus zehn Nationen zusammengesetzt, verheerten, um nicht
selbst zu verhungern, das Land, plünderten die Städte und
Dörfer wie die Schlösser und Hütten, und begingen, halb noth=
gedrungen, die größten Gewaltthätigkeiten.*)

Die Anstrengungen des Herzogthums waren übermäßig ge=

---

*) Vergl. Histoire de Napoléon et de la grande armée, par
le comte de Ségur.

wesen.*) Es hatte ein Heer von mehr als 60 000 Mann aufgebracht und vollständig ausgerüstet.**) Die Ausgaben betrugen über 100 Millionen. Die jährliche Einnahme belief sich nur auf 40 Millionen. Das Defizit des Jahres 1811 betrug 21 Millionen rückständiger Steuern, welche in Naturalerzeugnissen nachgeliefert werden mußten. Zwar hatte man fünf Jahre hindurch die reichsten Ernten gemacht, aber das Land hatte keine Ausfuhr mehr. Im Norden sperrte das Kontinentalsystem Danzig, im Süden der Türkenkrieg Odessa. Im Jahre 1812 hingegen war ein vollkommener Mißwachs gewesen. Man verdoppelte die Taxen, aber es kamen keine Steuern mehr ein, und viele Eigenthümer überließen ihren Grundbesitz der Schatzkommission, weil die Abgaben nicht mehr zu erschwingen waren. Kein Civilbeamter wurde mehr bezahlt, und die Lieferanten waren entflohen.***) Die Zahlung von sieben Millionen, welche man von Frankreich für Lieferungen zu fordern hatte, wurde unter nichtigen Vorwänden verweigert. Die Salzwerke von Wieliczka waren für zwölf Millionen bereits verpfändet. Für den Monat Juni 1812 hatte Napoleon den Sold der Armee vorgeschossen, im Monat Juli hörte er ganz auf und wurde auch später nicht wieder gezahlt.

Dabei durchstreiften die französischen Heere das Land, plünderten die Bewohner und führten Bauern und Pferde mit sich fort. Ihre Zahl nahm immer zu. Sie mußten krank und gesund ernährt, gekleidet und mit Allem versehen werden. — Warschau war Haupt-, Magazin-, Hospital- und Waffenplatz. Als die Division Durutte dort eintraf, wurden täglich 64 000

---

*) Vergleiche Histoire de l'ambassade en Pologne, par Mr de Pradt.
**) „Je n'ai vu personne" sagte Napoleon bei seiner Rückkehr in Warschau.
***) Eine Revue, welche auf den 1. November 1811 angesetzt war, konnte nicht stattfinden, weil die Soldaten keine Schuhe hatten.

Portionen gereicht, und nie hat man weniger als 6000 Rationen ausgetheilt.*)

Unter dem Gesichtspunkt, wo wir die Geschichte Polens betrachten, dem der inneren Verhältnisse und des gesellschaftlichen Zustandes, mußte der Episode des Herzogthums Warschau Erwähnung geleistet werden, nicht als eines Ereignisses, welches die Entwickelung jener Verhältnisse gefördert oder sie festgestellt hätte, sondern als einer Unterbrechung, welche sie hemmte und zum Theil zurückschob, indem sie viel von dem zerstörte, was Preußen mit großen Opfern geschaffen hatte.

Indem die polnische Nation unter die Herrschaft von drei so verschiedenen Staaten, wie Oesterreich, Rußland und Preußen, überging, mußte ihr Schicksal natürlich auch ein sehr abweichendes werden. — Wie man nun auch über die politische Maßregel der Theilung eines Staates urtheilen mag, in einer Beziehung bleibt es gewiß, daß der Masse der Nation in administrativer, polizeilicher und kommerzieller Hinsicht unermeßliche Vortheile erwuchsen, indem sie Staaten unmittelbar untergeordnet wurden, welche ihnen in allen diesen Zweigen so weit vorausgeeilt waren, und daß sie auf dem Wege dieses gewaltsamen Mittels in einen Zustand versetzt wurde, welchen die Konstitution vom 3. Mai 1791, selbst wenn sie zur Ausführung gekommen und in Wirksamkeit geblieben, nimmer hätte erreichen können.**)

Aber freilich läßt sich Niemand gern zwingen, auch nicht einmal zwingen, glücklich zu sein, und wie oft schon überwog die Idee den wirklichen Vortheil. — Zudem war gar keine

---

*) Dennoch erholte sich Polen schneller als Litthauen. Les habitans de la Russie Blanche et de la Lithuanie sont les seuls encore (1819) qui réduits à la misère à la suite de la campagne 1812, n'ayant ni manufactures, ni commerce, ni argent, attendent tout de la providence et de la bienveillance de leur souverain. — Michel Oginski, Mémoire sur la Pologne.

**) Vergl. F. J. Jekels Zergliederung der Konstitution vom 3. Mai 1791.

Maßregel, die das allgemeine Wohl bezweckte, denkbar, welche nicht in irgend einer Art gegen den Vortheil des Adels gewesen wäre, aus dem natürlichen Grunde, weil ja dieser Adel schon im ausschließlichen Besitz aller Vortheile war. Der Adel konnte daher für den Augenblick bei jeder dieser Aenderungen nur verlieren. Aber die Neuerungen, welche nothwendig eintreten mußten, liefen nicht nur seinem Interesse entgegen, sie verletzten auch seine Rechte, welche ein 200jähriger ungestörter Besitz geheiligt, und welche, wenn sie von seinen Urvätern usurpirt wurden, derjenige wenigstens nicht verschuldet hatte, welcher jetzt unter ihrer Abschaffung litt. — Hierzu kam, daß der Adel, als der einzige gebildete Stand in Polen, auch besonders schmerzlich — wenn auch vielleicht ganz allein — den Untergang des Vaterlandes empfand und daß bei einer ungemein tief eingeprägten Nationalität sein Interesse mit seinem Patriotismus zugleich verwundet ward.

Eine schwierige Aufgabe war es daher für jede Regierung, diese zahlreiche, mächtige und einflußreiche Klasse von Staatsbürgern einerseits zu beobachten und im Zaum zu halten, andererseits doch nach liberalen Grundsätzen zu verfahren, und wir glauben, daß man diese Verhältnisse nie außer Acht lassen darf, wenn man in der Beurtheilung sowohl dessen nicht ungerecht werden will, was von Seiten der Verwaltung geschah, als des Widerstandes, welcher ihr insgeheim oder offenkundig entgegengestellt wurde.

Um einen Begriff von der Weise zu geben, wie die verschiedenen Regierungen diese Aufgabe zu lösen strebten, führen wir zunächst für den österreichischen Antheil folgende der wesentlichsten Bestimmungen an, welche zugleich ein helles Licht auf die bestehenden inneren Verhältnisse werfen.

Zunächst wurde dem Adel aufgegeben, Kanonen und Munition bei Strafe der Konfiskation aus dem Lande zu schaffen (Gesetz vom April 1776). Der Verkauf der adeligen Güter durfte nur gegen ein Abfahrtsgeld von 10 Prozent geschehen (September 1781), und Fremde, ohne das Indigenat erhalten zu haben, keine Güter im Lande kaufen. Die Erlaubniß, in fremde Länder zu reisen, wurde erst nach erreichtem 28. Jahre ertheilt. — Diejenigen gemischten Unterthanen, welche nicht die Hälfte des Jahres auf ihren Gütern in Galizien wohnten, mußten die doppelten Steuern zahlen (Gesetz 1783, aufgehoben 1790). Die Grundherren wurden gezwungen, ihren Bauern Getreide zur Aussaat vorzuschießen; wo dies unterblieb, da wurde der Bauer vom Staat mit Getreide unterstützt und dieser Vorschuß vom Grundherrn sogleich durch Sequestration der Herrschaft eingetrieben (April 1787). Die Güter mußten mit großen Kosten vermessen werden, und durch die Rustikalsteuer wurde ein bestimmter Betrag auf die Dörfer vertheilt und von dem Grundherrn sodann auf die Bauern subrepartirt. Für den Betrag hatte der Grundherr zu haften, so gut wie für alle Unterthanenbedrückungen seiner Pächter und Beamten (Juni 1784) u. s. w.*)

Es ist nicht zu leugnen, daß manche dieser für das Ganze gewiß heilsamen Maßregeln den einzelnen Berechtigten hart vorkommen mußten, vorzüglich wo sie in die persönliche Freiheit verletzend eingriffen, und daß der Adel eben keinen Ersatz darin finden mochte, wenn man auch die Wojwoden und Starosten in den Grafen- und die Distriktsdeputirten in den zahlreichen österreichischen Freiherrnstand erhob.

Was die Regierung zur Aufhülfe des noch tief darniederliegenden Handels- und Betriebswesens that, kann nicht verkannt werden.

Schon im Jahre 1809 waren in Galizien allein 250 Meilen Chaussee gebaut. Der ganz verfallene Bergbau wurde thätigst betrieben. — Die Salzwerke von Wieliczka, welche unter polnischer Verwaltung im günstigsten Falle 600 000 Centner ge-

---

*) Vergl. F. J. Jekel, Polens Staatsveränderung ꝛc.

liefert, brachten im Jahre 1809 schon 1 700 000 Centner Salz,*) und die Schmelzöfen von Jakubeny lieferten jährlich über 4000 Centner Eisen. Die Pferdezucht wurde durch vortreffliche Gestüte gehoben und lieferte nicht allein die Remonte für den größten Theil der österreichischen Monarchie, sondern erlaubte noch einen sehr bedeutenden Verkauf in das Ausland. Galizien besaß 1817 über 311 000 Pferde.**)

Handel und Verkehr waren größtentheils noch immer in Händen der Juden, welche ganz so, wie wir sie oben geschildert, bis auf unsere Zeit fortbestanden sind. Dies Volk mußte daher und wegen seiner ungeheuren Vermehrung ein Hauptaugenmerk der Regierungen, vorzüglich für Oesterreich und Rußland, werden.

Da die Juden schon heiraten, wenn sie kaum aus der Kindheit treten, so sehen sie sich auch früh von einer zahlreichen Familie umgeben, und ein gelegentlicher Bankerott ist die nichts weniger als seltene Auskunft, seine Schwiegersöhne zu etabliren. Ihre Zahl ist daher auch in einem unglaublichen Verhältnisse gestiegen, und man darf annehmen, daß sie in allen Bevölkerungstabellen zu gering angegeben wird, weil die Juden sich noch immer der Zählung auf alle Weise zu entziehen suchen.

Von ihrer Verbreitung, namentlich in den Städten, wird man sich durch nachstehende Angaben***) überzeugen.

Posen zählt 25 000 Einwohner, davon 5000 Juden, welche mithin ein Fünftel der ganzen Bevölkerung ausmachen.

Warschau, mit 130 000 Einwohnern, hatte im Jahre 1807 etwa 9000 Juden, im Jahre 1822 hatten sich diese bereits auf

---

*) Man hat berechnet, daß diese Salinen seit ihrer Entdeckung bis zum Jahre 1812 die ungeheure Menge von 550 000 000 Centnern Salz geliefert haben.
**) Dagegen nur 400 000 Schafe. Der preußische Antheil zählte derer 1 200 000.
***) Géographie de l'Est de l'Europe, publiée en 1825, à Breslau, par Stanislaus Plater.

27 000 Individuen vermehrt und bildeten ebenfalls ein Fünftel der Einwohnerschaft.

Lemberg zählt von 50 000 Einwohnern 15 000 Juden, welche also beinahe ein Drittel der Bevölkerung dieser Stadt ausmachen.

In Wilna sind von 50 000 Einwohnern gar 30 000 Juden, also drei Fünftel, und in Brody von 25 000 Einwohnern 17 000, also zwei Drittel aller Einwohner Juden.

Allerdings sind die Juden auf dem platten Lande nicht in diesem Maße zahlreich, dennoch ist ihre Menge auch unter dem Gesichtspunkt der Provinzialbevölkerung auffallend.

Die Provinz Posen hat 980 000 Einwohner, davon 70 000 Juden, welche also ein Vierzehntel der Bevölkerung ausmachen. Galizien zählt unter 4 000 000 Einwohnern 300 000 Juden, also ein Dreizehntel, das Königreich Polen von 3 700 000 Einwohnern 400 000 Juden, ein Neuntel, Litthauen, Samogitien, Wolhynien, Weiß-Rußland, Ukraine und Podolien — 8 800 000 Einwohner, 1 300 000 Juden oder ein Sechstel der Bevölkerung.

Die Gesammtbevölkerung der obigen, vormals polnischen Länder
                beträgt 17 480 000 Seelen,
                davon   15 410 000 Christen,
                und   2 070 000 Juden.

Die Juden bilden demnach mehr als den achten Theil der polnischen Bevölkerung und übersteigen die Bewohnerzahl von Königreichen, wie Württemberg, Sachsen oder Dänemark, noch beträchtlich. — In den Provinzen, wo die Juden am wenigsten zahlreich sind, ist der vierzehnte, in anderen schon der neunte Mensch ein Jude, in den bedeutendsten Städten des Landes hingegen ist mindestens der fünfte Mensch Jude, in einigen aber sind von drei Einwohnern zwei Juden.

Wenn diese Fremden vormals aus den Städten in die Vorstädte verwiesen wurden, so haben sie jetzt ihrerseits jene

Vorstädte zur Stadt gemacht.*) Ihr Bezirk ist durch eine Art von Thor aus zwei Pfählen mit einem querübergezogenen Eisendraht bezeichnet, und nicht selten erhebt sich die gemauerte Synagoge stolz über die aus Balken gefügte, innerlich buntgeschmückte, aber verfallene Kirche. Die Wohnungen der Juden sind in den Landstädten zwar ebenfalls elende Hütten, aber doch besser als die der christlichen Bürger. — Die Tracht des Israeliten ist im ganzen Lande dieselbe und ganz orientalisch: schwarze wallende Gewänder, bis an den Gürtel mit vielen Hälchen geschlossen und bis an die Knöchel hinabreichend, selbst im Sommer hohe Pelzmützen und darunter ein schwarzes Käppchen, geschorenes Haupthaar, mit Ausnahme von zwei langen Ringellocken an jeder Seite, und ungeschorener Bart. Dabei tragen sie, außer auf Reisen, stets Pantoffeln. — Dieser Aufzug, die große Armuth der Menge, ihre Unsauberkeit und die Leichenfarbe, welche die ganze Abstammung charakterisirt, macht ihre Erscheinung mehr auffallend als angenehm.

Alle Juden, selbst noch in Litthauen, sprechen deutsch, ein Umstand, der dem Reisenden äußerst zu statten kommt, der selten mit der schwierigen Landessprache bekannt ist. — Die mehrsten sprechen außerdem noch hebräisch, und diese Fähigkeit, in Gegenwart des gemeinen Mannes, ohne von ihm verstanden zu sein, sich besprechen zu können, giebt ihnen allein schon eine gewisse Ueberlegenheit.

Der Fremde erstaunt über die Menge dieser Menschen, welche vor ihren Thüren müßig in der Sonne sitzen und mit der ihnen eigenen Lebhaftigkeit der Geberden und Mienen sich unterhalten. Tausende von ihnen sind zu jeder Zeit ohne Händearbeit anzutreffen, und dennoch leben sie alle.

---

*) Le plus gros endroit habité par des chrétiens et des paysans n'est jamais réputé qu'un village, „wieź". Il suffit au contraire d'une douzaine de familles juives pour en faire un „miasteczko", petite ville. Leonard Chodzko, Les juifs en Pologne.

Diejenigen Juden, welche Handwerker sind, haben die leichtesten und einträglichsten dieser Beschäftigungen ergriffen. — Sie sind Schneider, Posamentierer, Tischler, Zimmerleute, Seiler, Weber, Müller u. s. w., vor Allem aber sind sie Uhrmacher und Goldschmiede. In den großen Städten drängen sie sich an die Reisenden und vermiethen sich als Faktoren, eine Art Lohn= bediente, die für eine äußerst geringe Vergütigung alle Aufträge aufs Pünktlichste ausrichten. Sie wissen oder erfragen Alles, schaffen, was man begehrt, und wenn ihre Aufdringlichkeit be= lästigt, so sind sie doch ganz unentbehrlich.

Das Gasthaus in jedem Ort gehört den Juden. Der polnische Reisende mit seinen trefflichen Pferden, deren er fünf einzuspannen pflegt, macht sehr bedeutende Tagereisen und bleibt ohne irgend eine Auswahl des Ortes da, wo ihn die Nacht überrascht. Der Reiche führt seinen Koch, sein Silbergeschirr, seinen Ungarwein, jeder sein Abendbrot, mehrere Kissen und Teppiche, welche sein Bett ausmachen, und selbst seine Fourage mit sich. Natürlich trifft man also in den Wirthshäusern von allen diesen Gegenständen nichts, und der fremde Reisende, welcher nicht so ausgerüstet erscheint, liefe in eigentlichster Be= deutung Gefahr, zu verhungern, wenn nicht jeder Edelhof ihm eine herzliche, gastfreie Aufnahme sicherte, auf die er überall rechnen darf.

Aber weit größere Vortheile fließen den Juden daraus, daß sie es sind, welche erst den Erzeugnissen des Bodens ihren Werth geben, welche sie dem Gutsbesitzer verarbeiten oder zu Gelde machen. Die Mühlen, Brennereien und Schenken sind unerschöpfliche Quellen ihres Reichthums, und der ganze Ertrag der Güter geht durch ihre Hände. — Der Jude, welcher die Schenke im Dorf gepachtet, ist derjenige, von welchem der Grundherr seine Haupteinkünfte bezieht. — Diesem Juden, an welchem er gewiß ist, jede Laune rücksichtslos auslassen zu können, von dem er weiß, daß er ihn betrügt, und den er doch nicht entbehren kann, diesem übergiebt er die Oberaufsicht über seine Unterthanen ohne Mitleid und ohne Rücksicht auf die Bedrückungen, welche ein solcher Beamter seinerseits ausübt.

Durch den Juden macht auch der Gutsherr alle seine Ankäufe mit Uebergehung aller christlichen Handelsleute, die natürlich neben dem Kastengeist dieses Volkes auf keine Weise aufkommen können. — Auch ist fast alles baare Geld in den Händen derselben, und der Adel haftet ihm mit dem besten Theil seiner Grundstücke. Bei der Menge der Juden und bei der wichtigen Stellung, welche dies Volk im Lande einnimmt, erschrickt man über das Urtheil, welches Reisende und Schriftsteller über ihren sittlichen Zustand fällen. — Alle Mittel sind ihnen gleich, sobald es darauf ankommt, zu verdienen. Im Feldzug von 1812 waren die Juden die Spione, die von beiden Theilen besoldet wurden und die beide Theile verriethen. In Wilna übten sie die schrecklichsten Grausamkeiten an den unglücklichen Trümmern des französischen Heeres.*) Bei neun Prozessen von zehn ist man sicher, einen Juden als Kläger oder Angeklagten zu finden. Da sie das Innere aller Häuser und aller Familien kennen, so sind sie die Angeber im ganzen Lande.**) — Es ist sehr selten, daß die Polizei einen Diebstahl entdeckt, in welchen nicht ein Jude als Mitschuldiger oder als Hehler verwickelt wäre.***) Die Juden sind es, welche den Schleichhandel treiben und die Bauern bewaffnen, ihn mit Gewalt durchzusetzen u. s. w.

Eine rühmliche Ausnahme hiervon machen die Karaiten, welche den Talmud verwerfen und sich an den Schrifttext halten. Sie nähren sich meist von Ackerbau und halten sich ganz abgesondert von den übrigen Juden, welche ihre größten Feinde sind.

---

*) Ségur Histoire de Napoléon.
**) Joseph Rohrers Gemälde des österreichischen Staates.
***) Malte Brun, Tableau de Pologne.

Man zählt 4000 bis 5000 dieser Sekte, welche sich namentlich in Litthauen und Wolhynien aufhalten.

Es ist in neuerer Zeit viel für die sittliche Veredlung der Juden gethan. Kaiser Joseph glaubte, daß dies Volk von Natur nicht verderbter als andere sei, daß es sich hauptsächlich deshalb nicht in die bürgerliche Gesellschaft fügen und seine Pflichten erfüllen wolle, weil man ihm alle Rechte und Vortheile derselben verweigere.*) Es wurden Normalschulen eingerichtet, welche, allen Sträubens ungeachtet, auch die Mädchen besuchen mußten. Ohne ein Normalschulzeugniß durfte kein Jüngling zum Talmudsunterricht gelassen, keine Ehe ohne ein solches geschlossen und kein Lehrjunge losgesprochen werden. Ihre väterlichen Religionsgebräuche waren vollkommen frei, doch durften die Männer nicht unter achtzehn, die Weiber nicht unter sechzehn Jahren heiraten. Den Rabbinern wurde alle Gerichtsbarkeit abgenommen, auch sollten sie Niemand mehr in den großen oder kleinen Bann thun. — Es wurden sogar 1400 Judenfamilien als Ackersleute angesiedelt, und die Kosten des Ankaufs der Gründe und der Ackergeräthe, sowie des Aufbaues der Höfe von der gesammten Judenschaft bestritten.

Das wichtige Gesetz, daß auf dem Lande kein Jude sich aufhalten dürfe, der nicht Ackersmann oder Handwerker ist, wurde 1792 wieder aufgehoben. — Es wurde ihnen indeß bei Strafe der Landesverweisung verboten, dem Bauern das nicht geerntete Getreide, das nicht geborene Vieh und die nicht geschorene Wolle abzukaufen, Gegenstände, die seither gewöhnlich in der Schenke im Voraus vertrunken worden waren. Die Juden sind in Galizien zum Militärdienst verpflichtet, doch werden sie nur zum Fuhrwesen genommen, es sei denn, „daß einer freiwillig zum Feuergewehr wolle". In dem Kriege 1813

---

*) Vergl. v. Dohm, Ueber die bürgerliche Verbesserung der Juden, und dagegen v. Kortum, Ueber Judenthum und Juden.

bis 1815 dienten über 15 000 Israeliten unter den österreichischen Fahnen.

Die russischen Juden sind durch Ukas vom April 1827 militärpflichtig, die preußischen seit 1817.

Von dem, was in Galizien zum Besten des Bauern geschah, war das Bedeutendste, daß Kaiser Joseph (5. April 1782) die Leibeigenschaft aufhob. Die Unterthanen, welche keine Häuser hatten, durften sich fortan von ihrer Herrschaft wegbegeben und waren nicht mehr genöthigt, Waisendienst zu thun. Die Frohnen (Roboten) bestanden fort, jedoch wurden sie (Juni 1786) einer genauen Bestimmung und Ermäßigung unterworfen.

Die Unmündigkeit des Bauern geht aus den Verordnungen selbst hervor, die zu ihrem Besten ergingen. Es wurde verboten, ihnen mehr als 3 fl. (12 gGr.) zu borgen. Niemand sollte ihnen Branntwein auf Borg schenken. Sie waren fortan nicht mehr genöthigt, ein gewisses Quantum Branntwein von ihrer Herrschaft zu nehmen, und man suchte durch Anlegung von Brauereien überhaupt den Branntweingenuß zu vermindern.

In Preußen erfolgten dergleichen Spezialgesetze für polnische Unterthanen nicht, die bestehenden Normen, welche für alle übrigen Provinzen galten, wurden auch auf diese ausgedehnt, was um so eher geschehen konnte, als die Zahl der Polen unter preußischem Scepter verhältnißmäßig gering war.

Was seit Entstehung des Königreichs Preußen diese Monarchie charakterisirt, ist vor Allem ein unaufhaltsames, aber ruhiges Fortschreiten, eine stätige Entwickelung und eine Ausbildung seiner inneren Verhältnisse ohne Sprünge und ohne Revolutionen, welche Preußen an die Spitze der Reformation, der Aufklärung, der liberalen Institutionen und einer vernünftigen Freiheit — mindestens in Deutschland — gestellt haben.

Dieses Preußen nun erhielt an dem polnischen Zuwachs offenbar einen heterogenen Bestandtheil, und je mehr dieser seinen lokalen Bedürfnissen nothwendig, je mehr mußte es suchen, ihn dem Ganzen zu verschmelzen. — Das entschiedene Streben aller Polen, ihre Nationalität auch in der Zerstückelung zu bewahren und darin die einzige und letzte Bürgschaft einer möglichen Wiedervereinigung zu sehen, gerieth daher sogleich in Konflikt mit der natürlichen Tendenz der Verwaltung.

Die Institutionen, welche in Preußen aus der Entwickelung des Volkes selbst hervorgegangen waren, traten in der neuen Provinz mit einem Schlage ins Leben. Sie fanden daher auch weder den Geist, noch die Gemüther der Menge vorbereitet. Sie überraschten, wo die Aufklärung ihnen den Weg nicht gebahnt hatte, und die Ausdehnung der Bestimmungen, welche für die Monarchie bestanden, auf die polnischen Unterthanen waren für diese eine wirkliche Revolution.

Die Gleichheit aller Stände vor dem Gesetz und der Schutz des Gesetzes auch für den letzten Stand folgte bei der Einverleibung mit Preußen von selbst.

Allerdings war dies für den unterdrückten Landmann ein Schutz vor der äußersten Mißhandlung. Allein da das preußische Landrecht eine Ermäßigung der bestehenden Lasten nur da eintreten läßt, wo neuerdings eine Schmälerung des Einkommens stattgefunden, z. B. durch Ueberschwemmung der Aecker, Versandung x., — Schmälerung aber nur da möglich ist, wo überhaupt noch ein Einkommen stattfindet, so war die Lage des Bauern, der nichts als das Leben mehr zu verlieren hatte, dadurch nicht wesentlich gebessert. Einem so großen Uebel konnte auf gewöhnlichem Wege nicht abgeholfen werden.

Dennoch war dies bringend nothwendig geworden, denn der Zustand des Landmannes und der Ackerbau waren bis auf die unterste Stufe gesunken.

Wenn schon die alte übliche Dreifelderwirthschaft dem Grund und Boden selbst unter den Händen des Eigenthümers alljährlich von seiner Kraft nimmt, wie mußte dies vollends unter einem einjährigen, dazu meist übersetzten Pächter der Fall sein.

Wie die Felder verwüsteten, so zerfielen auch die Wohnungen. Kein Bauer erhob die Hand, um eine Hütte zu stützen, die über seinem Kopfe zusammenzustürzen drohte, an welcher er aber kein Eigenthumsrecht mehr hatte. Zwar waren Holz, Stroh, Kalk, Lehm und Steine überall in Ueberfluß vorhanden, und die Natur hat alle Baumaterialien gleichsam auf die Felder herumgestreut, welche die elenden Dörfer umringen, aber es fiel dem Landmann nicht ein, sie nur aufzuheben, der ungewiß war, ob er nicht übers Jahr ohne Entschädigung verlassen mußte, was er heute gebaut. Kein Obstbaum, kein Garten umgiebt die Wohnung; denn ehe die Frucht reif wird, ist, der sie pflanzte, vielleicht schon vertrieben, und so giebt es auch weder Hecken, noch Gräben, noch Einfriedigungen, weil nichts mehr zu schützen oder einzufriedigen ist. Selbst die Thierwelt verkümmert und verkrüppelt unter dem Fluch der Knechtschaft. Nirgends sieht man wohl elendere Pferde, als die des Bauern in dem seiner trefflichen Rassen wegen berühmten Polen. Dies erklärt sich leicht daraus, daß der gemeine Mann das Pferd mit zwei Jahren einspannt, es täglich übertreibt, ohne alle Wartung läßt und ihm nur das elendeste Futter reicht. Fällt dem Bauer ein Stück Vieh, so muß die Grundherrschaft es ersetzen, weil er sonst außer Stande wäre, ihr zu frohnen. Der Gutsherr muß Alles thun, muß neu aufbauen, was bei einer geringen Nachhülfe des Bewohners noch lange gestanden, ersetzen, was bei einiger Sorgfalt des Benutzens noch lange gedient hätte, hüten, was zu hüten der Bauer kein Interesse hat. — Das Brot ist, wohl zu merken in der großen Kornkammer Europas, eine Seltenheit für den Landmann, und die Kartoffeln seine ausschließliche, seine einzige Nahrung. Sie liefern ihm die tägliche Speise und leider sein einziges Getränk. Wenn nun der Kartoffelvorrath gemeiniglich schon im Frühjahr erschöpft ist, dann erwartet der

Bauer vom Gutsbesitzer, daß er ihn kümmerlich ernähre. Von der Gnade seines Herrn erbettelt er Alles, die Arzneien für seine Krankheit, die Bretter zu seinem Sarge und die Messe für das Heil seiner Seele. Und dies ist nicht der polnische Bauer, wie er im Mittelalter war, sondern wie er in dieser Stunde, selbst unter preußischer Herrschaft, in allen Dörfern lebt, wo die Ablösung noch nicht zu Stande gekommen,*) von der wir sogleich reden werden.

In Preußen war die Periode der tiefsten äußeren Erniedrigung die der höchsten inneren Entwickelung, und gerade unter dem härtesten Druck der französischen Nachbarschaft gingen die nationalsten und freisinnigsten Institutionen hervor.

Eine der wichtigsten Verfügungen jener Epoche war das Edikt vom 14. September 1811, die Regulirung der gutsherrlichen und bäuerlichen Verhältnisse betreffend, welches nach der Wiederbesitznahme der Provinz Posen auch auf diese ausgedehnt, eine gänzliche Umgestaltung in den Verhältnissen des Landmannes theils bewirkt hat, theils noch bewirken muß, und welches wir aus diesem Grunde in seinen Hauptzügen darstellen müssen.**)

Nach allgemeinen staatsrechtlichen und staatswirthschaftlichen Grundsätzen ist das Recht des Staates auf ordentliche und außerordentliche Steuern und Leistungen vorherrschend, und die Leistungen an den Gutsherrn unterliegen der Beschränkung, daß dieser den Unterthanen Mittel lassen muß, selbst bestehen und den Staat befriedigen zu können.

---

*) Wer in Polen gewesen, wird diese Schilderung in keinem Punkte übertrieben finden. — Die Wahrheit fordert indeß zu sagen, daß die mehrsten Gutsherren die Ausdehnung ihrer Macht nicht mißbrauchen und daß viele ihre so sehr abhängigen Unterthanen mit wahrhaft patriarchalischer Milde behandeln.
**) Vergl. Gesetzsammlung für den Königlich preußischen Staat, Theil I. Seite 281.

Diese Fähigkeit ist anzunehmen, wo die Abgaben und Leistungen an den Gutsherrn nicht ein Drittel der sämmtlichen Gutsnutzungen eines erblichen Besitzthums übersteigen.

Höher waren daher die Berechtigungen der Gutsherren entweder nicht gewesen oder hätten es gesetzlich nie sein dürfen.

Indem nun das oben angeführte Edikt allen Bauern, Halbbauern, Kossäthen, Einhüfnern ꝛc. das volle Eigenthumsrecht über zwei Drittel der von ihnen bisher benutzten Ländereien ertheilte, sie auch von den Dienstleistungen und Frohnen entband, welche seither mit dieser Benutzung verbunden waren, gab es zugleich den Gutsherren ein Drittel aller jener Ländereien als äquivalente Entschädigung zurück. — Die neuen Eigenthümer mußten wie billig Verzicht leisten auf die bisherigen Verpflichtungen der Gutsherrschaft, nämlich: Instandhaltung der Gebäude, Ertheilung der Hofwehr, Vertretung bei öffentlichen Abgaben und Lasten und Unterstützungen mancherlei Art; sie übernahmen die Steuerentrichtung für ihre Grundstücke und die bestehenden und die künftigen Kommunallasten. Auch stand dem Gutsherrn frei, behufs der für die Bewirthschaftung so wichtigen Abrundung und Geschlossenheit der Besitzungen seine Bauern auf andere Vorwerke zu versetzen, gegen Ertheilung von Grundstücken gleichen Werthes und Uebernahme der nöthigen Neubauten.

Statt der Entschädigung durch ein Drittel des Landbesitzes, welche bei Höfen über fünfzig Morgen als die vortheilhafteste erachtet wurde, konnte bei kleineren Besitzungen eine Abfindung auf dem Wege der Uebereinkunft in Kapital oder Rente stattfinden, letztere durch Entrichtung eines Drittels des gesammten reinen Ertrages in Körnern oder in Gelde.

Solcher nicht erbliche Grundbesitz endlich, welcher von den Gutsherren gegen gewisse Dienstleistungen oder Abgaben auf gewisse Jahre oder auf unbestimmte Zeit verliehen, wurde den zeitigen Besitzern, nach Abtretung einer Hälfte an den

Gutsherrn und als Entschädigung für denselben, als Eigenthum zugetheilt.

Zur Einigung über diese Angelegenheiten wurde eine Frist von bezw. zwei, drei bis sechs Jahren festgesetzt. Wäre sie bis dahin nicht zu Stande gekommen, so sollte die Auseinandersetzung von Seiten des Staates durch schiedsrichterliche Kommissionen erfolgen.

Dieses waren die Hauptnormen jenes merkwürdigen Gesetzes, welches in seiner Ausführung natürlich mannigfachen Modifikationen unterlag und nothwendig mit großen Schwierigkeiten verknüpft war, und dies nirgends so sehr als in den polnischen Provinzen. Die Belastungen waren ungemein verschieden, und wenn sie an einigen Orten ein Drittel des Ertrages der Grundstücke nicht erreichten, so überstiegen sie an vielen anderen dies Maß. Oft war seit Regulirung der Dienste der Grund und Boden erheblich verschlechtert oder verbessert oder gar neues Land urbar gemacht, auch waren die Verpflichtungen der Grundherren in ihrem Werthe mannigfach verschieden und nach Zeit und Ort geändert. Je mehr nun bei der größeren Verwickelung die gütliche Einigung wünschenswerth, je weniger war der Wille dazu vorhanden.

Den Gutsherren mußte die ganze Maßregel hart und beeinträchtigend erscheinen, vorzüglich wenn sie ihre bisherigen Berechtigungen zum Maßstab nahmen. „Man entschädigt uns", sagen sie, „mit dem, was bereits unser Eigenthum war, vermehrt unsere ohnehin schon zu großen Felderflächen und nimmt uns die Hände, welche verpflichtet waren, sie zu bestellen. Wenn wir auch die Abtretung von bezw. einem Drittel und der Hälfte der bäuerlichen Ländereien überhaupt als Entschädigung ansehen wollen, so steht diese in keinem Vergleich mit dem, was wir verlieren. Die Felder sind in schlechtem Kulturstand und daher von geringem Werth. Bei der Trägheit und Indolenz unserer Bauern werden die Arbeiter selten, der Tagelohn hoch und, weil er meist in Gelde wird gezahlt werden müssen, kaum zu erschwingen sein. — Die Verpflichtungen, von denen man uns entbindet, drückten uns nicht; unsere ausgedehnten Forsten gaben uns das Mittel, ihnen nachzukommen. Die Vermessung der Güter und die Spezialkommissionen machen uns große Kosten, und wir sind den Plackereien der Unterbeamten preisgegeben, welche stets geneigt sind, sich der Bauern gegen uns anzunehmen, und dies in einer Angelegenheit, wo unser Eigenthum ganz von der Einsicht, Parteilosigkeit und Rechtlichkeit dieser Kommissarien abhängt."

„Aber auch dem gemeinen Mann wird diese Neuerung nicht zu statten kommen, wenigstens nicht unseren armen Bauern.*) Bei der Unmündigkeit, in welcher er bisher gelebt, wird das gefährliche Recht, sein Besitzthum verschulden und verkaufen zu dürfen, seinen Untergang nach sich ziehen; ja, schon jetzt macht die bloße Aussicht auf dies Recht, daß der größte Theil der Bauernhöfe den Juden verpfändet ist und daß sie nach vollzogener Separation einer Klasse von Menschen zufallen, welche sie nicht bewirthschaften, sondern zu einem Handelsartikel machen werden."

Wie wir die Stellung des Landmannes gegen den Grundherrn geschildert, glauben wir weder, über die Nothwendigkeit, ihm zu helfen, noch über die Gerechtigkeit der dies bezweckenden Maßregel im Allgemeinen etwas hinzusetzen zu dürfen. In Beziehung aber auf die Nützlichkeit derselben wäre der Gesichtspunkt festzustellen, von wo aus der Grund oder Ungrund jener Klagen zu würdigen ist.

Der große Gutsbesitzer mußte bisher seine unübersehbaren

---

*) Wahr ist es, daß man an einigen Orten die Bauern mit Gewalt hat zwingen müssen, ihr neues Eigenthum anzunehmen. Allein dies beweist nichts gegen die Sache. Dasselbe fand in Frankreich unter Ludwig IX. statt. Der Knecht kann die Freiheit nicht würdigen, ehe er sie kennt.

Felberflächen durch gezwungene Dienstleistungen bestellen lassen, der Arbeiter war ohne Interesse an dem Gedeihen seines Tagewerks, der Ertrag ging durch die Hände des Unterbeamten, es war daher nicht möglich, daß das Land für ihn den Werth hatte wie für den kleinen Besitzer, der selbst pflügt, selbst säet und erntet und das Kleinste nicht ungenutzt läßt. Dieser allein kann den höchsten Preis, kann das Vierfache von dem für den Grund bieten, was er dem großen Besitzer einträgt. — Es leuchtet ein, wie sehr die Kultur des Bodens demnach durch die verminderte Ausdehnung der Grundstücke und Vervielfältigung der Eigenthümer gesteigert werden muß, vorzüglich in einem Lande, wie Polen, wo der Ertrag der Felder noch so bedeutend erhöht werden kann, wo endlose Wälder, die dort fast nichts einbringen, den trefflichsten Weizenboden bedecken und wo es nur Hände bedarf, um zu gewinnen.

Der Ackerbau, — hierin ganz abweichend von der Gewerbethätigkeit — kann auf eine Stufe der Vollkommenheit gebracht werden, über die hinaus er nicht wesentlich mehr zu verbessern ist, und diese Stufe hat er in mehreren Provinzen der preußischen Monarchie bereits wirklich erreicht. — In Polen hingegen sind für Fleiß und Thätigkeit die größten Eroberungen noch zu machen.

Die Eigenthumsverleihung war das sicherste Mittel, dieses Ziel zu erreichen. Der Landmann hatte jetzt die Gewißheit, daß er für sich, für die Seinigen arbeite, daß jede Verbesserung, selbst wenn er ihre Folgen nicht mehr erlebte, seinen Kindern zu gute kam, unter welche er sein Eigenthum nach eigenem Ermessen theilen durfte. — Es handelte sich nicht mehr darum, in einer kurzen Frist den möglichst hohen Vortheil aus der Scholle zu ziehen, ohne Rücksicht, ob ihre Tragfähigkeit dadurch verringert würde, sondern das Besitzthum überhaupt in gutem Zustande zu erhalten. Wenn zwar die Arbeit für Tagelohn theurer kam als die gezwungenen Frohndienste, so war jene auch ohne Vergleich besser als diese. Der Ackerbau gewann mehr Hände und bei der freiwilligen größeren Anstrengung durch diese Hände mehr Arbeit als bisher.

Das mit der Eigenthumsverleihung natürlich verbundene Recht, den Besitz zu theilen oder zu veräußern, hatte den großen Vorzug, daß bei Erbtheilungen die Höfe nicht mehr mit Schulden belastet zu werden brauchten, da die auszuzahlenden Antheile durch Verkauf einzelner Grundstücke gewonnen werden konnten. Es war das Mittel, die Grundstücke schuldenfrei zu erhalten. Denn jeder Eigenthümer konnte durch Verkauf eines Theiles die Betriebskapitalien für den anderen Theil erhalten. — Die Grundstücke, welche in der Hand eines unbemittelten, verschuldeten Besitzers eine Verschlechterung erlitten hätten, kamen durch den Verkauf in bemittelte Hände, welche sie im Stande erhalten konnten.

Endlich gewann der Staat eine neue zahlreiche und schätzbare Klasse von Eigenthum besitzenden Unterthanen, die eben dadurch und weil sie durch ihr Interesse an die Regierung geknüpft, auch zuverlässige und treue Unterthanen waren, ein Umstand, der hier nicht zu übersehen ist. Durch eine Umwälzung konnten die neuen Eigenthümer nur verlieren, und da sie die Masse der Nation ausmachten, so mußten sie der Regierung, indem sie ihre Kraft so bedeutend vermehrten, zugleich die größte Bürgschaft gewähren.

Nirgends liegt übrigens der Vergleich zwischen dem alten und neuen Zustand näher, als eben in der Provinz Posen, wo die Kontraste sich berühren und wo wenige Hundert Schritte den Beobachter aus Dörfern, wie man sie in Europa nicht vermuthet, in andere führt, wo reinliche Häuser mit Gärten und Obstbäumen umgeben und sorglich eingefriedigt das Auge erfreuen.

Auf diese Weise wird die preußische Regierung in wenig Jahren die völlige Befreiung der Bauern und die Umwandlung eines großen Theiles derselben in Eigenthümer vollendet haben, ein Unternehmen, welches die Theorie selbst lange für unmöglich hielt,*) und welches in dem selbstständigen Polen auch unstreitig für Jahrhunderte unmöglich gewesen wäre. Denn wo wäre in diesem die Staatsgewalt hergenommen, dem Widerspruch des wenn auch mißverstandenen Interesses zu begegnen, woher die überwiegende Autorität, welche die entzügelten Leidenschaften gebändigt hätte. Nur unter der Herrschaft eines festbegründeten und selbst schon so weit vorgeschrittenen Staates, wie Preußen, konnte eine solche Maßregel durchgesetzt werden, ohne das Land einer Revolution und den heftigsten Gegenwirkungen preiszugeben.

So viel geschah in Preußen für den Landmann. Schulen wurden eingerichtet, um das Volk zu bilden, Fabriken und Manufakturen befördert, um den Verkehr zu erleichtern, und dem gedrückten Gewerbestand wurde durch Aufhebung des Gewerbezwanges ein neuer Aufschwung gegeben.

Weder Oesterreich noch Rußland konnten eine so durchgreifende Reform, wie die Befreiung der Masse der Nation in ihren polnischen Ländern wagen, sowohl wegen des Grades der

---

*) Mably (in seinem Werk: Du gouvernement et des lois de la Pologne) und J. J. Rousseau (Sur le gouvernement de Pologne) haben für die Nation eine Verfassung entworfen, in welcher sie die Nation vergaßen. Vom Landmann, d. h. von ²¹/₂₂ derselben, sagt dieser: — „je ne crains pas seulement l'intérêt mal entendu, l'amour propre et les préjugés des maitres, je craindrai les vices et la lâcheté des serfs." Mably nennt sie une classe d'hommes abrutis et malheureux. Stanislaus Leszczynski urtheilt anders über seine Landsleute: — qu'ils (les paysans) jouissent d'une partie de nos immunités, l'état n'aura peut-être point de membres plus utiles. — Qu'ils puissent s'unir entre eux par un trafic mutuel, qu'ils n'ayent plus à craindre les vexations de leurs maitres, les insultes des soldats, le mépris, les outrages de la noblesse, qu'ils ayent des morceaux de terre des maisons où ils puissent vivre en sûreté, qu'ils puissent laisser à leurs enfans les acquisitions qu'ils auront faites — alors nous croirons vivre dans une autre terre et sous un autre ciel.

eigenen Entwickelung dieser Staaten und der Prinzipien, welchen ihre Regierungen folgten, als wegen des numerischen Verhältnisses der polnischen zu den übrigen Unterthanen. Denn bei einer Volksmenge von 12 Millionen des preußischen Staates zählte man hier kaum eine Million Polen. In Oesterreich hingegen, welches etwa 28 Millionen Bewohner hatte (unter denen beiläufig nur 5½ Million deutsche), machten 4 Millionen polnischer Unterthanen schon ein Siebentel der Gesammtbevölkerung aus. In Rußland vollends kamen auf 40 Millionen Seelen, welche dieser Staat in Europa zählte, 13 Millionen Polen,*) welche

---

*) Die Litthauer, Kleinrussen u. s. w., nicht zur Zahl der Polen rechnen zu wollen, scheint geschichtlich durch nichts begründet.

Russen sowohl wie Polen sind Zweige des slavischen Hauptstammes, und diese Verwandtschaft erkennt man auch in ihren Sprachen. Allein im eigentlichen Polen wird durchgängig dieselbe Sprache von Allen gleich geredet, selbst vom gemeinen Mann; denn es giebt hier kein Platt oder Patois, und das wirkliche Polnisch ist in Polen ohne Dialekt. Eine allgemeine russische Sprache hingegen, die im ganzen Lande gesprochen würde, giebt es ebenso wenig, als es eine slavische Sprache giebt. Die herrschende Sprache, und was man gemeiniglich unter Russisch versteht, ist slavischen Ursprungs und entstand aus der Mischung slavischer Ansiedler mit Ostiaken, Petschoren, Tataren u. s. w., um das Jahr 1114. Sie ist dadurch von ihrer Halbschwester, der polnischen, sehr wesentlich abweichend geworden. — Slavischen Ursprungs sind aber auch die übrigen Dialekte, welche in Weiß-, Roth- und Schwarz-Rußland gesprochen werden, und da sie unvermischter blieben, so sind sie dem Polnischen weit ähnlicher als dem Russischen und müssen eher für Dialekte der ersteren als für Zweige der letzteren Sprache gelten.

Was nun die Litthauer anbelangt, so sind diese ursprünglich den Russen so wenig verwandt als den Polen; denn sie sind herulischen Ursprungs. Dieser Stamm wurde während des 13. Jahrhunderts in Preußen durch die deutschen Ritter, in Liefland durch die Schwertritter unterjocht; nur Litthauen erhielt sich unabhängig, indem es sich enger an die slavischen Völker anschloß, und so nahmen auch die Litthauer bald die polnische Sprache an, und zwar der gemeine Mann den Dialekt der Weißrussen, die Gebildeten das reine Polnisch. Selbst die Flüsse und Städte wechselten ihre alten Namen mit neuen polnischen (Wilna z. B. hieß Neri).

Auf diese Weise ging in Litthauen die eigenthümliche herulische

demnach ein Drittel der ganzen Bevölkerung bildeten, auf einem in Vergleich mit Rußland verhältnißmäßig geringen Raum versammelt und, außer in administrativer Hinsicht, den Russen wohl unstreitig um einen Schritt voraus.

Auf dem Wiener Kongreß war der Rußland zugefallene Theil des vormaligen Herzogthums Warschau zu einem selbst-

---

Sprache unter, und es finden sich nur in einigen wenigen Dörfern noch Spuren derselben. Weit mehr hat sie sich, und überhaupt herulische Sitten, unter der deutschen Herrschaft namentlich in Samogitien, erhalten, und die Schamaiten bewahren noch heute eine von allen Nachbarn abweichende Individualität. Mit Erstaunen hört man die Sprache der Griechen und der Skythen, der Römer und der Skandinavier von dem Munde einer Nation wiederhallen, welche die Weltgeschichte kaum kennt. Die Aehnlichkeit sehr vieler Wörter der schamaitischen Sprache sowohl als ihrer Flexionen mit denen der oben angeführten Sprachen ist überraschend und kann fast nur aus dem Vorhandensein einer Ursprache (Japhetische Sprache) erklärt werden, von der die slavische, germanische, keltische, romanische u. s. w. selbst nur Zweige sind.

Einige wenige Beispiele aus einem großen Verzeichniß (vergl. Tableau de la Pologne, Ausgabe des Chodzko 1830, Tome I. Chapitre XIII. De la langue lithuanienne) wollen wir anführen:

Litthauisch menu griechisch mene dänisch maane (Mond).
, ugnis lateinisch ignis (Feuer).
, wanda dänisch vand (Wasser).
, nactis (Nacht).
, sunus (Sohn).
, wiras lateinisch vir (Mann).
, ductie griechisch thygater englisch daughter (Tochter).
, brotis dänisch broder (Bruder).
, dantis lateinisch dens (Zahn).
, nosis lateinisch nasus (Nase).
, alminti dänisch adminde (erinnern).

Die auffallende Uebereinstimmung in der Wortbiegung mit der alten Sprache wird aus der Konjugation des Verbums „Sein" einleuchten.

Ach essu ich bin,   mess essam wir sind,
tu essi du bist,   ius essat ihr seid,
ance ir (dänisch han er) er ist,   ani ari sie sind u. s. w.

Auch die Sitten der Schamaiten, wie sie zum Theil noch bestehen, erinnern vielfach an die Gebräuche der Griechen und Römer. So wird

ständigen Königreich Polen erhoben, welches mit Rußland durch eine Verfassung verbunden, seine eigene Verwaltung haben sollte.

Der Haupteinwurf aller Polen gegen die Schöpfung dieses Königreichs war der, daß nur drei Millionen in demselben vereint waren, während die ungleich größere Zahl ihrer Landsleute durch Ukase regiert wurden und von den übrigen getrennt blieben.*)

noch jetzt die Braut vor der Hochzeit durch zwei Freunde des Bräutigams entführt. Am Hochzeitstag geleitet man sie mit verbundenen Augen an jede Thür ihres Hauses, legt Honig auf ihre Lippen und streut Weizen um sie. Die Mädchen schneiden der Neuvermählten das Haar ab und geleiten sie mit Schlägen zu ihrem Lager. Die Begräbnißmahle, zu welchen die Geister der Abgeschiedenen eingeladen wurden, die Beerdigungen in Hügeln und der Name der ersten Gottheit, Auxtea visa geist (dänisch hölcste vise geist), höchster weiser Geist, erinnern wieder lebhaft an skandinavische Sitte und Sprache.

Wir haben uns diese Abschweifung erlaubt, weil es sich darum fragt, ob Rußland drei oder dreizehn Millionen polnischer Unterthanen hat und ob Oesterreich in Galizien über Polen oder Russen herrscht. — Wenn die Litthauer durch ihren Ursprung mit Rußland gar nicht verwandt, durch ihre Sprache mit Polen verknüpft sind, so sieht man nicht ein, weshalb fünfzig Jahre russischer Herrschaft sie mehr zu Russen, als eine vierhundertjährige Verbindung mit der Republik sie zu Polen gemacht haben soll.

*) Die Bemerkung liegt nahe, daß Klagen hierüber, wenn sie wirklich empfunden, eher in Litthauen hätten laut werden müssen als in Polen, wo sie zur Sprache gebracht wurden. Michael Oginski erklärt indeß dies Räthsel. Tome IV. Chapitre VI. Seite 234. Bei einer Audienz im November 1815, also zu einer Zeit, wo das Königreich bereits von ganz Europa anerkannt, beklagte er sich beim Kaiser: „Qu'il n'est pas permis à Wilna de faire mention du royaume de Pologne. — Personne dans la société n'ose prononcer le nom de Pologne ou de Polonais; et l'organisation du nouveau royaume est aussi peu connue chez nous, que si nous étions éloignés de mille lieues de Varsovie."

„Je ne savais pas un mot de cela" répondit l'empereur avec beaucoup de vivacité „mais un trait de plume va changer etc. J'écrivais à Korsakow combien je suis étonné du secret qu'on garde et du secret qu'on fait à Wilna de l'existence d'un royaume que toute l'Europe reconnait."

Aber wenn diese Konstituirung eines eigenen polnischen Staates, den Polen als ein Zuwenig erschien, so wurde sie von der russischen Partei eben so sehr als ein Zuviel betrachtet. Jenen war sie weit weniger eine Garantie ihrer Freiheit als dieser ein Hemmniß, welches sich allen Maßnahmen der Regierung entgegenstellte, auch da, wo sie das Beste aufrichtig beabsichtigen mochte. Man darf nicht vergessen, daß Polen die Erhaltung seines Namens, seiner Sprache und seiner Nationalität eben dem Kaiser verdankte, gegen den es bis zum letzten Augenblick seine Waffen geführt; dennoch scheint es, daß gänzliche Einverleibung oder gänzliche Trennung aller Polen diesem Mittelweg vorzuziehen gewesen sein dürfte.

Bei der Vereinigung Polens mit einem anderen Staat war nichts so entscheidend, als die eigenthümlichen Verhältnisse eben dieses Staates. Rußlands Beherrscher war der König, den man durch eine Konstitution binden wollte, welche er in jedem Augenblick zu überschreiten die Macht und oftmals gewiß das Interesse hatte. Rußlands Adel zählt noch jetzt seinen Reichthum nach der Seelenzahl seiner leibeigenen Bauern und konnte daher eine Annäherung zur Befreiung des Landmannes im Nachbarstaat nur mit Abscheu betrachten. In Rußland eben waren die größten Reformen nothwendig, und die Entwickelung dieses Staates hielt die von Polen auf. Rußland endlich konnte Polen die kommerziellen Vortheile nicht gewähren, deren es bedurfte, der Handel blieb von Preußen abhängig, und der Augustower Kanal konnte die Weichsel nicht ersetzen.

Wenn schon von Hause aus Regierung und Regierte mit Mißtrauen und feindlichen Erinnerungen zusammentraten, so erregte die Handhabung der Verwaltung durch Fremde oder durch Beamte, die sich auf fremde Autorität stützten, eine große Erbitterung. Eingriffe in die persönliche Freiheit und Verletzungen der einmal bewilligten Nationalität durch übermüthige Machthaber wurden tief und allgemein empfunden.

In administrativer Hinsicht empfing Polen durch Rußland diejenigen Institutionen, welche alle übrigen civilisirten Länder in Europa schon seit Jahrhunderten besaßen und welche nur durch die endlose Verwirrung der Reichstage und die folgenden Kriege zurückgehalten waren. Dahin gehören ein geordnetes Finanz-, Kredit- und Pfandbriefsystem, ein Postwesen, ein wohl organisirtes Heer, einige Kunststraßen und Kanäle, eine Universität und Bibliothek zu Warschau und mehrere dergleichen nützliche Einrichtungen.

Die Anlage von Fabriken und Manufakturen wurde begünstigt, und da die Einfuhr ausländischer Erzeugnisse verboten war, so erlangten sie auch bald einen bedeutenden Grad von Wohlstand und Vollkommenheit. Polen führte sogar eine beträchtliche Menge von Zeugen durch Rußland nach China. Dafür aber kaufte der Pole auch 40 pCt. theurer im Lande als außerhalb*), was für den Grundbesitzer um so drückender war, als der Preis aller Erzeugnisse sehr gering blieb, sowohl aus Mangel an Straßen- und Wasserverbindungen, als besonders, weil im Lande immer noch ein unverhältnißmäßig geringer Theil der Produktion verarbeitet wurde. Der Fabrikstand war durch Kolonisation von Fremden, vorzüglich von Deutschen, geschaffen, keineswegs aber aus dem Schoß des Volkes selbst hervorgegangen. Dem gemeinen Mann fehlte es am Betriebskapital, an Freiheit und an Kenntniß, um irgend etwas der Art zu unternehmen. Ueberdies gab es noch große und drückende Privilegien, welche sich der Theilnahme des Volkes an Gewerbethätigkeit und Handel entgegenstellten**) und die Fabrikate

---

*) Nicht selten sah man polnische Gutsbesitzer 20 bis 30 Meilen machen, um sich in preußischen Grenzstädten wohlfeiler und besser einzukleiden.

**) Ein reicher Jude hatte z. B. gegen eine bedeutende Abgabe an die Regierung das ausschließliche Recht, den Tabak im ganzen Königreich und den Branntwein in Warschau zu verkaufen.

theuer und schlecht machten. Auch konnten einige wohlhabende Fabrik- und Handelsherren nicht den Mittelstand einer Nation ausmachen, und in dieser Beziehung war und blieb immer eine nicht auszufüllende Lücke.

Zum Besten des Bauern geschah nichts. Er war dem Namen nach zwar frei, wirklich aber ohne Eigenthum, zur Frohne verpflichtet und ganz in der elenden Lage, wie wir ihn weiter oben gesehen. Ihm war durch nichts als durch Eigenthumsverleihung zu helfen, allein dies eben fand die größten Schwierigkeiten. Die Regierung mußte Anstand nehmen, dem schon mißvergnügten Adel durch Beeinträchtigung seiner Rechte so großen Anlaß zu einer Unzufriedenheit zu geben, welche in dieser Beziehung leicht Anklang in Rußland selbst gefunden haben könnte. Ueberdies war der polnische Bauer noch keineswegs reif zum Besitzer. Nichts als Zeit und Aufklärung konnte hier helfen, und Anlegung von Schulen mußte der erste Schritt und das Hauptaugenmerk der Regierung sein, um sich einen Stützpunkt in der Masse des Volkes zu verschaffen — dies um so eher, als es unmöglich scheinen wollte, den Adel Polens für sich zu gewinnen. — Nicht als ob wir behaupten wollten, der Bauer des Großherzogthums Posen sei in der Kultur weiter fortgeschritten und reifer zum Besitz, als der im Königreich. Allein mit elf Millionen deutscher Unterthanen, welche durch Sprache, Sitten, Interesse, zum Theil durch lange Gewohnheit an die Regierung, Alle aber durch ein seltenes Vertrauen und allgemeine Liebe an die Person des Landesherrn geknüpft waren, mit einem solchen Element der Stabilität konnte Manches unternommen werden, was unter anderen Verhältnissen mißlich gewesen wäre.

Das Schicksal des polnischen Bauern wurde aber im Königreich noch durch den Verkauf der Nationalgüter verschlimmert, indem die neuen Besitzer, ohne von der Regierung daran verhindert zu werden, dem Landmann die größeren

Gerechtsame entrissen, welche er auf diesen Gütern seither besessen hatte.

Von dem Augenblick, wo die Meinung in Polen sich gegen die Regierung erklärt hatte, war dem jungen Polen jeder Weg zu öffentlicher Thätigkeit abgeschnitten. Nur die Noth drängte ihn, als Offizier in einem Heer zu dienen, welches er als ein Werkzeug der Unterdrückung ansah. Die wissenschaftliche Ausbildung wurde versäumt, entweder weil die Studirenden auf eine unwürdige Art bewacht und bevormundet wurden oder weil jede Anstellung in Civilämtern als Abhängigkeit von einer Regierung betrachtet wurde, welche sich bei ihrer Tendenz mit rechtlichen Gesinnungen gegen das Vaterland nicht vereinen ließ, oftmals auch nur aus einem bequemen Patriotismus, dem Abneigung gegen tüchtige positive Studien zu Grunde lag. Dahin war es gekommen, daß eine Art von Schmach in den Augen der Polen auf jedem ihrer Landsleute ruhte, welcher irgend eine Bedienung von der Regierung annahm, ohne zu bedenken, daß eben hierdurch dem Vaterland — wenn es einmal sich selbst überlassen sein werde — alle tüchtigen Offiziere und brauchbaren Geschäftsmänner in allen Fächern fehlen mußten.

Der Druck in der Heimat trieb den Polen, die Freiheit in der Fremde zu suchen. Frühzeitige Reisen erfüllen die Jahre, welche sonst den Studien gewidmet sind, und Paris war der Sammelplatz, wo die mehrsten jungen Männer dieser Nation eine oberflächliche äußere Bildung erhielten, wo sie exaltirte Ansichten, die ihrer Lage und ihrem Alter zusagten, in sich aufnahmen und dann, voll Leben und Lust zum Wirken, zu einer völligen Unthätigkeit in ihr Vaterland zurückkehrten.

Der Vermögende suchte auf seinem Landbesitz den einzigen Kreis von Thätigkeit, bei welcher er sich vor einer verhaßten Regierung nicht zu beugen brauchte, und wo er sich ihrem Mißtrauen und ihrer Willkür zu entziehen hoffte. Dort nun versammelte er eine große Menge der unbegüterten Landsleute, die, weil sie keine Aemter bekleideten, kein Brot hatten, und deren Patriotismus oder Unfähigkeit ihnen ein Recht auf die Unterstützung der Reichen gab. Wenn dann — zum Theil eben hierdurch — der Bemittelte selbst zum Unbemittelten wurde und von der Zahl der Gastfreien zur Zahl derer überging, welche von der Gastfreiheit lebten, dann gewann Rußland einen neuen glühenden Feind mehr, welcher nicht unterließ, sein Verderben und jedes Mißgeschick überhaupt auf Rechnung der Regierung und der Unterdrückung seines Vaterlandes zu schieben.

Auf diese Weise wuchs von Tag zu Tag die Zahl junger Männer aus den gebildeten Ständen, welche voll Anhänglichkeit an ihre Nationalität, von einem glühenden Haß gegen Rußland beseelt waren, Männer, die viel zu gewinnen und fast nichts mehr zu verlieren hatten.

Vielleicht liegt es in dem Charakter keines Volkes so sehr als im polnischen, seinen Unmuth in Reden verrauchen zu lassen. Als nun aber eine übertriebene, strenge Censur jeden geschriebenen Gedanken*) und zahlreiche Agenten der Polizei jede Rede bewachten, als die Polen sich von Spionen überall umgeben sahen oder zu sehen glaubten, da drängte man sie recht eigentlich auf geheime Einverständnisse hin, und weil sie selbst das Unschuldige nicht öffentlich äußern durften, so thaten sie das Schuldigste insgeheim. Es fand eine allgemein verbreitete Verbindung fast aller Polen, nicht nur im Lande, sondern durch ganz Europa, statt. Unzufriedenheit mit der Regierung und Haß gegen ihre Beamten waren die Losung Aller, Festungs=

---

*) Die polnische Revolution von 1830 ist die einzige der neueren Zeit, bei welcher man der Presse nicht Schuld geben kann, mitgewirkt zu haben, es sei denn, daß man ihre übermäßigste Beschränkung anklagte. Denn da auch die gemäßigtste Aeußerung der Unzufriedenheit untersagt war, so ging Polen von der Unzufriedenheit unmittelbar zur Empörung über.

Arrest wegen einer freien Aeußerung wurde ein Märtyrerthum in der Meinung der Uebrigen, eine Handlung des Nationalhasses war ein Verdienst selbst in den Augen der Schönheit, und die Huld der Frauen ein Sporn zur Widersetzlichkeit gegen das Gesetz.

So war die Lage der Dinge, als am 29. November 1830 eine Handvoll Studenten und Unteroffiziere einen Aufstand in Warschau erregten, welcher sich schnell über ganz Polen und einen Theil von Rußland verbreitete, augenblicklich die Regierung umstürzte und in wenig Tagen die russischen Truppen nöthigte, das Land zu räumen.

Wenn eine so geringfügige Ursache eine so ungeheure Wirkung hervorbrachte, so konnte dies nur geschehen, weil die Handlung jener jungen Leute nichts als der Funke war, der in den von allen Seiten angesammelten Brennstoff der Unzufriedenheit fiel, dessen Explosion jede andere Zufälligkeit etwas früher oder später ebenso gut bewirkt hätte.

Offenbar war das Interesse der Fabrikanten, Manufakturisten und Handelsmänner, kurz aller derer, die zum Mittelstand gehörten, ganz gegen eine solche Umwälzung, deren Gegner sie auch wirklich während der ganzen Dauer gewesen sind, allein wir haben schon gesehen, von wie wenig Gewicht dieser Mittelstand immer noch in Polen war.

Der Bauer war parteiloser Zuschauer, obschon keineswegs unbetheiligt. Hungersnoth, Seuche, Mißhandlung und Verheerung waren vielmehr das Loos, welches ihm bei dieser wie bei allen ähnlichen Gelegenheiten zufiel. Allein er hatte von der Regierung so wenig wie von seinem Grundherrn zu hoffen*) und

---

*) Man hat dem polnischen Adel zum Vorwurf gemacht, seine Bauern nicht befreit zu haben, um die Umwälzung national zu machen. Allein worin sollte diese Befreiung bestehen? Die Leibeigenschaft existirte überhaupt nicht, die persönlichen Rechte der Herren waren durch die Civilisation selbst menschlich begrenzt, und wenn man dem Grundherrn

that, was der an Sklaverei abgestumpfte Mensch immer thut, er ließ über sich ergehen.

Der Adel war es, welcher diesen Sturm erregte, und was er vermag in einem Lande, wo gebildeter Stand und Adel noch immer eins ist, — das hat Rußland in einem tödtlichen Kampfe erfahren.

Die Flamme dieses Aufruhrs ist gegenwärtig auf eben den Feldern von Wola in Blut gelöscht, welche vormals Zeuge der Königswahlen, des Glanzes und der Macht der polnischen Nation waren. Polen ist mit dem Schwert in der Hand erobert und hat das Recht nicht, dem Sieger Bedingungen vorzuschreiben. Aber eben dem jungen Kaiser, von welchem die Geschichte in einer kurzen Reihe von Regierungsjahren so außerordentliche Thaten aufzuzeichnen hat, der bei seiner Thronbesteigung schon einen furchtbaren Aufstand durch nichts so sehr als durch seine persönliche Festigkeit dämpfte, vor dessen Gestirn der Halbmond in Persien wie in der Türkei sich neigte, der selbst in die verpestete Hauptstadt eilte, seinen leidenden Völkern Hülfe zu bringen, diesem ist es vorbehalten, Polen in das umzuschaffen, was es künftig in Europa sein soll.

Die auffallendsten Widersprüche bezeichneten von jeher das Dasein dieses Volkes, bei welchem die Republik in Verbindung mit dem Königthum, der Glanz des Thrones mit der Ohnmacht des Regenten trat. Wir sehen die Beamten des Staates reich und die Republik arm, den Kronfeldherrn mächtig und das Heer schwach. Der übertriebenste Luxus erscheint neben der nacktesten Armuth. Der wildeste Muth und der lärmendste Widerstand lösen sich, durch die Nothwendigkeit an Nachgeben

---

auch Aufopferung genug zumuthen will, den Bauern mit Eigenthum auf seine Kosten auszustatten, so muß man einräumen, daß der Augenblick, wo ohnehin alle Bande gelöst, der ungünstigste war, den man zu einer Operation wählen konnte, welche die Regierung selbst in ruhiger Zeit nicht gewagt hatte.

gewöhnt, in geschmeidige Unterwürfigkeit und plötzliche Aussöhnung auf. Käuflichkeit, Verrath und Betrug stehen der glänzendsten Tapferkeit und Vaterlandsliebe, der unerschütterlichsten Aufopferung gegenüber. Die Geschichte des Landes zeichnet uns Charaktere, die in Griechenland und Rom geglänzt hätten, neben Verräthern und Treulosen, den Bruder, welcher mit Heldengröße Gesetzgeber und Vertheidiger seines Volkes ist, dem Bruder gegenüber, welcher mit grimmiger Wuth die Waffen des Auslandes gegen seine Heimat führt, einen Vater, der den Fluch der Mitbürger und der Nachwelt auf sich ladet, und einen Sohn, der mit seiner Habe und mit seinem Blut die Schuld des Vaters tilgt. Ja, die Inkonsequenzen vereinen sich in den Individuen selbst, und mit Erstaunen erblicken wir Männer, die mit Auszeichnung unter den Konföderirten fochten, am Ende ihrer Laufbahn die gefügigen Werkzeuge der Unterdrückung abgeben. Dieselben Namen, welche Polen als seine Beschützer verehrt, nennt es unter der Zahl seiner Feinde.

Das Uebermaß der Freiheit und das der Sklaverei haben das selbstständige Polen vernichtet, aber in seinen Trümmern selbst bewahrt es die Mischung des Widerstrebenden. Ein konstitutioneller Staat, dessen König unbeschränkter Selbstherrscher von 40 Millionen Russen ist — ungeheure Reichthümer und drückende Armuth — ein fruchtbarer Boden und unbebaute Felder — prachtvolle Paläste, umgeben von den elendesten Hütten, die wohl je von Menschen bewohnt wurden, — so erblicken wir Polen, den Staat, welcher auf die vollkommene Gleichheit Aller gegründet wurde, noch heute als das Land der Ungleichheit, der Gegensätze und Widersprüche.

Die

westliche Grenzfrage.

Vorbemerkung.

Der nachstehende, im zweiten Heft der „Deutschen Vierteljahrsschrift"*) 1841 veröffentlichte Aufsatz erörtert theoretisch eine Frage, an deren praktischer Behandlung mitzuarbeiten der Verfasser dreißig Jahre später in so glänzender Weise berufen sein sollte. Schon dieser Umstand allein macht den Aufsatz dem heutigen Leser werth, noch mehr aber, daß vieles darin Gesagte in wirklich überraschender Weise auf die Gegenwart sich ebenso anwenden läßt, wie auf die Zeit von 1840.

Damals, im Jahre 1840, hatte Thiers als Minister des Königs Louis Philipp im Groll über die Niederlage, die Frankreich in der orientalischen Frage und gegen die Quadrupel-Allianz der Großmächte zum Schutze des Sultans erlitten hatte, unverhohlen ausgesprochen, Frankreich müsse Entschädigung in Deutschland suchen und das linke Rheinufer fordern. Die allgemeine patriotische Entrüstung in Deutschland, die in Becker's Rheinlied: „Sie sollen ihn nicht haben", ihren volksthümlichen Ausdruck fand, führte im Verein mit der friedlichen Gesinnung Louis Philipps zum Sturze des Ministers, aber wieder einmal war es nur zu klar geworden, welcher Selbsttäuschung die französische Nation, die den Ansprüchen von Thiers zugejubelt hatte, sich hinsichtlich ihrer Begehrlichkeit nach deutschem Gebiet hingab. Mit unerbittlicher Logik und sich streng an die geschichtlichen Thatsachen haltend, stellt der vorliegende Aufsatz das Nichtige dieser Begehrlichkeit dar.

*) Die Zeitschrift „Deutsche Vierteljahrsschrift" ist von 1841 bis 1870 im Verlage von J. G. Cotta in Stuttgart erschienen und war während der Dauer ihres Bestehens eine der vornehmsten deutschen Revüen, welche die namhaftesten Männer der Wissenschaft und hervorragende Militärs, wie Moltke und Pönitz, zu ihren Mitarbeitern zählte.

Da in Frankreich die Ansprüche an die Rheingrenze tradi=
tionell sind und da man dort bei jeder Gelegenheit und
übereinstimmend von Seiten aller Parteien die Miene
annimmt, als habe Frankreich ein altes gutes Recht, das ihm
Deutschland vorenthalte, wiederzuerlangen, einen schweren Verlust,
den ihm Deutschland zugefügt, wiederzuersetzen und die natürlichen
Grenzen, welche Deutschland auf unnatürliche und widerrechtliche
Weise durchbrochen habe, wiederherzustellen; da dies die herr=
schende Ueberzeugung in Frankreich ist und nicht bloß ehrgeizige
Minister, wie Thiers, und junge Republikaner, sondern auch
loyale Pairs, wie der Herzog von Noailles, und sanfte Dichter,
wie Lamartine, dieselbe Meinung laut und gleichsam bona fide
ausgesprochen haben, so ist es wohl zeitgemäß, diese französischen
Ansprüche einmal einer rein historischen Prüfung zu unterwerfen.
Wir wollen uns dabei so kurz als möglich fassen, müssen aber
doch ziemlich tief in die Geschichte der Vorzeit zurückgreifen, um
das Nachbarverhältniß Frankreichs zu Deutschland gründlich klar
zu machen.

Die Gallier, die ehemals das Land bewohnten, welches jetzt
Frankreich heißt, wurden um die Mitte des ersten Jahrhunderts
vor Christo durch den großen Cäsar überwunden und all ihr
Land dem römischen Reiche einverleibt. Von da an blieben sie

fünfhundert Jahre lang Unterthanen der römischen Kaiser, nahmen römische Sprache, Sitte, Religion, Wissenschaft und Kunst und zugleich alle Laster der späteren Kaiserzeit an. In demselben Zeitpunkt, in welchem Gallien den Römern unterworfen wurde, nahm die altrömische Republik ein Ende, begann das despotische, stufenweise sich verschlimmernde Regiment der Imperatoren. Am Ende dieses Zeitpunktes theilte Gallien das Elend der Sklaverei und die tiefste Entsittlichung mit allen anderen römischen Provinzen. Geistliche und Profanschriftsteller jener Zeit, deren Werke auf uns gekommen sind, wetteifern, uns davon die empörendsten Schilderungen zu machen. Insbesondere klagen sie über die unsinnige Theaterwuth der Gallier, die mitten im Mord und Brand der Völkerwanderung auf den Ruinen ihrer Städte immer noch nach Schauspielen schrieen. Und die Frivolität der Sitten war so groß, daß Alles der zügellosesten Lust fröhnte ohne Rücksicht auf Alter und Bande des Blutes. Von politischer Freiheit und Würde war so sehr jede Spur verschwunden, daß selbst bei der Auflösung des Kaiserreichs kein Stand, keine Korporation sich vorfand, die ein neues politisches Gebäude hätte gründen können oder wollen. Es gab nur noch Sklaven, die an wenige reiche Satrapen vertheilt waren.

Wir glauben, diese Thatsachen deshalb voranstellen zu müssen, weil die Franzosen seit dem vorigen Jahrhundert sich in der Illusion gefallen, sie seien die direkten Nachkommen und Erben des antiken Republikanismus. Sie behaupten, ihre Revolution sei eine Wiederherstellung jener antiken Bürgerfreiheit, eine Reaktion des demokratischen Romanismus oder Latinismus gegen den aristokratischen Germanismus, eine Befreiung der alten römisch-gallischen Bevölkerung von dem Joche der germanischen Eroberer oder dem fränkischen Feudaladel gewesen. In diesem Sinne haben sie alle fränkischen Erinnerungen zu verbannen gesucht, in ihrer neuen Republik die Namen der altrömischen Republik, des Senats, der Konsuln wiederhergestellt. In diesem Sinne verfuhr auch Napoleon, der gleich den altrömischen Imperatoren den eroberten Ländern die ältesten Namen Ligurien, Cisalpinien, Helvetien, Belgien, Batavien ꝛc. wiedergab. Napoleon verfuhr dabei konsequent. Die Republikaner aber hatten gewiß Unrecht, sich für die Erben altrömischer Freiheit auszugeben, da Gallien dieselbe niemals gekannt hat, sondern erst unter die römische Herrschaft kam, als die Freiheit schon zu Grabe getragen war.

Durch die Römer wurden die Gallier aller Freiheit beraubt, entnationalisirt, entnervt. Erst durch die deutschen Eroberer erhielten sie die Freiheit wieder und wurden ihre Sitten verbessert.

Während es den Römern gelang, die Gallier in sehr kurzer Zeit und vollkommen zu unterjochen, gelang ihnen der gleiche Versuch bei den Germanen nicht. Die Germanen oder Deutschen verstanden ihre Freiheit und Unabhängigkeit gegen alle Angriffe des römischen Reiches zu behaupten und setzten den Kampf gegen Roms Uebermacht unermüdet fünfhundert Jahre lang fort, genau in derselben langen Zeit, in welcher die Gallier die Sklaven Roms waren. Endlich siegten die Deutschen, zertrümmerten das römische Reich und eroberten unter Anderem auch Gallien.

Die Niederlassung deutscher Eroberer in ihrem Lande war ebenso sehr ein Glück und Heil für die Gallier, als früher die Niederlassung der Römer ein Unglück und Unheil für sie gewesen war. Durch die Römer hatten sie die Nationalität, die Selbstständigkeit, die Freiheit, die guten Sitten und gesunde Existenz verloren, durch die Deutschen erhielten sie dieselben wieder. Erst durch die Vermischung der sklavischen und in Laster versunkenen Bevölkerung mit den freien und kräftigen Franken, Gothen und Burgundern kam wieder ein gesundes Leben in die Bevölkerung Galliens, ein neues Nationalgefühl, eine neue Volkssitte, gegründet auf die Ehre, und ein neuer

Rechtszustand, gegründet auf die Freiheit. Die Unterworfenen wurden schonend behandelt und erhielten Rechte, die sie unter den Römern nie besessen hatten. Bald nahmen sie an allen Rechten der Eroberer und an den Staatsämtern Theil. Bald lebten sie sich ein in die neue verfassungsmäßige Freiheit, die ihnen die Franken gebracht hatten. Nicht bloß Franken, auch römische Gallier erschienen auf den Märzfeldern und saßen im Rath der durch Wahl und Vertrag gebundenen konstitutionellen Könige. Mit Recht sagt daher Montesquieu, die Freiheit sei ein Geschenk, das die Franken aus den germanischen Wäldern nach Gallien gebracht hätten. Aber dieses so schöne und wahre Wort Montesquieus suchen die heutigen Franzosen zu vergessen und wollen nicht daran erinnert sein.

Gallien erfuhr noch mehr Wohlthaten von den Deutschen. Zu Anfang des achten Jahrhunderts eroberten die Muhammedaner Spanien und drangen in unermeßlichen Schaaren über die Pyrenäen. Noch war das neue fränkische Reich in Gallien nicht völlig gereift. So weit die römische Zunge gesprochen wurde, hatte die germanische Tüchtigkeit noch nicht alle Erschlaffung besiegen können. Darum unterlag das westliche Frankreich dem Halbmond und wäre gänzlich unterworfen und zum Islam bekehrt worden, wenn es nicht durch die Heereskraft der Rheinfranken, Schwaben, Bayern und Thüringer wäre gerettet worden.

Im neunten Jahrhundert schied sich Deutschland als Kaiserthum unter Ludwig dem Deutschen von Frankreich, das unter Karl dem Kahlen ein Königreich für sich bilden durfte. Nun ist wohl zu merken und sollte darauf ein allerdings großes Gewicht gelegt werden, daß die deutschen Kaiser, obwohl weit mächtiger als die französischen Könige, doch immer gute Nachbarschaft mit Frankreich gehalten und dasselbe nie zu beunruhigen oder zu schwächen getrachtet haben. Welches Glück für Frankreich, daß es gerade auf seiner schwächsten Seite von seinem stärksten Nachbar immer am meisten geschont und in seiner Entwickelung nie gestört wurde!

Daß sich übrigens damals das kleine französische Königreich dem großen deutschen Kaiserthum gegenüber noch in einer untergeordneten Stellung befand, war natürlich. Die Deutschen waren die Herren der Welt. Was waren dagegen die Gallier? Die Deutschen hatten das römische Joch zerbrochen, dem Islam eine eherne Mauer entgegengesetzt, in den altrömischen Provinzen England, Frankreich und Italien ein neues Leben hervorgerufen, einen neuen Grund gelegt zu kraftvoller Staatsverfassung, bürgerlicher Freiheit, Wohlstand und Ehre. Was hatten dagegen die Gallier gethan? Sie hatten als ehemalige Sklaven Roms, als Unterworfene nur die Wohlthaten empfangen, die ihnen die deutschen Sieger großmüthig gewährten. Sie verhielten sich passiv, bei den Deutschen allein war damals die Thatkraft. Alles, was geschah, um das alte versunkene und entnervte Gallien in das neue gesunde und blühende Frankreich zu verwandeln, geschah durch die Deutschen. Unter diesen Umständen nun konnte es den Galliern nicht einfallen, sich mit den Deutschen messen oder ein politisches Gleichgewicht ansprechen zu wollen. Daß das deutsche Kaiserthum viel größer und mächtiger sein mußte als das französische Königreich, verstand sich von selbst. Die Gallier genossen ihre neue Freiheit und Selbstständigkeit ja nur als ein Geschenk der deutschen Eroberer.

Wie die ganze Umgestaltung der alten Welt im Mittelalter von den Deutschen ausgegangen war, so blieb auch bei den Deutschen die Macht und das äußere Zeichen derselben, die Kaiserkrone. Und wie die ganze Eroberung des römischen Reiches von Deutschland ausgegangen war, so blieben auch dem Deutschen Reiche die Königreiche Burgund und Italien einverleibt. Wie hätten die Gallier es wagen dürfen, sich über diese Ausdehnung des deutschen Reiches zu beklagen, sie, die selber den Deutschen unterworfen gewesen und nur durch die Gunst derselben emanzipirt waren? Jahrhunderte mußten verfließen, bis den neuen Franzosen nur einfallen konnte, sich mit den Deutschen messen, sich auf Kosten derselben vergrößern zu wollen. Das Uebergewicht der Deutschen war so natürlich und historisch so wohl begründet, daß es erst einer langen Umwandlung der Zeit bedurfte, bis es der französische Neid wagen konnte, sich an der Majestät deutscher Nation zu vergreifen.

Bis tief ins dreizehnte Jahrhundert blieb Frankreich auf die Gebiete der Garonne, Loire und Seine beschränkt, und nur wie durch einen Zufall besaß es auch die deutsche Grafschaft Flandern, die durch ihren Grafen Balduin, den Eidam Karls des Kahlen, unter französische Lehensherrlichkeit gekommen war. Dagegen gehörte das ganze übrige Niederland, Luxemburg, Lothringen, die Freigrafschaft Burgund (franche comté) und das ganze Gebiet der Saône und Rhône (das alte Königreich Burgund oder Arelat) zum deutschen Reich. Mit Ausnahme Flanderns griff mithin die politische Grenze unseres Reiches weit über die Sprachgrenze hinaus, und dies war natürlich, denn seit dem fünften Jahrhundert war ja das Alles und noch weit mehr, das ganze ehemalige Reich der Römer, eine rechtmäßige Eroberung der Deutschen.

Die Sprachgrenze scheint schon bald nach der Eroberung festgestellt worden zu sein und hat sich mit wenigen Veränderungen bis auf unsere Tage erhalten. Je weiter nach Westen oder Süden, um so dünner und zerstreuter waren die Niederlassungen der deutschen Eroberer, je näher der alten Heimat in Osten und Norden, um so dichter. Dort nahmen die Sieger die Sprache der weit zahlreicheren Ueberwundenen an, woraus die verschiedenen romanischen Mundarten des Spanischen, Italienischen und Französischen entstanden. Hier war die Ueberzahl bei den Siegern und wurde die deutsche Sprache beibehalten. Die Grenze des deutschen und französischen Sprachgebietes beginnt an der Nordsee bei Calais und läuft von da beinahe in gerader Richtung nach Osten fort, in einer Linie, welcher die Städte Ypern, Kortryk, Renaix, Grammont, Enghien, Brüssel, Löwen, Tirlemont, St. Tron, Tongern, Maestricht und Aachen nordwärts, die Städte St. Omer, Lille, Doornik, Ath, Nivelles, Wavre, Jodoigne, Lüttich und Verviers südwärts zur Seite liegen bleiben. Von Verviers wendet sich die Sprachgrenze plötzlich nach Südsüdwest ab und geht über Malmédy, Salm, Houffalige, Bastogne, Rabay bis Birton. Von hier wendet sie wieder nach Südwesten um, geht über Longwy, Thionville (Diedenhofen), setzt bei Metz über die Mosel, läuft in der Wasserscheide zwischen der Mosel und Saar immer südöstlich fort bis an die Vogesen, erreicht dieselben an den Quellen der Saar, läuft auf dem Rücken der Vogesen fort und bringt südwärts bis Altkirch, wendet sich aber von da wieder etwas östlich bis in die Nähe der Stadt Basel, dann wieder rein südlich über den Jura, steigt nach Biel hinab und folgt von da an dem Laufe der Aar und Saône bis in die Hoch=alpen, übersteigt auch diese, geht mitten durch Wallis und um=faßt noch den Monte Rosa auf savoyischem Gebiet, dessen deutsche Bergdörfer in jüngster Zeit die Aufmerksamkeit mehrerer Reisenden auf sich gezogen haben. Von Oberwallis an ostwärts geht die Grenze zwischen dem deutschen und italienischen Sprachgebiet mitten durch die Hochgebirge fort mit einem Uebergewicht des deutschen Elements, sofern mehr Deutsches im Süden als im Norden der höchsten Wasserscheide gefunden wird. Wir wollen sie nicht genau verfolgen, da wir hier nur von der Grenze gegen Frankreich zu reden haben.

Alles nun, was westlich von der bezeichneten Grenzlinie liegt, spricht welsch oder französisch, Alles, was östlich derselben liegt, spricht deutsch, und diese Sprachgrenze hat sich, mit kaum merklichen Veränderungen, so weit das Gedächtniß der Geschichte reicht, nun schon über tausend Jahre lang erhalten. Daraus erhellt nun, daß das ganze Flußgebiet des Rheins, sein ganzes linkes, wie sein rechtes Ufer, in dieser langen Zeit ausschließlich von Deutschen bewohnt war und noch ist.

Aus den oben entwickelten Gründen aber ging das Reich der Deutschen über diese Sprachgrenze noch weit hinaus, und das Recht auf seine alten Eroberungen in den romanischen Ländern konnte ihm nicht bestritten werden.

Erst im dreizehnten Jahrhundert, als das glorreichste Geschlecht unserer Kaiser, das edle Haus der Hohenstaufen, in dem unversöhnlichen Kampfe mit der römischen Hierarchie unterlag, wagte Frankreich im Bunde mit dem Papst, sich an den Rechten und an der Ehre des Deutschen Reiches zu vergreifen. Das Reich, ohne Kaiser, zerrüttet durch die Umtriebe des Papstes, von Bürgerkriegen zerfleischt, konnte auf die Uebergriffe des westlichen Nachbars nicht achten. Frankreich riß das Erbe der Hohenstaufen in Neapel und das burgundische Königreich an der Rhône (das Arelat) an sich, und ein französischer Prinz war es, auf dessen Befehl der letzte Sprößling des schwäbischen Kaiserhauses unter dem Henkerbeile fiel.

Erinnert man sich nun, daß Gallien seine Wiedergeburt und neue Blüthe nur den Deutschen verdankte und daß es von deutscher Seite her nie in seiner Entwickelung gestört noch beunruhigt worden war, so erscheint diese Handlungsweise Frankreichs gegen unsere schwäbischen Kaiser keineswegs edel. Deutschland hatte das um Frankreich nicht verdient.

Wir wollen hier nur kurz erwähnen, daß Frankreich in seinen ungerechten Anmaßungen fortfuhr, daß es seine Prinzen wie auf den neapolitanischen, so auch auf den ungarischen Thron setzte, um das Deutsche Reich von allen Seiten zu umfassen, daß es den Papst, mit dem es sich anfangs nur verbündet, bald sich völlig unterwarf, ihn von Rom nach Avignon versetzte, gleichsam in ehrenvoller Gefangenschaft hielt und fort und fort zu Maßregeln nöthigte, die dem Deutschen Reiche in hohem Grade verderblich waren. Die ganze lange Regierung Kaiser Ludwigs des Bayern war ein verzweiflungsvoller Kampf gegen diese Umstrickung römisch-französischer Intriguen. Erst der Klugheit und Ausdauer der nachfolgenden Kaiser aus dem luxemburgischen Hause gelang es, das römisch-französische Bündniß aufzulösen, den Papst wieder nach Rom zurückzuführen und Frankreich in Schranken zu halten, während zugleich die französischen Dynastien in Neapel und Ungarn in ihren eigenen Lastern untergingen.

Doch hatte sich ein Zweig des französischen Königshauses in der Mitte zwischen Deutschland und Frankreich festgesetzt. Das waren die neuen Herzoge von Burgund, die im vierzehnten und fünfzehnten Jahrhundert auf Kosten unseres Reiches nicht geringe Erwerbungen machten, bald durch Heirat, bald durch Erbschaft, bald durch List, bald durch Gewalt. Schon hatten Philipp und sein Sohn Karl der Kühne von Burgund sich der Franche Comté, Luxemburgs und der gesammten deutschen Niederlande auf diese Weise bemächtigt. Schon hatte Karl auch das Elsaß pfandweise an sich gebracht, als er auch Lothringen und die Schweiz zu erobern, das ganze linke Rheinufer zu beherrschen und die Königswürde anzunehmen trachtete. Wenn ihm dieser Plan gelungen wäre, so würde der französische Geist, der an seinem Hofe ausschließlich vorherrschte, ein ungemeines Uebergewicht auf Kosten des deutschen erlangt haben. Das fühlte man. Nur ungeduldig ertrugen die Niederländer das Joch des undeutschen Fürsten. Blutige Empörungen der Flamländer und Lütticher waren nur mühsam unterdrückt worden. Das deutsche Oberland aber kam der Gefahr zuvor. Das Elsaß erhob sich, und der Landvogt des Burgunders wurde zu Breisach vom Volke gerichtet. Die Schweiz erhob sich, und der stolze Karl unterlag in wenigen, aber Alles entscheidenden Schlachten. Er selber fiel, und sein ganzes Erbe, soweit es deutsches Reichsland gewesen, und dazu noch Flandern kamen an Haus Oesterreich; die übrigen französischen Lehen des Herzogthums Burgund fielen an Frankreich zurück.

Wollte nun Frankreich, auf jene Erinnerung gestützt, noch irgend einen historischen Rechtsanspruch an Flandern machen, so würde Deutschland mit noch mehr Recht das Arelat reklamiren können.

Das natürliche Uebergewicht des Deutschen Reiches war wiederhergestellt. Frankreich aber vermochte nicht Ruhe zu halten. Es konnte der Lust nach unrechtmäßigen Eroberungen nicht mehr widerstehen und da es nicht wagen durfte, Deutschland selbst anzugreifen, so zog es wider Italien, indem es auf die herkömmliche Trägheit der Deutschen rechnete, die sich nicht beeilen würden, für Italien große Anstrengungen zu machen. Frankreich hatte nicht das geringste Recht auf Italien, man müßte denn seinen Anspruch auf Neapel, das es einst auf so unrechtmäßige Weise den Hohenstaufen entrissen hatte, für einen legitimen halten. Aber Frankreich wollte nicht bloß Neapel, es wollte auch Oberitalien. Es veranlaßte lange blutige und verheerende Kriege ohne irgend einen triftigen Grund, rein aus Habgier. Aber es erreichte seinen Zweck nicht. Sein König wurde zu Paris gefangen und gedemüthigt. Der Deutsche Kaiser Karl V. blieb Herr in Italien wie in Spanien, was ihm als Erbe zufiel. Doch beging er den politischen Fehler, seine großen Besitzungen zu theilen, die gesammten Niederlande und die Freigrafschaft Burgund vom Deutschen Reiche abzureißen und mit Neapel und Mailand seinem Sohne Philipp II. von Spanien zu geben, während sein Bruder Ferdinand nur den Rest behielt.

Gleichzeitig begann die große deutsche Reformation, und leider gaben die Parteiungen, die infolge derselben unser Reich zerrissen, Frankreich bald eine neue Gelegenheit zu räuberischen Uebergriffen. Die Protestanten unterlagen im schmalkaldischen Kriege. Da übte Kurfürst Moritz von Sachsen, der bisher auf der Seite des Kaisers gegen die Protestanten gestritten hatte, den bekannten Verrath und verband sich mit Frankreich für die protestantische Sache gegen den Kaiser. König Heinrich II. von Frankreich brach in die Grenzen des Reiches ein, vor sich hersendend ein revolutionäres Manifest, das den Deutschen die Freiheit verkündete und mit einem Freiheitshut und Dolch sinnbildlich geschmückt war. Wer gab ihm ein Recht, die Deutschen zur Empörung gegen ihren Kaiser aufzurufen? Nie hatten sich die Deutschen Kaiser in die inneren Angelegenheiten Frankreichs gemischt. Allerdings war Heinrich II. vom Kurfürsten Moritz eingeladen. Ist es aber völkerrechtlich, der Einladung eines Empörers zu folgen, um ein Nachbarland zu beunruhigen? Heinrich II. wollte die Freiheit der Deutschen, zunächst ihre Glaubensfreiheit, retten. Aber war es ihm damit irgend ein Ernst? Er selbst war und blieb katholisch und mit so viel Fanatismus, daß er alle Bekenner des lutherischen Glaubens in Frankreich lebendig verbrennen ließ und in eigener Person diesen Autobafés beiwohnte. Indem er nun die Deutschen mit der groben Lüge zu bethören hoffte, daß es ihm um die Rettung ihrer Glaubensfreiheit zu thun sei, ging er auf nichts Anderes aus, als auf irgend eine Eroberung an den deutschen Grenzen, die ihm bei der allgemeinen Verwirrung im Reiche nicht entgehen konnte. Er bemächtigte sich mit List und Gewalt der drei Städte und Bisthümer Metz, Toul und Verdun und durfte sie behalten, da die uneinigen Deutschen ihre Kräfte gegeneinander kehrten, anstatt sich vereinigt des Reichsfeindes zu erwehren. Metz, bisher eine freie deutsche Reichsstadt, die noch unlängst sich zum Lutherthum neigte, verlor ihre alte Freiheit und wurde in eine französische Provinzialstadt verwandelt. Auch die Glaubensfreiheit, für welche der König zu streiten vorgegeben, wurde gänzlich unterdrückt, das lutherische Bekenntniß bei Todesstrafe verboten.

Der leidenschaftliche Haß der beiden Kirchenparteien in Deutschland steigerte sich immer mehr und brach endlich in jenen langen Kampf aus, der unter dem Namen des dreißigjährigen

Krieges ein so schreckliches Andenken hinterlassen hat. An diesem großen Bürgerkriege der Deutschen nahmen Schweden und Frankreich Theil, beide unter dem Vorwand, den Protestanten gegen den Kaiser beizustehen, beide aber in der wahren Absicht, Eroberungen in Deutschland zu machen. Schweden kann dabei Vieles zu seiner Entschuldigung anführen. Die jüngste Geschichtschreibung der Deutschen ist in der That zu freigebig mit Vorwürfen gegen den König Gustav Adolph gewesen. Er wollte erobern, er hatte sogar den kühnen Gedanken, Deutscher Kaiser zu werden. Gut, wir zweifeln nicht daran. Aber wenn er seinen Plan durchgesetzt hätte, wäre denn das ein Unglück für uns gewesen? Er war ein Fürst germanischen Stammes, er würde so ganz Deutscher geworden sein, daß Schweden fortan nur noch als eine deutsche Provinz hätte gelten können. Ueberdies war es ihm mit dem Kampf um die Glaubensfreiheit Ernst. Er war als Protestant geboren und erzogen und innig von der Wahrheit überzeugt, die damals unterdrückt werden sollte. Mischte sich auch in seine Empfindung politischer Ehrgeiz, — wer mag behaupten, daß die Frömmigkeit dieses edelen Königs bloß Maske gewesen sei? Sie war es nicht. Sein Andenken muß allen Protestanten heilig bleiben.

Schweden also war berechtigt, sich in den dreißigjährigen Krieg einzumischen, den hartbedrängten Protestanten beizustehen. Aber Frankreich? Was wollte denn Frankreich? An der Spitze dieses Reiches stand damals ein Kardinal und neben ihm ein Kapuziner, der berüchtigte Pater Joseph, die im Namen des noch unmündigen Königs regierten. Ein Kardinal und ein Mönch! Konnten sie es wohl mit der Sache der Protestanten ehrlich meinen? Und doch scheuten sie sich nicht, das Gaukelspiel Heinrichs II. zu erneuern und abermals zu verkünden, sie wollten für die Glaubensfreiheit der deutschen Protestanten kämpfen. Ihr Zweck war kein anderer, als Deutschland in einem Augenblicke zu berauben, in welchem es zu schwach war, sich zu vertheidigen. Frankreich handelte wie ein Dieb, der in eine brennende Stadt kommt, nicht um zu löschen, sondern um zu stehlen. Es hatte nicht das geringste Recht, sich in die deutschen Angelegenheiten zu mischen. Das Volk in Deutschland sah dies sehr wohl ein und machte zwischen Schweden und Franzosen einen großen Unterschied. Es begrüßte den König Gustav Adolph als Retter, es warf sich vor ihm auf die Kniee und erflehte seinen Segen. In dem sogenannten Retter dagegen, der mit französischen Truppen über den Rhein kam, in dem General Turenne, sah es nur einen Räuber und Mord=brenner. Tausend öffentliche Stimmen jener Zeit, fliegende Blätter, Relationen und Promemorias sprachen für die Schweden, nicht eine für die Franzosen.

Durch den langen Krieg gänzlich erschöpft, mußte das Deutsche Reich den Franzosen endlich das Elsaß als Beute über=lassen, mit Ausnahme der Reichsstädte und insonderheit Straß=burgs, die uns damals noch blieben, aber von französischen Truppen umringt und schutzlos der Willkür Frankreichs preis=gegeben waren. Die Fahne der Lilien war am Rhein auf=gepflanzt; der Rhein war nunmehr, wenigstens ein Stück vom Rhein, Frankreichs Grenze. Kann man dies nun eine natürliche Grenze nennen? In der That braucht man nicht gerade der be=schädigten und in ihrem Recht damals so tief gekränkten deutschen Nation anzugehören, um überzeugt zu sein, daß Frankreich nur per nefas an den Rhein gekommen sei, daß es nie ein Recht weder auf eine Eroberung im Deutschen Reiche noch überhaupt auf eine Einmischung in die Angelegenheiten Deutschlands gehabt habe.

Deutschland war dergestalt zerrüttet, daß Frankreich sein böses Spiel mit leichter Mühe fortsetzen konnte. Mit dem west=fälischen Frieden hörten die Eroberungen Frankreichs in Deutsch=land nicht auf, sondern begannen erst recht systematisch.

Während Deutschland nur noch dem Namen nach ein Reich, der That nach aber ein lockerer Haufen uneiniger und äußerst geschwächter Staaten war, brachte Ludwig XIV. in Frankreich alle Provinzen, Stände und Parteien unter sich und schuf die absolute Monarchie, in der Alles einem Willen gehorchte. Dies machte ihm die Erhebung unermeßlicher Steuern und die Werbung zahlreicher Heere möglich, einen Aufwand von Kraft, mit dem sich die ohnmächtigen Nachbarstaaten nicht messen konnten. Diese Umgestaltung Fankreichs unter dem vierzehnten Ludwig kann man mit Recht als eine gallisch-römische Reaktion gegen das germanische Element, das bisher immer noch in Frankreich vorgeherrscht hatte, als eine Vernichtung der altfränkischen Volksfreiheiten und der ständischen Vertretung, eine Rückkehr zum früheren römischen Despotismus, wie er von Cäsar an bis auf Chlodwig fünfhundert Jahre lang in Gallien einheimisch gewesen war, betrachten. Daher auch die große Umwälzung im Geschmack, in der Kunst und Literatur. Ludwigs XIV. Hof umgab sich mit den Erinnerungen des römischen Alterthums und mit Nachahmungen des antiken Geschmacks. Die alte Mythologie trat wieder ins Leben. Statuen und Bilder antiker Götter füllten die Paläste und Gärten, in den Schauspielen, Opern und Gedichten nahm Alles diesen Zuschnitt an. Es war das Zeitalter der Renaissance, der Wiedergeburt des gallisch-römischen Geistes.

Dieser Geist hatte nichts von dem früheren, besseren Geist der römischen und griechischen Republiken, Alles aber von dem schlimmen Geist des späteren römischen Kaiserreichs angenommen. Er war gottlos, sittenlos und heidnisch, despotisch und sklavisch. Der französische Hof wälzte sich in allen Lastern der alten Welt und gab das Beispiel einer Schamlosigkeit des öffentlichen Lebens, von der die Völker keine Erinnerung mehr hatten, die aber von den Gelehrten als klassisch nachgewiesen und bemäntelt wurde.

Unglücklicher Weise adoptirte Ludwig XIV. nun auch das altrömische System der Eroberung, der schonungslosen Ver=

achtung aller Völkerrechte, und indem er sich selbst für den Erben der altrömischen Bildung hielt, gefiel es ihm, in den Deutschen wieder nur „Barbaren" zu sehen, die er mit Gewalt und List sich zu unterwerfen dasselbe Recht habe, wie es einst die römischen Kaiser geltend gemacht. Die französischen Könige hatten zwar schon vor ihm dieselbe Politik befolgt und die Rechte ihrer deutschen Nachbarn nie geachtet, allein mit Ludwig XIV. kam weit mehr System in diese Politik; Welteroberung und die Gründung einer französischen Universalmonarchie wurde fortan der herrschende Gedanke des französischen Kabinets und der hierin gern zustimmenden Nation.

Auf die bequemste Weise konnte Ludwig das altrömische System dem europäischen Staatskörper einimpfen, wenn er selber Deutscher Kaiser wurde. Alsdann befand er sich in einer Stellung, die es ihm möglich machte, nach und nach die germanischen Institutionen im Deutschen Reich, wie in Frankreich zu verdrängen und an deren Stelle die Institutionen des römischen Despotismus zu setzen, den Deutschen Kaiser unvermerkt wieder in einen altrömischen zu verwandeln, das Reich, das bisher von Karl dem Großen an datirte, bis auf Augustus zurückzudatiren. Sein Einfluß in Deutschland war groß, der des Hauses Habsburg seit dem dreißigjährigen Kriege sehr geschwächt, und nach Ferdinands III. Tode schien dessen junger, etwas träger Sohn Leopold der Gegner nicht zu sein, mit dem es aufzunehmen Ludwig nicht hätte wagen sollen. Er wagte es. Allein wie sehr ihn auch damals die Umstände begünstigten, so fiel doch auch er, wie alle früheren französischen Könige im ähnlichen Falle, bei der Kaiserwahl durch. Die deutschen Fürsten ließen sich oft von Frankreich bestechen, zu offenem Verrath und Aufruhr gegen Kaiser und Reich verleiten, im Kriege besolden, aber nie gaben sie sich dazu her, bei ihren Wahlen Frankreich zu begünstigen. In diesem Punkte bewahrten sie immer einen gewissen Stolz und zeigten mehr Unlenksamkeit, als Frankreich erwartete. Aber auch nicht ohne Treulosigkeit, indem sie Frankreich erst Hoffnung machten und dann täuschten. Die Intriguen bei der Wahl Leopolds I., durch welche sein Mitbewerber um die deutsche Krone, Ludwig XIV., ausgeschlossen wurde, sind ein Gewebe der niedrigsten Treulosigkeiten, die nach allen Seiten hin begangen wurden. Um nämlich Ludwigs XIV. Zorn über die getäuschte Hoffnung zu beschwichtigen, verband Kurfürst Johann Philipp von Mainz, der Reichserzkanzler, der die Wahl leitete, und sein noch talentvollerer Minister Boineburg mit dem den deutschen Interessen günstigen Wahlakt einen diesen Interessen höchst schädlichen, gerade entgegengesetzten, politischen Akt, nämlich die Stiftung eines Rheinbundes gegen den Deutschen Kaiser unter dem Protektorate Frankreichs. So hofften die diplomatischen Intriganten in Mainz, es weder mit dem Kaiser noch mit Frankreich zu verderben und die Hand im Spiele zu behalten. Der schwache Kaiser ließ sich das gefallen und schonte den Mainzer mit vieler Aengstlichkeit. Ludwig aber stellte sich äußerst grimmig, jagte dem Mainzer Kurfürsten Furcht ein und zwang ihn, sich unbedingt Frankreich in die Arme zu werfen. Boineburg aber erhielt keine Verzeihung. Was er durch Stiftung des Rheinbundes für Ludwig gethan, wurde undankbar vergessen; daß er die Wahl Ludwigs bei der Kaiserwahl verhindert hatte, wurde ihm zum schwersten Verbrechen gemacht, und Johann Philipp, der deutsche Reichserzkanzler, ließ seinen Minister Boineburg auf Befehl Ludwigs XIV. am Sitz des Reichstages zu Regensburg verhaften und in den Kerker werfen.

Ludwigs Einfluß wurde immer größer, da er die Fürsten des Rheinbundes mit großen Jahresgeldern bestach, und fast alle westdeutschen Fürsten drängten sich herbei, um große, ja selbst um kleine Summen zu betteln. Sogar am Hofe des Kaisers wurde der Alles vermögende Minister Lobkowitz mit französischem Gelbe bestochen. Nur der Große Kurfürst von Brandenburg, Friedrich Wilhelm, vertrat die Ehre und die Interessen Deutschlands und warf den übrigen Fürsten ihren Verrath und ihre Schwäche vor.

Einen unmittelbaren Angriff auf das Deutsche Reich und einen Versuch, darin zu erobern, wagte Ludwig damals noch nicht, um die Rheinbundfürsten nicht zu erschrecken und wieder von sich abwendig zu machen. Er brauchte sie noch. Zunächst lag ihm Alles daran, sich der beiden Flanken Deutschlands, nämlich der Schweiz und der Niederlande, zu versichern. War ihm dies gelungen, und er hoffte es gerade vermittelst des Rheinbundes zu erreichen, so konnte er alsdann ohne weitere Schonung des letzteren unmittelbar über die deutschen Reichsländer herfallen.

Die Schweiz gewann er wie den Rheinbund durch Bestechung. Ein Angriff auf die Schweiz wäre gefährlich und völlig überflüssig gewesen. Die Schweizer boten sich von selbst an, Frankreich zu dienen, und Ludwig hatte in allen seinen Kriegen gewöhnlich 20 000 bis 30 000 Schweizer im Solde, die immer voran waren und oft allein den Sieg entschieden oder eine Niederlage verhinderten. Auch diente die Schweizer Diplomatie der französischen. Die Regenten der Eidgenossenschaft waren von Frankreich bestochen, thaten Alles, was Frankreich wollte, und hemmten die Schritte des Kaisers, widersetzten sich allen Zumuthungen des Deutschen Reiches, handelten durchgängig so, als ob die Schweiz eine französische Provinz gewesen wäre. Nur Zürich sträubte sich gegen Frankreich. Alles Gefühl für deutsche Nationalität war in den Schweizern, die doch Deutsche sind, erstorben. Alle politische Voraussicht war von ihnen gewichen. Als Republikaner dienten sie einem Despoten; als Nachbarn verstärkten sie eine Macht, die ihnen selbst früher oder später ebenso verderblich werden mußte, wie allen anderen Nachbarn. Wenn die Schweizer mit ihren kräftigen Armen für die deutsche Sache gefochten hätten, wäre Frankreich nie so mächtig geworden. Nie errang Frankreich einen Vortheil über Deutschland, außer durch deutsche Arme, durch die Hülfe von Deutschen, die ihr Vaterland verleugneten.

Der Schweiz durch schlaue Kunst und Geld versichert, suchte sich Ludwig nun vor allen Dingen der Niederlande zu bemeistern. Der nach einer großen Revolution in England wieder eingesetzte König Karl II. Stuart gab sich ganz der französischen Politik hin und übernahm es, die wachsamen Holländer durch einen Seekrieg zu beschäftigen. Die spanischen Niederlande, weder von Holland noch vom Deutschen Reiche unterstützt, wurden von französischen Heeren überschwemmt und erprobten ihre Schwäche. Unter der Zucht von Jesuiten war der Volksgeist gelähmt worden. Ludwig riß Arras, Hesdin und einige andere Orte von den spanischen Niederlanden ab und vereinigte sie mit Frankreich. Niemand kümmerte sich darum. Die spanischen Niederlande ganz wegzunehmen, war es noch nicht Zeit, da Ludwig erst Holland haben wollte. War dieses Land in seinem Besitz, so mußten die südlichen Niederlande von selbst an ihn fallen. Um aber Holland zu erobern, bedurfte er noch des Rheinbundes, der ihm theils die Allianz, theils die Neutralität des Deutschen Reiches sicherte. Er ließ alle diplomatischen Minen springen. Der Rheinbund mußte ihm Truppen stellen. Der Kaiser selber wurde durch Loblowitz gewonnen, der Eroberung Hollands ruhig zuzusehen, da die Holländer ja doch nur kalvinistische Ketzer seien. Auch die Engländer ließen sich aus Handelseifersucht bewegen, den Franzosen gegen Holland beizustehen. Nun schien Holland verloren, aber die heldenmüthige Erhebung der Holländer und die Kunst, mit der sie sich ihrer Wasserkräfte durch Oeffnen der Schleusen und Durchstich der Dämme zur Abwehr des Feindes bedienten, hemmten den Siegeslauf der 200 000 Mann, die Ludwig an die Schelde geführt hatte. Zugleich war der Große Kurfürst von Brandenburg eifrig bemüht, das Reich zum Schutze Hollands aufzubieten; der Kaiser rührte sich endlich, und sein Feldherr Montecuculi war, trotz der hemmenden Befehle von Lobkowitz, entschieden antifranzösisch gesinnt. Ludwig wagte nun nicht mehr das Aeußerste und ließ Holland in Ruhe.

Er rächte sich aber, indem er dem Großen Kurfürsten die Schweden ins Land schickte und den Kaiser im Osten durch die Türken ängstigen ließ. Ludwig nannte sich zwar den aller= christlichsten König, nahm aber keinen Anstand, in ein offenes Bündniß mit dem Sultan zu treten. Während nun der Große Kurfürst und der Kaiser anderwärts beschäftigt waren, griff Ludwig nochmals die spanischen Niederlande und die öster= reichischen Besitzungen am Oberrhein an, und um ihn nicht noch weiter greifen zu lassen, trat man ihm spanischerseits Burgund (die Freigraffschaft, franche comté) und zwölf wichtige nieder= ländische Städte Doornik, Ryssel, Kortryk 2c. und deutscherseits die Stadt Freiburg im Breisgau ab, die er zu einer französischen Festung machte. Dies geschah im Frieden von Nymwegen (Nimm weg, sagte man damals) 1678.

Die große Schwäche, welche das Deutsche Reich durch diese Abtretung offenbart hatte, reizte den König von Frankreich zu immer unverschämteren Forderungen. Er gründete die berüch= tigten Reunionskammern, die Alles, was je einmal mit den von ihm eroberten deutschen Landschaften und Städten verbunden gewesen war, verzeichnen mußten, und Alles das reklamirte er frischweg als französisches Eigenthum. Der Kaiser, damals schwer bedrängt durch die Türken, konnte sich der neuen fran= zösischen Raubgriffe nicht erwehren. Deutsche Verräther halfen den Franzosen, und so fiel Straßburg, das bisher das unantastbare Bollwerk Deutschlands am Oberrhein gewesen war, 1681.

Da die deutschen Geschichtschreiber sich nicht viel um die näheren Umstände jenes kläglichen Ereignisses bekümmert haben, glauben wir sie hier mittheilen zu müssen. Wir folgen dabei dem trefflichen Friese, der seine Geschichte Straßburgs in den Jahren 1791 bis 1795 mitten unter den Stürmen der Revolution herausgab, ein Werk, das in Deutschland fast gar nicht bekannt und doch in einer guten deutschen Gesinnung und mit vielem Fleiße geschrieben ist. Man muß wissen, daß die Straßburger Bürger nichts so sehr haßten und fürchteten, als unter Frankreich zu kommen, daß sie die größten Opfer gebracht hatten, um ihre Stadt hinreichend zu befestigen, daß sie oft beim Deutschen Reich und bei den Schweizern, ihren alten Verbündeten, Hülfe gesucht, daß sie sich durch Ludwigs Kabalen nie hatten berücken noch bestechen lassen, daß dem Advokaten Obrecht, der die Stadt schon früher einmal an Frankreich hatte verrathen wollen, der Kopf vor die Füße gelegt worden war. Aber die Franzosen bedrängten Straßburg von allen Seiten, hemmten seinen Verkehr, machten es nach und nach arm und brachten es zur Verzweiflung. Zugleich brütete der jüngere Obrecht, des Hingerichteten Sohn, Rache gegen den ehrenwerthen und unerschütterlich deutsch gesinnten Ammeister Dietrich, der hauptsächlich bei der Entdeckung und Bestrafung seines Vaters mitgewirkt hatte. Mit 300 000 Reichsthalern, die ihm Ludwig XIV. zu diesem Zwecke anvertraute, bestach Obrecht den Stadtschreiber Günzer und eine Anzahl anderer Menschen, und während die angesehensten Bürger Straßburgs gerade abwesend auf der Frankfurter Messe waren, wurde Straßburg plötzlich von einer bedeutenden französischen Macht überfallen. Furchtbare Drohungen von ihrer Seite, die Umtriebe der Verräther, die Entfernung der besten Bürger, die Unmöglichkeit eines Entsatzes, die Hoffnung, durch eine Kapitulation die alten städtischen Freiheiten zu retten, wirkten zusammen. Die Stadt wurde übergeben, und nie mehr hat seitdem auf ihren Wällen die deutsche Fahne geweht. Obrecht wurde katholisch und unumschränkter Statthalter des Königs von Frankreich in Straßburg. Das Schicksal des edlen Ammeisters Dominicus Dietrich ist rührend und hätte nicht so unbeachtet bleiben sollen, wie es der Fall ist, denn in welcher Geschichte des deutschen Volkes ist wohl das tragische Ende dieses Patrioten irgend erwähnt worden? Es ist ein hartes Loos, in Deutschland Patriot sein, denn man wird — vergessen.

Dietrich wurde nach Paris citirt und dort zurückbehalten, damit sich um ihn nicht eine deutsche Oppositionspartei bilde. Nachdem man ihn lange hatte warten lassen, glaubte man, er könne mürbe geworden sein, und versuchte ihn zu bestechen, damit er, nach Straßburg zurückkehrend, seiner Partei französische Grundsätze predige. Der berüchtigte Minister Louvois ließ ihn rufen, empfing ihn, in einer Bibel lesend, und sprach also zu ihm: „Die Hauptleute Antiochi sprachen zu Matathias: Du bist der Vornehmste und Gewaltigste in dieser Stadt und hast viel Söhne und eine große Freundschaft, darum tritt zuerst dahin und thue, was der König geboten hat, wie alle Länder gethan haben und die Leute Juda, die noch zu Jerusalem sind: so wirst du und deine Söhne einen gnädigen König haben und begabet werden mit Gold und Silber und großen Gaben." (1. Makkabäer 2, 17—18.) Dietrich aber, als guter Lutheraner bibelfest, antwortete aus dem Stegreif: „Da sprach Matathias: Wenn schon alle Länder Antiocho gehorsam wären und Jedermann abfiele vom Gesetz seiner Väter und willigten in des Königs Gebot, so wollen doch ich, meine Söhne und meine Brüder nicht vom Gesetz abfallen" (die folgenden Verse). Nun machte man kurzen Prozeß mit ihm und schickte ihn ins südliche Frankreich in die Verbannung, aus der er erst im hohen Alter wieder entlassen wurde, um in Straßburg zu sterben.

Nachdem Ludwig XIV. sich dieses deutschen Bollwerks bemeistert hatte, bedurfte er keines Rheinbundes und keiner Schonung der westdeutschen Fürsten mehr. Von diesem festen Punkte aus konnten seine Heere rasch in die Pfalz und in

Schwaben einfallen und nach Herzensluft rauben und erobern. Die Maske der vorigen Freundschaft abwerfend, trug er jetzt Tod und Verwüstung in die Länder derselben Fürsten, denen er so lange als ihr lieber Protektor geschmeichelt hatte. Zunächst verlangte er den Besitz des ganzen Kurfürstenthums Rheinpfalz für seinen Bruder Philipp von Orleans, der die Schwester des Kurfürsten Karl Ludwig geheiratet hatte, — mit um so größerem Uebermuth, als der Kurfürst noch lebte und rechtmäßige Erben des wittelsbach'schen Hauses nicht fehlten. Ein Teufel in Menschengestalt gab dem brutalen König ein, er werde am sichersten zu seinem Ziele kommen, wenn er die schwachen und uneinigen deutschen Reichsfürsten schrecke; sie würden sich zum nachtheiligsten Frieden verstehen, wenn er ihnen eine nie vorher erlebte Angst einjage. Darum ließ er die Städte und Dörfer der friedlichen und gesegneten Pfalz, des benachbarten Kurfürstenthums Mainz, der Markgraffschaft Baden und selbst des Herzogthums Württemberg plündern und bis auf den Grund niederbrennen, die Einwohner berauben, mißhandeln, schänden, morden, als ob Attila mit den Hunnen wiedergekehrt wäre. Sie verbrannten Worms, Speyer, Frankenthal, Alzey, Andernach, Kochheim, Oberwesel, Kreuznach, Mannheim, Ladenburg, Weinheim, Gernsheim, Heppenheim, Oppenheim, Durlach, Bruchsal, Rastatt, Baden, Bretten, Pforzheim ꝛc.; beim zweiten Einfalle Heidelberg, Hirschau, Calw, Neuenburg, Knittlingen, Marbach, Vaihingen ꝛc., ungerechnet zahlloser verbrannter Flecken und Dörfer. Und das Alles that Ludwig XIV., ohne von Deutschland im Mindesten beleidigt worden zu sein. Und dieser König rühmte sich, an der Spitze der Civilisation zu stehen!

Indeß gelang ihm sein Plan nicht ganz. In Mainz leistete ihm der wackere General Thüngen tapferen Widerstand, ein Mann, den die vaterländische Geschichte ebenfalls undankbar vergessen hat. Das Reich rührte sich wieder. Der Kaiser war eben der Türken im Osten Meister geworden, und so mußte sich Ludwig XIV. im Frieden von Ryswyk (Reiß weg, sagte man damals) mit dem begnügen, was ihm der Nymweger Friede gesichert hatte, und mit Straßburg und den bereits aufs Grausamste von ihm mißhandelten und zum Theil ebenfalls niedergebrannten Elsasser Reichsstädten. Aber die Pfalz bekam er nicht und mußte auch Freiburg im Breisgau wieder herausgeben, 1697.

Straßburg war ihm von weit größerer strategischer Wichtigkeit als Freiburg, und überdies legte er, um eine breite Operationsbasis am Oberrhein zu gewinnen, einen Kanonenschuß weit von Basel die Festung Hüningen an. Die Schweizer murrten, aber er verhöhnte sie und war ihrer Regenten durch seine Jahr- und Soldgelder so versichert, daß er nichts von ihnen besorgte. Sie ließen sich auch wirklich Alles gefallen, stellten ihm fort und fort zahlreiche Regimenter und verschmerzten sogar, daß er ihnen den Handelsverkehr mit dem Elsaß und Burgund absperrte. Die damalige Politik der Eidgenossenschaft ist die verächtlichste, deren sich jemals Republiken zu schämen gehabt haben. Als Ludwig die freie Reichsstadt Straßburg, eine den Schweizern von alter Zeit her innig verbündete Republik, die ihnen oft in ihren Kämpfen Hülfe geleistet hatte, wegnahm, leisteten ihm die Schweizer nicht nur keinen Widerstand, sondern schickten ihre Gesandtschaften zu ihm ins Elsaß und huldigten ihm auf die servilste Weise, indem sie ihn in ihrer Amtstracht bei Tische bedienten und sich Geld von ihm schenken ließen.

Bald darauf, gerade am Ende des Jahrhunderts, starb das Geschlecht Philipps II. in Spanien aus, und die deutsche Linie des Hauses Habsburg machte auf sein reiches Erbe Anspruch. Nun war aber die ältere Tochter des letzten Habsburgers in Spanien mit einem Enkel Ludwigs XIV. vermählt, und dieser machte die weibliche Nachfolge geltend. Abgesehen vom staats- und familienrechtlichen Moment in diesem Erbschaftshandel war es sehr natürlich, daß Frankreich eine Vereinigung Spaniens, der

Niederlande, Neapel und Mailands mit dem Deutschen Kaiserthum, eine Wiederherstellung der großen Monarchie Karls V., und daß ebenso sehr auch Deutschland eine Verstärkung der französischen Macht durch das spanische Erbe fürchten mußte. Die Politik also gebot unumgänglich eine Entscheidung dieses Prozesses durch das Schwert.

Deutschland hatte diesmal den Vortheil, daß ihm England zur Seite stand. So oft England mit Deutschland vereinigt handelte, wurde Frankreich immer überwältigt. Dazu kam, daß Prinz Eugenius, ein Savoyarde, doch im Herzen der beste Deutsche, den es damals gab, an die Spitze der kaiserlichen Armee trat und Wunder der Kriegskunst gegen die Franzosen wie gegen die Türken verrichtete. Da sah der alternde Ludwig sich endlich gedemüthigt, seine übermüthigen Feldherren und Heere geschlagen, seine Schätze umsonst vergeudet. Aber seine List und das Glück retteten ihn. England sagte sich von Deutschland los, ließ den Prinzen Eugen im Angesicht der Franzosen im Stich, ließ die deutschen Diplomaten bei den Unterhandlungen im Stich und bewirkte durch seine treulose Politik, daß uns die Früchte so langer und herrlicher Kämpfe wieder verloren gingen. Doch konnte Frankreich nur die Erwerbung Spaniens durchsetzen, und Spanien blieb unter Ludwigs Enkel ein von Frankreich getrenntes Königreich, während die spanischen Niederlande, Neapel und Mailand unmittelbar an Oesterreich fielen, 1713.

Allein auch diese Vortheile wurden zum Theil bald wieder eingebüßt, weil Kaiser Karl VI. keinen Sohn hatte und, um seiner berühmten Tochter Maria Theresia die Nachfolge zu sichern, die Einwilligung der anderen Staaten, namentlich Frankreichs, mit großen Opfern erkaufte. Er trat zu diesem Behuf ganz Neapel und Lothringen freiwillig an Frankreich ab. Die wichtige Abtretung Lothringens wurde damals noch künstlich bemäntelt, indem der junge lothringische Herzog Franz, der Maria Theresia heiratete, statt Lothringen Toskana bekam und Lothringen selbst einstweilen dem abgesetzten König von Polen, Stanislaus Leszczynski, gegeben wurde, der aber keinen Sohn hatte, und nach dessen Tode 1766 Frankreich wirklich in den lange ersehnten Besitz von Lothringen kam. Neapel wurde ein unabhängiges Königreich unter einem französischen Könige aus Ludwigs XIV. Geschlecht, wie Spanien.

Auf diese Weise erwarb Frankreich, was es noch heute besitzt, von Deutschland durch Raub, durch schnöden Raub mitten im Frieden oder durch schlaue Benutzung unseres Unglücks. Es erwarb das alte Königreich Burgund, das Rhônethal von Genf an bis Marseille, zur Zeit unseres Unglücks beim Ausgang der Hohenstaufen. Es erwarb die lothringischen Bisthümer zur Zeit unseres Unglücks in der Reformation. Es erwarb das Elsaß zur Zeit unseres Unglücks im dreißigjährigen Kriege. Es riß zur Zeit unserer Schwäche mitten im Frieden die Grafschaft Burgund, einen Theil der Niederlande und Straßburg an sich. Es gewann zur Zeit unserer Schwäche durch einen die deutschen Gesammtinteressen tief verletzenden Familientraktat Karls VI. mit einem Federstrich das schöne, so lange treu beim Deutschen Reich gebliebene Lothringen. Auch regiert das Geschlecht Ludwigs XIV. jetzt noch immer in Spanien wie in Neapel.

Alles, was Frankreich erwarb, erwarb es auf Kosten Deutschlands. Der Verlust des alten Königreichs Burgund und Neapels, sowie der Freigrafschaft Burgund, Welsch-Lothringens und des welschen Arras ꝛc. war ein großer politischer Verlust, wenn auch kein nationaler. Durch den Verlust des Elsaß und Deutsch-Lothringens aber wurden wir überdies tief in unseren nationalen Interessen verletzt. Diese schönen Landschaften wurden wie ein gesundes Glied vom lebendigen Körper von Deutschland abgeschnitten und dem Einfluß einer fremden Nationalität unterworfen. Das Schlimmste aber war, daß durch dieses Beispiel klar bewiesen wurde, die Deutsche Nation habe ihren alten Vorrang in Europa verloren. Bisher hatten nur romanische und slavische Völker deutschen Herren gehorcht. Jetzt gehorchten zum ersten Male deutsche Völker einem fremden Herrn. Was der romanische Staat im Westen gethan, das that nun auch bald der slavische im Osten, und kaum hatte Frankreich uns das Elsaß genommen, so nahm uns Rußland auf der anderen Seite auch das deutsche Livland weg.

Da wir im Felde den Franzosen unterlegen waren, uns von ihnen deutsche Provinzen ungestraft hatten entreißen lassen, unterlag folgerechterweise auch der deutsche Geist dem französischen. Die äußeren Verluste hielten mit der inneren Entartung Deutschlands gleichen Schritt. War es Ursache oder war es Wirkung, gleichviel, das Gefühl für unsere Nationalehre und die Kraft und Treue, mit welcher der Deutsche sonst an seiner Nationalität hing, erstarben in dem Maße, in welchem die Franzosen siegreich gegen Deutschland vorschritten.

Die deutschen Höfe und der deutsche Adel nahmen sich den Hof Ludwigs XIV., seinen Despotismus, seinen Geschmack und seine Ausschweifungen zum Muster. Sie unterdrückten die altdeutschen, volksthümlichen, sowohl ständischen als städtischen Freiheiten. Bereitwillig nahmen sie das System Ludwigs XIV., die neuen Lehren der absoluten Gewalt an und dienten der großen gallisch-römischen Reaktion gegen den Germanismus freiwillig zu Organen. Schon oben haben wir die moderne Despotie des vierzehnten Ludwig als das Ergebniß jener nationalen Reaktion angesehen. Das bisher so lange besiegte romanische Element, welches unter der heiligen Fahne der römischen Hierarchie vergeblich gegen das deutsche Element gekämpft und durch die Reformation zurückgeworfen war, erlangte nunmehr unter der weltlichen Fahne des französischen Despotismus einen unbestrittenen Sieg. Jede Volksfreiheit, jede alterthümliche Volksvertretung auf deutschem Boden wurde vernichtet oder zu einer leeren Formalität herabgewürdigt. Alle deutschen

Regierungen nahmen die französischen Formen, den Centralismus der Gewalt, die Bureaukratie an. In den modernen Formen wiederholten sich aber nur wieder die Formen des altrömischen Kaiserreichs mit seinen Statthalterschaften und Präfekturen. Deshalb gewann auch jetzt erst das altrömische Recht, nachdem es lange mit den deutschen Landes- und Stadtrechten im Streit gelegen, festen Boden in Deutschland, was nimmer hätte geschehen können, wenn ihm nicht das Streben nach absoluter Regierungs=gewalt zu Hülfe gekommen wäre.

Zugleich nahmen Höfe und Adel in Deutschland die französische Sprache an und schämten sich, länger ihre gute alte Muttersprache zu reden. Somit wurde auch die deutsche Literatur von den Großen verachtet und die französische eingeführt.

Desgleichen verschwand bei den Fürsten und beim Adel die strenge deutsche Sitte. Sie machten Bildungsreisen nach Paris und brachten alle Moden von dort mit nach Deutschland. Un=zählige Luftschlösser, selbst geistliche, zeigten dem erstaunten Bürger und Bauern in Deutschland die wiedererstandene Pracht und Schwelgerei römisch=heidnischer Feste voll Mythologie und Unzucht.

Desgleichen verschwand an den Höfen und beim Adel die alte schöne Tracht, und jede neue Mode aus Paris wurde in Deutschland zuerst von den Vornehmen, endlich auch vom Bürger=stande nachgeahmt. Das Kleid macht einigermaßen den Mann, es war also allerdings nicht gleichgültig, daß sich Deutschland herabwürdigte, bedientenmäßig die abgetragenen Kleider der Fran=zosen anzuziehen. Es ist überdies merkwürdig, daß die neuen französischen Moden, obgleich sie beständig ohne alle Noth wechselten, sich doch nie ins Schöne, sondern umgekehrt immer ins Häßliche veränderten und im Ganzen nur eine Musterkarte alles möglichen Unnatürlichen, Ungesunden und Unschönen dar=stellten. Von den Allongeperrücken, Reifröcken und Manschetten unter Ludwig XIV. bis zu den Fracks und Plusärmeln herab bieten alle französischen Moden zusammengenommen in zwei Jahrhunderten nichts dar, was sich in Bezug auf Kleidsamkeit, Würde, Schönheit und Zweckmäßigkeit mit den älteren Nationaltrachten messen könnte. Es liegt eine merkwürdige Ironie der Weltgeschichte in dieser Fügsamkeit Europas unter eine Gesetzgebung des Häßlichen. Zugleich ist aber auch damit die ganze Unnatur der französischen Suprematie symbolisch ausgedrückt.

Endlich griff der französische Einfluß auch tief in die scheinbar von ihm unabhängig gebliebene, ja ihm scheinbar opponirende deutsche Literatur ein. Es ist wahr, mit Lessing begann eine Reaktion der deutschen Literatur gegen die französische, und in der Bekämpfung der Gottschedschen, d. h. der französischen Schule, kräftigten sich fast alle jungen Geister, die mit und seit Lessing der deutschen Wissenschaft und Dichtkunst einen neuen Schwung gaben. Allein wenn diese Geister den direkten Einfluß Frankreichs muthig und bestimmt zurückwiesen, so waren sie doch um so mehr, ohne es selbst zu ahnen, seinem indirekten Einfluß unterworfen. Ohne das Beispiel der französischen Literatur nämlich hätten sich die deutschen Schriftsteller nie so weit vom christlichen Standpunkt entfernt und so weit dem heidnisch-antiken genähert, wie sie gethan haben. Und ohne die von Frankreich her entlehnten despotischen Regierungsformen wären die deutschen Schriftsteller nie so weit vom nationalen und patriotischen Standpunkt entfernt und auf den einerseits ganz individuellen, andererseits kosmopolitischen Standpunkt getrieben worden, wie es wirklich der Fall war. Mit den Leidenschaften der Reformation ging auch der kirchliche Geist der deutschen Schulen schlafen und wurde durch nichts ersetzt als durch die klassischen Studien und durch die französische Modeliteratur. Die jungen Geister in Deutschland gewöhnten sich daher unwillkürlich an heidnische und undeutsche Vorbilder und hatten kaum einen Begriff von der Fülle deutschen Geistes und

Kunstlebens, wie es sich im Mittelalter entfaltet hatte. Wenn sie sich nun auch gegenüber den Franzosen fühlen lernten, so geschah es doch nur, um in der Nachahmung des Antiken mit ihnen zu wetteifern, indem sie das Antike reiner aufzufassen sich rühmten als die Franzosen; und wenn sie eine Ahnung hatten, daß es damit noch nicht genug gethan sei und daß aus der germanischen Wurzel noch schönere Blüthen der Kunst wiederaufzuwecken seien, als die ihnen das Treibhaus der Klassizität brachte, so wußten sie doch diese Wurzel im vaterländischen Boden selbst noch nicht aufzufinden und borgten alle Waffen der germanischen Reaktion von den stammverwandten Engländern.

Die Geister in Deutschland waren aller Theilnahme an den öffentlichen Angelegenheiten entfremdet, durch die despotischen und aristokratischen Regierungsformen von aller Mitwirkung in Staatsangelegenheiten ausgeschlossen, auf ärmliche Schulämter oder fürstliche Gnadengehalte angewiesen, von außen eingeschüchtert und auf die Welt der Phantasie angewiesen. Sie gehörten irgend einer selbstständigen Provinz an, aber sie kannten das Deutsche Reich als ein Ganzes nur noch in einer Karikatur, über die damals schon Alles spottete. Deshalb bildeten sie sich zu irgend einem Brotstudium, zu einem Amte in ihrer Provinz und darüber hinaus zu Weltbürgern. Indem sie allerdings inne wurden, daß sie sich auf einem Extrem des Kleinlichen befanden, daß ihr nächster Beruf ein äußerst enger und beschränkter sei, fielen sie sogleich in das andere Extrem und suchten einen grenzenlosen Kreis der Thätigkeit wenigstens ihres Geistes und ihrer Gefühle. Sie widmeten sich der Welt (unter dem damals äußerst beliebten Titel Kosmopoliten, d. h. Weltbürger) oder der Menschheit unter dem ebenso beliebten Namen der Humanität. Von der deutschen Nationalität aber und von den Interessen des Vaterlandes war nicht die Rede. Der engherzige Provinzialismus der gemeinen Leute erhob sich nicht so weit, und die Genies flogen darüber hinaus ins Blaue des allgemein Menschlichen. Daraus erklärt sich, warum schon Lessing während des siebenjährigen Krieges sich für alles Andere interessirte, nur nicht für diesen sein Vaterland zerrüttenden Krieg. Daraus erklärt sich, warum noch später Goethe an den großen Schicksalen Deutschlands keinen Theil nahm, sich durch sie nur unangenehm in seinen poetischen Träumen gestört fühlte. Selbst Schiller erklärte sich einmal in einem Briefe an Körner, der Patriotismus sei etwas Bornirtes, der wahre Genius könne sich nie für eine Nation, sondern immer nur für die ganze Menschheit begeistern. Auch hatte die Schwärmerei, welche sich der deutschen Jugend in der zweiten Hälfte des vorigen Jahrhunderts bemächtigte, die der sogenannten Sturm- und Drangperiode, wirklich nur die Emanzipation der Menschheit oder des Menschlichen zum Gegenstand und war durchaus von keiner nationalen Tendenz. Ja, sie kam ursprünglich von Frankreich her, sie war nur von Rousseau adoptirt.

König Friedrich II. erwarb sich das unsterbliche Verdienst, die Franzosen bei Roßbach zu schlagen und die Furcht vor ihnen in Spott zu verwandeln. Die französische Politik, jede Gelegenheit ergreifend, um Deutschland aufs Neue zu berauben, hatte die Uebereinkunft, der es Neapel und Lothringen verdankte, gleich nach Karls VI. Tode gebrochen, die schöne Maria Theresia als seine Erbin nicht anerkannt und neue Heere nach Deutschland geschickt, mit Preußen im Bunde. Inzwischen versöhnte sich Preußen mit Maria Theresia, und Frankreich ging leer aus. Mit desto größerer Begierde schloß sich nun Frankreich der österreichisch-russisch-sächsisch-schwedischen Koalition an, welche Preußen erobern und theilen wollte. Der schändliche Plan wurde im Herzen Frankreichs, zu Versailles, geschmiedet. Wenn er gelungen wäre, würde Frankreich einen Theil der Beute davon getragen, ein deutsches Land im Westen gewonnen haben. Allein Friedrichs Kriegsgenie und die ausdauernde Treue der

Preußen vereitelten den ganzen Plan. Der gefährdete preußische Staat ging glänzender als je aus dem siebenjährigen Kriege hervor, und Frankreich bekam abermals nichts.

Dennoch benutzte Friedrich die Demüthigung der Franzosen keineswegs dazu, den Deutschen eine große politische Lehre zu geben, sie über die nie verjährende treulose Politik Frankreichs aufzuklären, die Herzen gegen Frankreich zu stimmen, die Bande, mit denen französischer Geist und Geschmack, französische Literatur und Mode die Deutschen umstrickt hielt, zu zerreißen. Er that vielmehr Alles, um denselben Franzosen, die er im Felde geschlagen und sogar lächerlich gemacht hatte, ihren Einfluß auf die deutsche Bildung und Gesittung zu sichern und zu erweitern. Er las, sprach und schrieb vorzugsweise französisch, verachtete die deutschen Denker und Dichter (mit den spärlichsten, kaum nennenswerthen Ausnahmen) und zog nur französische Gelehrte und Dichter, zum Theil die demoralisirtesten Charaktere, an seinen Hof. Zugleich begünstigte er die vollkommenste Preßfreiheit in Bezug auf moralische und religiöse Gegenstände (nicht in Bezug auf politische), und da hierin auch der junge Kaiser Joseph II. seinem Beispiele folgte, wurde Deutschland mit Uebersetzungen und Nachahmungen der sitten- und gottlosesten Werke überschwemmt, von denen es damals in Frankreich wimmelte. Als Lessing, der so ritterlich gegen die frühere Gallomanie gekämpft, schon todt war, brach eine neue, noch wüthendere aus. Das altfranzösische Schauspiel, die verliebten Schäferscenen, die obscöne Mythologie ꝛc. blieben zwar verbannt, an ihre Stelle traten aber die neufranzösischen philosophischen Romane, die konsequent und mit viel Geist auf die völlige Zerstörung aller sittlichen und religiösen Grundlagen der Gesellschaft ausgingen. Goethe und seine damals aufblühende Schule vermochten diesem Zufluß französischer Frivolität nicht zu steuern und wollten es nicht, gaben ihm vielmehr in mancher Beziehung nach, wie dies auch früher Wieland schon gethan hatte, der hierin von Lessing abwich, und wie es noch mehr die minder bedeutenden, aber sehr populären Dichter thaten, z. B. die Nicolaiten, Kotzebue ꝛc. Den größten Einfluß aber übten die französischen Ideen in den geheimen Gesellschaften, unter denen die der Illuminaten ganz entschieden den Umsturz des Christenthums sich zum Zwecke setzte.

In so ausgedehntem Maße durchdrang uns die französische Bildung, ohne daß Frankreich umgekehrt irgend einen Einfluß von Deutschland her angenommen hätte. Es war damals vielmehr als bekannt angenommen, die Franzosen seien das Mustervolk der Kultur, das sich zu den übrigen europäischen Völkern verhalte, wie sich einst die Griechen verhalten hatten zu den umwohnenden Barbaren, Scythen ꝛc. Die Franzosen affektirten nicht nur eine unsägliche Verachtung gegen die Deutschen, sondern waren wirklich davon erfüllt. In Deutschland ließ man sich dies gefallen, denn der große Friedrich selbst erkannte unbedingt den Vorzug der Franzosen an. Die helleren Köpfe und die stolzeren Gemüther, die damals aufstrebten, ließen sich, wenn sie auch Vieles an den Franzosen mißbilligten und das Deutsche dagegen zu Ehren zu bringen beflissen waren, doch durch die schöne Sprache und durch die blendenden Ideen derjenigen, damals unermeßlich populären, französischen Philosophen imponiren, die nach Rousseaus Vorgang eine Wiedergeburt der ganzen Menschheit, die Verwirklichung eines idealen Staates, die Erfüllung aller Träume der Weltverbesserer verhießen. Die Kantische und Fichtesche Philosophenschule, der in der protestantischen Theologie zur Herrschaft strebende Rationalismus, viele begeisterte Dichter und Geschichtschreiber theilten diese Sympathien. Wie aber auch sonst deutsche Gelehrsamkeit und deutsches Gemüth in wissenschaftlichen Werken und Dichtungen sich unabhängig vom französischen Einfluß auf mannigfache Weise geltend machten, so gab es doch damals nirgends in Deutschland eine eigentliche Nationalpartei, nirgends einen Centralpunkt für eine nationale Opposition und Reaktion gegen die von allen Seiten eindringenden französischen Ideen, nirgends ein patriotisches Bewußtsein, das sich mit Entschiedenheit dem Strome entgegengestemmt hätte.

Dies war die Stellung des Germanismus zum Gallo-Romanismus in der Zeit unmittelbar vor der französischen Revolution.

Dieses große Weltereigniß hat bekanntlich schon mannigfache Beurtheilung erfahren. Die französische Philosophie hat sich gerühmt, es vorausgesehen, es vorbereitet zu haben. Allein dem ist nicht so. Die Philosophie, überhaupt die gebildeten Klassen und die Presse waren nicht im Stande, eine solche Katastrophe zu improvisiren. Nur der Staatsbankerott und nur die äußerste Noth der niederen Klassen, gerade derer, die sich am wenigsten um Philosophie und Literatur bekümmerten, die nicht einmal lesen konnten, führten die Revolution herbei, in die sich dann freilich alle edelen und schmutzigen Leidenschaften der Gebildeten einmischten. Man schreibt den letzteren mit Recht einen großen Antheil an dem schrecklichen Ereigniß zu, aber er fand nur statt in Bezug auf die Entwickelung desselben, nicht in Bezug auf seine Veranlassung. Ganz abgesehen von den Meinungen und Sitten der höheren Klassen, brach die Revolution als eine physische Nothwendigkeit herein und ging von dem Elend und der Armuth der Provinzen, nicht von den geistigen Schwelgereien der Hauptstadt aus. Ja man muß sogar behaupten, die Revolution war, ohne daß man es sich damals klar machte, eine Reaktion des lange in Frankreich unterdrückten altfränkischen, also germanischen Elements der Volksfreiheit und Volksvertretung gegen das neue gallisch-römische Element des mit Ludwig XIV. aufgekommenen Despotismus. Das Volk verlangte einfach die Garantien der altfränkischen, altburgundischen ꝛc. Verfassung zurück, mit einem Wort, die alten deutschen Institutionen der Urversammlungen, des Heerbannes, der Reichsversammlung. Daher

die Uebereinstimmung der neuen französischen Konstitution mit
der englischen und alle Konsequenzen des Repräsentativsystems.
Hätte das französische Volk, indem es diese Revolution begann,
für sich handeln können, so würde der germanische Charakter
derselben noch deutlicher hervorgetreten sein. Allein von Anfang
an mischten sich die Philosophen der Hauptstadt ein und ver=
fälschten unmerklich jenen ursprünglichen Charakter der Revo=
lution, indem sie ihr aufs Eifrigste dienten und sich zu Leitern
derselben aufdrangen. Diese nun erklärten gleich in ihrer ge=
wohnten Arroganz, die Revolution sei keineswegs eine Reaktion
des freiheitliebenden Germanismus gegen den despotischen Roma=
nismus, sondern gerade umgekehrt eine Reaktion des durch die
fränkischen Könige und Edelleute früher unterdrückten gallisch=
römischen Volkes gegen eben diese fremden Usurpatoren.

Die Franzosen wußten aber wohl, was sie thaten, indem
sie diese Lüge ersannen. Sie wollten der germanischen Nation
den uralten Ruhm freier Institutionen rauben und sich die Ehre,
die Freiheit gleichsam wieder entdeckt zu haben, allein zuschreiben.
Man darf sich darüber nicht wundern. Billig aber muß man
erstaunen, daß deutsche Geschichtschreiber und Publizisten ihnen
glaubten und nachsprachen. Uebrigens trugen auch die Engländer
Schuld an diesem Mißverständniß. Aus Eifersucht gegen Frank=
reich wollten sie (Edmund Burke an der Spitze) durchaus nicht
zugeben, daß die französische Revolution aus einem Verlangen
des unglücklichen Volkes nach germanischen Garantien, nach einer
der englischen ähnlichen Verfassung hervorgegangen sei, und
stimmten mit Vergnügen ein, sie für eine phantastische Nach=
ahmung antiker Republiken auszuschreien.

Dieselben Jakobiner der Hauptstadt, die sich der Revolutions=
regierung bemächtigt hatten und deren Treiben bekanntlich in
den Provinzen seine natürliche Opposition fand, hielten das
gallisch=römische Prinzip auch vorzüglich darin fest, daß sie wieder
nach Eroberungen in Deutschland trachteten. Eine Menge deutscher

Illuminaten, Kosmopoliten und Freiheitsschwärmer strömte ihnen zu. Von diesen Menschen, in denen auch nicht eine Spur von Nationalstolz und Vaterlandsliebe war, wurden sie sogar gebeten, nach Deutschland zu ziehen und dort die neufranzösische Freiheit einzuführen. Wetteifernd bot man ihnen Städte und Provinzen an und flehte sie wie um eine Gnade, das schmählich verrathene Mainz, nach dem Verlust Straßburgs das letzte Bollwerk für den oberen Rhein, mit Frankreich zu vereinigen. Georg Forster selbst, der berühmte Weltumsegler, einer der geachtetsten Gelehrten Deutschlands, figurirte bei dieser vaterlandsverrätherischen Gesandtschaft der Mainzer.

Das Alles war natürlich. Wer wollte sich darüber ereifern! Solche Folgen waren unausbleiblich, sobald einmal alles Frühere vorangegangen war. Wir haben oben die Stimmung in Deutschland vor der Revolution geschildert. Alles wimmelte von Illuminaten und ihren Freunden, von Bewunderern der französischen Literatur und Philosophie, und leider war man in Deutschland der Freiheit so entwöhnt, hatten namentlich die Gelehrten und Schriftsteller so wenig Antheil zu nehmen gelernt am Staatsleben ihres eigenen Vaterlandes, daß die Neuheit der Freiheit, der Gedanke an die Möglichkeit einer Mitwirkung in Staatsangelegenheiten sie überraschte, elektrisirte und mit einer männlichen und zugleich kindischen Begierde nach politischer Thätigkeit erfüllte. Da ihnen nun diese im eigenen Vaterlande versagt war, da bei der ersten Nachricht vom Ausbruch der französischen Revolution in Deutschland strenge Censur und polizeiliche Aufsicht eintrat, wandten sich die Freiheitberauschten nach Frankreich, zogen selbst nach Paris oder erwarteten wenigstens von dorther das Heil.

Die Pariser Jakobiner nahmen ihre deutschen Freunde anfangs sehr gut auf. Sie fürchteten sich vor Preußen und Oesterreich, sie wurden von diesen Mächten angegriffen, sie hofften denselben durch eine Revolution in Deutschland eine

Diversion zu machen, und mithin war ihnen viel an der Verbindung gelegen, die ihnen die deutschen Schwärmer anboten. Sie ehrten dieselben sehr; sollte man es glauben, daß ein Preuße, der Baron Cloots, Präsident des Jakobinerklubs und ein Schweizer, der Pfarrer Göbel, Erzbischof von Paris wurde? Der Letztere legte feierlich im Nationalkonvent seinen Priesterornat nieder und schwur der christlichen Religion ab, ein Beispiel, das die ganze französische Republik befolgte. Allein wie sehr täuschten sich diese Schwärmer, als sie glaubten, sich der Franzosen bedienen zu können, da sie vielmehr nur selbst deren Werkzeuge waren! Sobald die Jakobiner begriffen, daß der Anhang der Illuminaten in Deutschland doch nicht hinreichend groß sei, um unser Reich förmlich zu revolutioniren, und da sie andererseits hoffen durften, Preußen von der Koalition zu trennen, machten sie kurzen Prozeß mit allen jenen aufdringlichen deutschen Schwärmern in Paris und ließen ihnen zum Dank für ihren guten Glauben höhnisch die Köpfe abschlagen.

Die Politik der Eroberung lag den Franzosen viel mehr am Herzen, als die Freiheit. Es kam den neuen Republikanern gar nicht darauf an, einem König zu schmeicheln, einem deutschen König in dem Augenblick zu schmeicheln, in dem sie kaum erst der deutschen Bevölkerung die republikanische Freiheit zugesichert hatten. Sie kümmerten sich wenig um das Prinzip, wenn es einen Vortheil galt.

Und unglücklicherweise ließ sich Preußen in diese Traktate ein. Es war eifersüchtig auf Oesterreich und glaubte im Sinn des unlängst verstorbenen großen Friedrich zu handeln, wenn es eine Verbindung mit Frankreich zum Nachtheil Oesterreichs eingnige. Es gab sich einer höchst verderblichen Täuschung hin. Preußen, der junge Staat, in dem Deutschlands Zukunft lag, mußte Alles thun, was den deutschen Gesammtinteressen diente, durfte nichts thun, was ihnen gefährlich war. Es mußte die Nationalehre gegen den alten Erbfeind des Reiches, gegen den übermüthigen Nachbar vertreten. Es durfte nie eine zweideutige und wohl gar feindliche Stellung gegen das übrige Deutschland einnehmen, es durfte nie mit dem Feinde Deutschlands gemeine Sache machen. Schon die Klugheit verbot ihm, französischer Freundschaft zu trauen, denn Frankreich hatte von jeher seine Freunde in Deutschland betrogen.

Preußen, das anfangs Oesterreich in stürmischem Wetteifer überholt und nach Frankreich vorangeeilt war, nahm nur noch lauen Theil am Kriege, hielt sich bald ganz still und schloß endlich den einseitigen Frieden mit Frankreich zu Basel 1795. Dadurch wurde Oesterreich isolirt, zurückgedrängt, besiegt. Das ganze linke Rheinufer und die Niederlande gingen für Deutschland verloren.

Durch den wohlberechneten Friedensschluß mit Preußen überhoben sich die Franzosen der lästigen Pflicht, die Versprechungen, welche sie den Völkern gemacht hatten, zu halten. Das gefährliche Mittel, die Völker zu insurgiren, war jetzt nicht mehr nöthig, da nach dem Austritt Preußens aus der Koalition die Feinde Frankreichs nicht mehr zu fürchten waren. An die Zusage, die Völker zu befreien, brauchte man sich also auch nicht mehr zu binden. Man konnte jetzt nach alter Manier, ohne sich im Geringsten zu schämen, wieder erobern und die reichen Grenzländer des Deutschen Reiches ausplündern. Also wurden die Niederlande, Holland, die rheinischen Kurfürstenthümer, die Pfalz und bald darauf die Schweiz nicht, wie man verheißen hatte, bundesbrüderlich befreit, sondern feindlich erobert und mit einem Militär- und Civilheer von Räubern überschwemmt, die allen öffentlichen und Privatreichthum der genannten Länder mit Gewalt raubten oder mit der Kunst und List von finanziellen Zauberern wegzustehlen verstanden. Die französischen Kommissäre dachten an Alles, nahmen Alles.

Umsonst protestirten die Niederländer und Holländer und die von Trier; man hätte sie ja bloß befreien wollen, sie als eine freie Bevölkerung begrüßt, ihnen die Autonomie feierlich zugesichert, freie Wahlen, Selbstregierung, republikanische Ehre, republikanisches Glück — und jetzt behandle man sie als besiegte Feinde, nehme ihnen Alles, dulde keine freien Wahlen, schreibe ihnen auf brutale Weise Alles vor und lasse ihnen nichts als den blinden Gehorsam; wenn sie bloß eine Tyrannei mit der anderen und eine schlimmere mit der geringeren vertauschen sollten, wozu habe man ihnen die Freiheit verheißen?

Nachdem die überrheinischen Provinzen Deutschlands ausgeplündert waren, erhielten sie allerdings auch politische und bürgerliche Institutionen, die im Vergleich mit dem, was früher bestand, als eine Verbesserung, als eine wohlthätige Reform müssen anerkannt werden. Indeß täuschte man sich über den Ursprung dieser Institutionen. Man nahm sie als etwas ganz Neues, das nur französische Genialität auszudenken im Stande gewesen sei, oder als Konsequenzen des antiken, in Frankreich wiedergeborenen Republikanismus. Allein sie waren nichts Anderes als alte germanische Institutionen, zunächst entlehnt von England, wo sich die altdeutsche Freiheit am reinsten und alterthümlichsten bewahrt hatte. Das Geschworenengericht z. B. war weder etwas Neues, ausschließlich Französisches, noch etwas Antikes, sondern ein englisches, ein ehemals auch bei den Franken wie bei allen deutschen Stämmen eingeführtes, uralt germanisches Institut.

Am kläglichsten geberdeten sich damals die Schweizer. Jahrhunderte lang hatten sie gegen Deutschland eine antinationale Politik befolgt, ihren deutschen Stammesgenossen Alles zu Leide, den Franzosen Alles zu Liebe gethan. Hunderttausend Schweizer waren nach und nach im Kampf für Frankreich, in den Kriegen der Reformation, Ludwigs XIV. und XV. gefallen. Ihr Herzblut hatten sie hingegeben, um Frankreich groß zu machen. Als Deutsche hatten sie gegen Deutsche gefochten, damit Frankreich, über beide hohnlachend, allein gedeihe. Jetzt ernteten sie den Dank. Umsonst erklärten sie, sie seien ja schon lange, lange frei, schon seit Wilhelm Tell her, es sei also gar nicht nöthig, daß die Franzosen kämen, um sie angeblich jetzt erst zu befreien. Sie bäten gehorsamst, man solle sie nicht befreien. „Schweigt," hieß es, „ihr müßt euch befreien lassen." Also kamen die Franzosen herein, eroberten das Land, regierten es durch ihre Kreaturen, achteten keine freie Wahl, erklärten die, welche dennoch gewagt wurden, wieder für nichtig und stahlen, stahlen wie die Raben. Von den Millionen, die hier geraubt wurden, rüstete Bonaparte die Flotte und Armee aus, mit der er nach Aegypten ging, und Kopten und Araber prüften den Werth der alten Berner Goldstücke am Fuße der Pyramiden.

Sowie sich Frankreich die Eroberung des ganzen linken Rheinufers und Italiens gesichert hatte, hörte es auf, eine Republik zu sein. Beide Ereignisse hingen genau zusammen. Das mißvergnügte, leidenschaftlich aufgeregte, gegen König und Abel, Intendanten und Finanzschwindelei erbitterte französische Volk war durch den Tod des Königs, durch die Emigration des Adels gerächt, der Staatsbankerott war abgewendet, und jetzt hatte man noch dazu Nachbarländer erobert und sich mit der Beute derselben bereichert. Also war man jetzt zufrieden. Was brauchte man noch das Phantom der Republik? Es wurde von einem Hauch Napoleons weggeblasen. Napoleon allein war jetzt der Mann der Nation, denn er verstand es, wie nie ein französischer König vor ihm, den beiden Hauptleidenschaften der Nation, der Ruhmbegierde und der Habgier, zu schmeicheln. Er führte sie überall zum Siege und gab ihnen die Beute aller Länder preis.

Das arme Deutsche Reich! Es mußte allen diesen Wechseln in Frankreich zusehen und unter jedem aufs Neue leiden. Unter wie vielen falschen Vorwänden, für welche ganz entgegengesetzten Prinzipe waren die Franzosen nicht schon zu uns gekommen, um uns unter der Maske von Hülfsleistung zu berauben! Das alte Königreich Burgund entrissen sie uns im Namen des Papstes und der alleinseligmachenden Kirche. Die lothringischen Bisthümer und das Elsaß entrissen sie uns im Namen der Reformation, als Beschützer der Lutheraner. Straßburg und die Republik Holland griffen sie an im Namen der absoluten Monarchie. Spanien, Neapel, Burgund und Lothringen gewannen sie im Namen der Legitimität, und endlich Holland, die Niederlande, das ganze linke Rheinufer und die Schweiz vereinigten sie oder verbündeten sie wenigstens aufs Engste mit Frankreich im Namen der Freiheit und des republikanischen Prinzips. Viermal wechselten sie das Prinzip, aber mit jedem stahlen sie uns ein Land weg. Und so war es denn wenigstens aufrichtig, daß Napoleon keinen Vorwand mehr brauchte, die scheinheilige Maske der Prinzipe wegwarf und offen als Räuber auftrat, indem er das Interesse allein als Zweck der Politik gelten ließ und kein Mittel, denselben zu erreichen, verschmähte.

Napoleon stahl sich in die Herzen aller Franzosen und wird ewig in ihnen leben, nicht allein deswegen, weil er ein großer Mann war, sondern mehr noch deswegen, weil er am kecksten aussprach und durchsetzte, was alle Franzosen denken und wollen, weil er durch seine Größe das Gehässige der Habgier entschuldigte, die das Geheimniß ihrer Nationalität ist. Man sage, was man wolle, Napoleon verdankt die Bewunderung der Franzosen seinem Genie, aber ihre Liebe verdankt er nur seiner tiefen Immoralität.

Dieses große Kriegsgenie fand in Deutschland die halbe Arbeit schon gethan. Das linke Rheinufer sammt den beiden Flanken unserer Stellung, die Schweiz hier, Holland dort, waren uns bereits entrissen, Preußen bereits von Oesterreich getrennt und neutral, als Napoleon die Rosse seines Siegeswagens zum ersten Male über Deutschlands Fluren jagte. Er hätte nicht halb der große Mann sein dürfen, der er wirklich war, und er hätte uns dennoch überwältigt. Unser Reich war an muthige Erhebungen und Volksaufgebote nicht gewöhnt, vielmehr an das Gegentheil, an feige Furcht, kriechenden Gehorsam und Zahlen. Gleichviel, wem es zahlte. Das kriegerische Preußen that nichts für die Rettung des Reiches, hinderte sie vielmehr durch seine Neutralität, die einer Allianz mit Frankreich beinahe gleichkam, und Oesterreich allein, das unter seinem alten Kaiserhause mit der edelsten Ausdauer und Treue kämpfte, war schon halb verblutet.

Die Resultate sind bekannt. Der westliche Theil des Reiches wurde in einen neuen Rheinbund formirt, gleich dem früheren unter dem Protektorate Frankreichs und mit der besonderen Wohlthat für Deutschland, daß auch die letzten Reste von ständischer und städtischer Freiheit vernichtet und überall eine vollkommen despotische Regierungsform eingeführt wurde. Oesterreich wurde seiner westlichen und südlichen Provinzen beraubt. Preußen erntete denselben Dank von Frankreich, wie früher die Schweiz; es wurde für seine treuen Dienste durch Mißhandlung und Verhöhnung belohnt, endlich über den Haufen geworfen und beinahe vernichtet.

Hätte Preußen den Baseler Frieden nicht geschlossen, hätte es Oesterreich treue Hülfe geleistet, auch den übrigen Reichsgenossen Muth gemacht und den Reichthum, der in Deutschland an Menschen und (bei den höheren Ständen) auch an Geld vorhanden war, anstatt ihn bald darauf den Franzosen in die Hände fallen zu lassen, vorher zu großen gemeinsamen Anstrengungen gegen Frankreich benutzt, so würde Frankreich vielleicht besiegt, wenigstens zu einem billigen Frieden genöthigt worden sein. Allein Preußen that nichts, und dieser rechte Flügel der deutschen Stellung sah ruhig zu, wie der linke (Oesterreich) geschlagen wurde. Daß alsdann Napoleon auch über den rechten Flügel herfallen würde, der vom geschlagenen linken nicht mehr unterstützt werden konnte, also besiegt werden mußte, hätte sich Preußen wohl vorstellen können. Wird Deutschland wohl je einsehen, daß es Frankreich immer nur darum zu thun ist, die eine Hälfte Deutschlands durch die andere oder nach der anderen zu schlagen, da es dem Ganzen nie gewachsen ist?

Indeß, wie leicht auch unter den angegebenen Umständen Napoleon mit Deutschland fertig wurde, sagte ihm doch eine innere Ahnung, es sei diesen gehorsamen Unterthanen, diesen liebreichen Nachbarn, die sich wie Trommeln auf beiden Seiten schlagen lassen, diesen phlegmatischen Deutschen, die er immer gern mit dem Prädikat „Dummheit" beehrte, doch nicht ganz zu trauen, es könne einmal irgend ein Gewitter aus ihnen herausschlagen und der Blitz ihn treffen. Daher nahm er nicht nur seine Maßregeln, die Deutschen zu zerspalten, die verschiedenen Stämme derselben einander noch mehr als bisher zu entfremden, den Einen zu schmeicheln, die Anderen zu schrecken und gänzlich zu entkräften, die deutsche Presse unter der strengsten Censur zu halten, die persönliche Freiheit durch die Polizei, ein in Deutschland in dieser Weise beinahe neues Institut, durchaus zu hemmen 2c., sondern er glaubte auch noch ein großes europäisches Schutz- und Trutzbündniß des Romanismus und Slavismus nöthig zu haben, um den Germanismus sicher niederzuhalten. Daher seine enge Allianz mit Kaiser Alexander vom Jahre 1807 an.

Dieser Bund der Romanen und Slaven zum Verderben Deutschlands war schon vorbereitet unter Ludwig XIV. und Peter dem Großen. Nur weil der Eine das Elsaß wegnahm, konnte der Andere Livland wegnehmen. Jetzt war der Verfall Deutschlands um ein Jahrhundert weiter gediehen. Der Franzose herrschte nicht nur am Rhein, sondern auch an der Elbe, und der Russe hatte schon Livland, Kurland, Esthland, fast ganz Polen, er nahm auch Finland.

Hätte dieser Bund länger gedauert, so würde Deutschland dazwischen vollends aufgerieben worden sein, denn Niemand hätte gewagt, dieser Koalition entgegenzutreten, wenn sie z. B. erklärt hätte: „Preußen hat aufgehört zu existiren." Selbst Oesterreich würde haben unterliegen müssen. Es ist nicht indiskret, wenn wir daran erinnern, welche Demüthigungen unseren ehrwürdigen alten Fürstenhäusern zu Erfurt und zu Dresden widerfuhren, wie übermüthig sie von den Franzosen und nicht minder von den Russen behandelt wurden, denn Alexander hatte nicht so viel Zartgefühl, von der großen Hasenjagd, die Napoleon zwei Jahre nach der Schlacht auf dem Schlachtfelde von Jena veranstaltete, wegzubleiben. Wohl darf und soll man solcher Beleidigungen gedenken, damit man sich gelegentlich auch daran erinnere, was zu thun ist, damit sie niemals wiederkehren.

Die langsame, stufenmäßige Vernichtung der letzten noch übrigen Selbstständigkeit der deutschen Fürsten und der deutschen Nation, die unausbleiblich erfolgt wäre, wenn Frankreich und Rußland auf die Dauer einig geblieben wären, wurde uns zum Glück erspart, nicht zwar durch unser Verdienst, aber durch Gottes wunderbare Fügung. Rußland und Frankreich beneideten einander die Beute und wurden Feinde.

War dies ein großes Glück für Deutschland, wofür wir dem Himmel nicht genug danken können, so knüpft sich daran doch eine Betrachtung der schmerzlichsten Art. Nie zuvor, in zwei Jahrtausenden, seit man die deutsche Geschichte kennt, waren alle Deutschen einem fremden Willen unterworfen gewesen. Nie hatten uns die Römer bezwungen, selbst Attila hatte nur einen Theil der Deutschen unterworfen, die Anderen stritten unter unabhängigen Fürsten gegen ihn und besiegten ihn. Erst jetzt zum ersten Male, im Jahre 1812, waren alle Deutschen ohne Ausnahme einem fremden Herrn dienstbar, mußten alle deutschen Staaten ohne Ausnahme einem fremden Herrn Truppen stellen und einem fremden Befehl untergeben, um für eine fremde Sache zu kämpfen.

Da diese Schande an der Nation offenbar wurde, bei der seit zweitausend Jahren die Herrschaft Europas gewesen, schien der Himmel selbst sie unerträglich zu finden und gab dessen ein Zeichen, um die Menschen zu erinnern, was sie auch ohne ihn hätten thun sollen. Wahrlich, jene großen Schrecken der Natur, die Napoleons Fall verkündeten, gereichen der deutschen Nation zu tiefer Beschämung.

Jetzt erst riß diese Nation sich auf in wildem Muth, racheglühend, schrecklich wie die Natur, deren Zeichen sie gesehen. Aber die Begeisterung kam in der That etwas spät. Staunend muß man fragen, warum die Deutschen jetzt erst thaten, was sie schon lange hätten thun können? Wie viele Provinzen, wie viele Millionen hatten sich die Deutschen seit den Zeiten Ludwigs XIV. entreißen lassen! Mit den Mitteln, die man fahrlässig den Franzosen preisgab, hätte man sie schon vor mehr als hundert Jahren bis über die Seine jagen können. Eine Vereinigung der Fürsten, ein allgemeines Volksaufgebot hätte schon weit früher stattfinden können und würde ein ebenso günstiges Resultat gehabt haben, wie 1813.

Indeß liegt es im Naturell des deutschen Volkes, daß es sich zu allen Dingen Zeit nimmt. Es hat auch die Reformation erst nach langer Prüfung der Geduld vollbracht. Wenn auch spät, geschah doch endlich, was Noth that. Die deutschen Fürsten vereinigten sich, das deutsche Volk stand auf in Masse, und mehr bedurfte es nicht, um Frankreichs ganze Macht und den Helden des Jahrhunderts zu besiegen. Der Eifer und das Talent der deutschen Heerführer, die Begeisterung und Tapferkeit der Heere selbst waren außergewöhnlich, und zwar hauptsächlich deswegen, weil der Krieg von der ganzen Nation als solcher geführt wurde. Dies gab ihm den Nachdruck, dies die seltene Begeisterung und schickte vor den Armeen den Schrecken her, dem nichts widersteht. Wenn ein so großes Volk, wie das deutsche, in Zorn geräth und aufsteht in Masse, muß Frankreich zittern, und wenn es zehn Napoleons hätte.

Volk und Heer führten den Krieg rein als Nationalkrieg. Man haßte damals nicht Napoleon allein, sondern die Franzosen. Da indeß nicht die deutschen Regierungen allein diesen Krieg leiteten, obgleich die deutschen Heere allein die Entscheidung gaben, da namentlich Rußland großen Einfluß übte und Rußland eine Vergrößerung der deutschen Macht, weil ihm Deutschland näher liegt, mehr fürchtete, als das Fortbestehen eines mächtigen französischen Staates, der ihm ferner liegt und dessen es sich in künftigen Fällen wieder gegen Deutschland bedienen konnte, so war schon mitten im Kriege selbst die Diplomatie darauf bedacht, den Sieg der Deutschen über die Franzosen nicht zu weit gehen zu lassen. Man drückte dies in der Erklärung aus, der Krieg sei kein Nationalkrieg, kein Krieg gegen Frankreich, sondern nur ein Krieg gegen die Person Napoleons.

In diesem Sinne wurde denn auch der Friede geschlossen. Die Gelegenheit bot sich dar, alle Unbilden, welche Deutschland seit Jahrhunderten von Frankreich gelitten, mit einem Schlage zu rächen, alle vom Deutschen Reiche losgerissenen Provinzen wieder zurückzunehmen. Aber diese Gelegenheit wurde nicht benutzt. Frankreich behielt nicht nur das welsche Burgund und Welsch-Lothringen, sondern auch das deutsche Elsaß und Deutsch-Lothringen. Es behielt Straßburg, den Schlüssel Oberdeutschlands. Auch saß der Gewaltbote des besiegten Frankreichs zu Wien mit im Rath und Gericht über Deutschland, z. B. über die sächsische Theilung, während sich in die neue französische Konstitutionssache kein Repräsentant einer deutschen Macht einmischen durfte.

Inzwischen war die neue Verfassung Frankreichs der englischen nachgebildet, ein konstitutioneller König mit zwei Kammern 2c., also wesentlich wieder von germanischer Natur. Nachdem die große Tragikomödie der Renaissance, die antike Republik und die antike Despotie, ausgespielt war, kehrte man zu dem ursprünglichen Bedürfniß zurück, welches die Revolution veranlaßt hatte, nämlich zu dem Bedürfniß germanischer Garantien, der altfränkischen Volksvertretung nach Ständen.

Deutschland hatte alle seine Kräfte eingesetzt, den Sieg zu erringen, aber nicht, ihn auch verhältnißmäßig zu benutzen. Indeß war schon die einfache Thatsache, daß die ganze französische Macht, der ganze französische Stolz, das ganze französische Kriegsgenie einem Volksaufgebot der Deutschen nicht gewachsen sei, von großem Werthe. Sie bewies den Franzosen, was Deutschland vermag, wenn es will. Sie flößte ihnen eine Scheu ein, abermals einen Versuch mit uns zu wagen. Sie belehrte ihre denkenden Köpfe, daß, wenn die Deutschen etwa künftig noch einmal zu einem allgemeinen Aufgebot gegen Frankreich geneigt würden, der Sieg ebenso wenig zweifelhaft sein würde, daß aber alsdann dieser Sieg zu Gunsten Deutschlands und zum Nachtheil Frankreichs vielleicht besser benutzt würde, als das erste Mal.

Gleichwohl war es gefährlich, den Franzosen so viel Macht, ja sogar den Besitz deutscher Provinzen und einen so wichtigen militärisch-politischen Vorposten wie Straßburg zu lassen. Es war gefährlich, Napoleon allein zum Sündenbock zu machen und allen Fluch auf ihn zu laden, Frankreich selbst aber zu schonen, da die Geschichte lehrt, daß Napoleon ja nur fortsetzte, was lange vor ihm die französischen Könige Uebles an uns gethan. Nicht Napoleon war die Hauptsache und Frankreich Nebensache, sondern Frankreich war die Hauptsache und Napoleon Nebensache. Napoleon war eine vorübergehende Erscheinung, Frankreich blieb. Mit Frankreich hatten wir es schon vor Jahrhunderten zu thun, mit ihm werden wir es noch in Jahrhunderten zu thun haben. Also nicht auf die Schwächung Napoleons, sondern auf die Schwächung Frankreichs kam es an.

Ganz abgesehen von der inneren politischen Anordnung des neuerrichteten deutschen Bundes, lag es ohne Zweifel im Interesse aller deutschen Staaten, daß Frankreich geschwächt wurde, daß es wenigstens Straßburg und die deutschen Länder nicht behielt. Es ist in Bezug auf diese Grenzfrage ganz einerlei, wie der deutsche Staatennexus innerlich gestaltet ist. Ob Deutschland ein Reich ist oder eine Konföderation von vielen Staaten, ob die Regierungsform absolut monarchisch oder konstitutionell ist, gleichviel, immer muß es sich vor Uebergriffen des westlichen Nachbars sicherzustellen suchen und die so oft gefährdete Westgrenze aufs Aeußerste befestigen.

Unglücklicherweise hat man aber die äußere Frage über der inneren vergessen. Der Streit, wie Deutschland in seinem Innern zu konstruiren sei, hat die Aufmerksamkeit von jenem weit wichtigeren Grenzstreite abgezogen. Man bedachte nicht, daß Reformen im Innern vorzunehmen, es an Zeit nicht fehlt, während Grenzprovinzen, die man hat und doch wieder in einem unbedachten Augenblick hingiebt, ein Verlust sind, der sich in unberechenbarer Zeit nicht wieder ersetzen läßt.

Sehen wir indeß ab von Deutschland und blicken wir nur auf Frankreich, so ist es sonnenklar, daß Frankreich den deutschen Mächten, die als Sieger so großmüthig über sein Schicksal entschieden und ihm auf Kosten Deutschlands so viele Vortheile ließen, nur Dank schuldig ist. Nie wurde ein Feind glimpflicher und schonender behandelt, als damals die Franzosen von den Deutschen.

Aber die Franzosen wollen dies nicht anerkennen. Die klaren Thatsachen reden, aber sie wollen nichts davon hören. Sie nehmen die Miene an, als sei ihnen großes Unrecht geschehen.

Die französische Revolution endete mit der Befriedigung des Bedürfnisses, durch welches sie hervorgerufen worden war. Die auswärtigen, namentlich deutschen Mächte waren so großmüthig, diese natürliche Entwickelung in keiner Weise zu stören. Frankreich erhielt die germanischen Rechtsgarantien, die es 1789 verlangt hatte, eine Verfassung, einen konstitutionellen König, verantwortliche Minister, zwei Kammern, Gleichheit vor dem Gesetz, Preßfreiheit, öffentliche Rechtspflege ꝛc., wie England. Mehr hatte das französische Volk in den Cahiers, die seine Deputirten aus allen Provinzen zur ersten Nationalversammlung mitbrachten, nicht verlangt. Es konnte damit auch 1815 zufrieden sein und 1830 es bleiben. Daß diese germanischen Rechtsgarantien dem wahren Bedürfniß des französischen Volkes entsprechen, hat namentlich die Julirevolution bewiesen, welche sie überbauert haben. Es gelang der antigermanischen, romanischen Partei der Renaissance nicht, dieselben umzustoßen, obgleich sie es auf doppelte Weise versuchte, indem sie in den Ordonnanzen das despotische System Ludwigs XIV. und in den republikanischen und bonapartistischen Emeuten den Konvent und das Kaiserreich herstellen wollte, jene gespensterhaften Wiedergeburten der altrömischen Welt.

Indeß machte der Unmuth des Romanismus sich überall Luft in der freien Presse. Er appellirte zuerst an die Nationalehre, an das alte Bedürfniß des Ruhms und an die kriegerischen Neigungen, in denen es wurzelt. Sodann an die ebenso alte Habgier der Nation, an die Lust, sich mit fremdem Gute zu bereichern. Wiedereroberung des linken Rheinufers und der Niederlande wurde die Losung des „National" und fand von Zeit zu Zeit regelmäßig ihr Echo auch in den Kammern. Dieselbe Idee lag unzähligen Geschichtswerken und Memoiren zu Grunde, die man in Frankreich und ganz Europa ausstreute, worin mit allen Farben einer glühenden Phantasie die Thaten der großen Armee und die Herrlichkeit des Kaiserreichs den Franzosen ins Gedächtniß gerufen wurden. Mit diesen Mitteln, welche das Nationalgefühl erregen sollten, kämpfte man zugleich gegen die auswärtige Politik des Bürgerkönigs und gegen das Ausland selbst. Hier wollte man mahnen, dort schrecken.

Da aber der Bürgerkönig von der Mehrheit der Besitzenden, der Haus- und Familienväter unterstützt war, in denen das Bedürfniß der einfachen germanischen Rechtsgarantien stärker ist als der romanische Trieb des Krieges, so richtete der Romanismus gegen diesen Bürgerstand eine besondere Waffe, nämlich die republikanische. Im Gegensatz gegen die konstitutionelle Monarchie, welche dem Bürgerstande günstig ist, verlangte er die Demokratie, die politische Emanzipation der Proletarier, mit einem Wort, die Pöbelherrschaft wie 1793. Er wollte die ihm mißfällige Regierung der Besitzenden durch die Empörung der Nichtbesitzenden sprengen. Zu diesem Behufe haranguirte er den Pöbel mit altkosmopolitischen Theoremen in der neuen Form des St. Simonismus, mit dem Ideal der Arbeiterrepublik ꝛc. und weckte zugleich die blutigen Erinnerungen des Schreckenssystems, um theils den Pöbel wieder an kannibalische Gelüste zu gewöhnen und mit furchtbaren Leidenschaften zu erfüllen, theils um die ruhigen Bürger furchtsam zu machen.

Da ferner ein glückliches Familienleben und die Heiligkeit der Ehe eine Hauptstütze des Bürgerthums ist, so richtete der Romanismus auch dagegen seine Waffen und erklärte der Ehe und den Sitten offen den Krieg und damit zugleich natürlich auch dem Christenthum, ganz so wie vor und in der ersten Revolution. Alle Gottlosigkeit und Obscönität der älteren Voltaireschen Schule wurde wieder hervorgesucht, die sittenlose Literatur der früheren Zeit in neuen Auflagen verbreitet und durch zahllose neue Bücher derselben Gattung ergänzt. Das Theater huldigte diesen jakobinischen Tendenzen. Verbrechen und Unzucht kamen auf der französischen Bühne, wie in den Unterhaltungsschriften, an die Tagesordnung.

Endlich, da die inneren Revolutionsversuche und die oft wiederholten meuchlerischen Anschläge auf das Leben des Königs nicht zum Ziele geführt, ist es dem Minister Thiers gelungen, einen Krieg gegen das Ausland einzuleiten, und obgleich der Ausbruch desselben durch die Weisheit des Königs gehemmt wurde, so hat doch dieser Vorgang die Nachbarn und vor allen

Deutschland in eine lebhafte Bewegung bringen müssen. Trotz der Weisheit des Königs war das Kriegsgeschrei in Frankreich lauter als je, und stimmten darin Männer der verschiedensten Parteien überein. Nicht mehr bloß der National, nicht mehr bloß Proletarier und schönhaarige Pflastertreter von Paris verlangten das linke Rheinufer, sondern ein Minister selbst, ehrwürdige Pairs, höchst konservative Deputirte schrieen in demselben Tone. Dagegen hörte man wohl Einreden, es sei jetzt nicht an der Zeit, dem ganzen bewaffneten Europa gegenüber wieder an Eroberungen zu denken, aber gegen das Recht und die Moral der Eroberung erhob sich keine Stimme. Daß Frankreich wirklich ein Recht auf das linke Rheinufer habe, und daß der Rhein seine natürliche Grenze sei, wurde überall in Frankreich als bekannt, als etwas, was sich von selbst versteht, angenommen.

Wenn nun auch zunächst Friede bleibt, so wird doch die jüngere Generation in Frankreich in dem Glauben erzogen, sie habe ein heiliges Recht auf den Rhein und die Mission, ihn bei der ersten Gelegenheit zur Grenze Frankreichs zu machen. „Die Rheingrenze muß eine Wahrheit werden", das ist das Thema für die Zukunft Frankreichs.

Wir glauben, in den vorhergehenden geschichtlichen Erörterungen zur Genüge gezeigt zu haben, daß Frankreich nicht den geringsten rechtlichen Anspruch auf die Rheingrenze hat. Aber wir wissen auch sehr wohl, daß Alles, was man den Franzosen darüber sagt, in den Wind geredet ist. Sie wollen nicht hören. Je klarer alle Zeugnisse der Geschichte und Natur und alle Gründe der Vernunft und Moral gegen sie sprechen, um so weniger wollen sie davon hören.

Es kommt also nur noch darauf an, ob Deutschland stark genug ist und bleiben wird, um die widerrechtlichen Ansprüche Frankreichs unter allen Umständen mit Gewalt zurückzuweisen? Es ist eigentlich kläglich, daß wir nach einer zweitausendjährigen

Nachbarschaft, nachdem wir so viele Schläge von den Franzosen empfangen und ihnen so viele wieder zurückgegeben haben, sie doch immer noch nicht dahin bringen konnten, sich über ihre wahre Stellung zu uns zu verständigen. Das Studium der Geschichte blüht in Frankreich wie bei uns, tausend Mittel und Wege des Verständnisses stehen offen, und doch herrscht bei den Franzosen so sehr die blinde Leidenschaft vor, daß sie sich absichtlich in eine Illusion hinein lügen und die Wahrheit zu sehen, auch in ihrem hellsten Tagesglanz, verschmähen.

Besonnene Erwägung, Vernunft, Gerechtigkeit und Billigkeit, die im Verkehr zweier so alter und so mächtiger Nachbarn stattfinden sollten und die wir immer bereit sind, einzuhalten, werden von den Franzosen verschmäht. Nur Gewalt soll entscheiden; so oft sie anderer Meinung sind als wir, gleich schlagen sie an den Säbel. Rückwärts und vorwärts soll die Geschichte verschwinden vor der Leidenschaft des Augenblicks. Wie die Erfahrungen der Vergangenheit, so werden die Gefahren der Zukunft verachtet. Allem trotzend, stürzt sich die Begierde auf ihren Gegenstand, gleichviel wer dabei zu Grunde gehen wird.

Es ist immerhin traurig, nach so vielen Erfahrungen und im Jahrhundert des klarsten Bewußtseins wieder die Finsterniß roher, barbarischer Triebe und das Reich der unvernünftigen Gewalt hereinbrohen zu sehen, selbst wenn wir stark genug sind, Gewalt mit Gewalt zu vertreiben. Aber wer steht uns dafür, daß uns nicht irgend einmal eine Schwäche anwandeln wird, daß wir nicht in Konflikte der inneren oder äußeren Politik gerathen werden, wobei unsere Wachsamkeit und unsere Kraft erschlaffen? Was haben wir dann von einem Nachbar zu fürchten, der kein Recht anerkennt als die Gewalt und der sich nicht schämt, offen zu bekennen, daß er heute noch wie in den Jahrhunderten des Faustkampfes nur darauf laure, uns einmal schwach, uneinig oder unachtsam zu finden, um uns aufs Neue räuberisch anzufallen?

Unsere Aufgabe ist daher, wenn wir den alten bösen Nachbar nicht belehren können, wenigstens uns selbst unser gutes Recht vollkommen klar zu machen, im ganzen Umfange deutscher Nation zum Bewußtsein zu bringen. Keinem Deutschen darf es verborgen oder gleichgültig bleiben, daß, wenn Frankreich und Deutschland je miteinander abrechnen, alles Soll auf seiner, alles Haben auf unserer Seite steht. Nur wir haben an Frankreich zu fordern, was es uns widerrechtlich entrissen. Frankreich dagegen hat nichts von uns zu fordern, nicht ein Dorf, nicht einen Baum. Der Rhein ist, wie Arndt kurz und gut gesagt hat, Deutschlands Strom — nicht Deutschlands Grenze. Geht man vom historischen Recht aus, so ist Alles, was Frankreich seit dem dreizehnten Jahrhundert an seinen östlichen Grenzen gewonnen hat, ein Raub an Deutschland gewesen, so sind alle burgundischen und lothringischen Lande unser altes, uns widerrechtlich entrissenes Eigenthum, und wir hätten demnach noch weit mehr zu reklamiren, als die Sprachgrenze. Geht man vom nationalen Standpunkt aus und macht die Sprache zur natürlichen Grenze der Nationen, so gehört uns der ganze Rhein mit seinem ganzen linken wie rechten Ufer, denn im ganzen Flußgebiet des Rheins wird seit vierzehn Jahrhunderten deutsch gesprochen; demnach hätte nicht Frankreich das linke Rheinufer von uns, sondern wir hätten von ihm Elsaß und Lothringen anzusprechen. Geht man endlich vom positiven Recht aus, wie es durch die letzten Verträge festgestellt ist, so hat Frankreich dadurch allerdings seinen unrechtmäßigen Besitz Lothringens und des Elsasses geheiligt, aber dieselben Verträge schließen Frankreich von jedem Anspruch an die übrigen Theile des linken Rheinufers aus. Wenn nun aber Frankreich jene Verträge von 1814 und 1815 nicht mehr anerkennt, die einzigen Rechtstitel, die ihm seinen alten Raub an Deutschland gesichert haben und noch sichern, und die wir immer redlich anerkannt haben, obgleich sie uns sehr nachtheilig sind — wenn Frankreich selbst diese Verträge bricht und Krieg beginnt, so sollten wir uns in dem festen Entschluß vereinigen, so Gott will und der gerechten Sache den Sieg verleiht, jene Verträge nie wieder zur Basis eines neuen Friedens zu machen, sondern das Schwert nicht eher in die Scheide zu stecken, bis uns unser ganzes Recht geworden ist, bis Frankreich seine ganze Schuld an uns bezahlt hat.

Unsere Aufgabe ist ferner, den politischen Verstand, der nach und nach unter uns zurückzukehren scheint, nachdem wir ihn Jahrhunderte lang verloren hatten, immer besonnener und gründlicher auszubilden, d. h. alle Fragen des Tages, es mag um ein Prinzip oder um ein Partikularinteresse gestritten werden, aus dem höheren nationalen Gesichtspunkt anzusehen und über inneren Zwistigkeiten nie die auswärtige Politik zu vergessen. All unser Unglück hatte nur diese Vergessenheit zur Quelle. Nur weil wir Deutschen untereinander haberten um Meinungen oder um Provinzialinteressen und darüber versäumten, unsere Grenzen nach außen zu wahren, konnten die Nachbarn uns berauben und schwächen. Vieles ist geschehen, um die Wiederkehr so heilloser Zerwürfnisse in Deutschland für die Zukunft zu verhindern. Die deutschen Volksstämme hegen die frühere unvernünftige Eifersucht gegeneinander nicht mehr oder weit nicht mehr in dem Grade wie früher. Auch die Dynastien stehen sich näher und finden ihr Interesse jetzt in einer übereinstimmenden Politik weit besser geschützt als ehemals in der Trennung. Nur der Streit um Meinungen und Ueberzeugungen, um Verfassungs- und Kirchenfragen ist noch lebhaft rege und seiner befriedigenden Lösung noch nicht nahe. Ist es aber zu viel verlangt von einer so großen, alten, erfahrenen und durch und durch gebildeten Nation, wie die deutsche, wenn man ihr zumuthet, sich nicht in sich selbst zu verfeinden, so lange ihr noch so viele Feinde von außen drohen? Der Gegenstand, über den man sich verfeindet, sei, welcher er wolle, der Erfolg wird immer fein, daß jeder unserer inneren Zwiste vom Auslande zu unserem Verderben benutzt werden wird. Wir müssen uns, selbst mitten im Frieden, immer wie ein großes Heer im Feldlager und im Angesicht eines mächtigen Feindes betrachten. In solcher Lage ziemt es uns nicht, aus welchem scheinbar sehr natürlichen und gerechten Anlaß es auch geschehe, uns einander selbst feindlich gegenüberzustellen. Wir müssen immer nur Front machen gegen den Feind von außen.

Welche Rücksichten kommen

bei der Wahl

der Richtung von Eisenbahnen

in Betracht?

Vorbemerkung.

Im Jahre 1843 erschien in der Zeitschrift „Deutsche Vierteljahrsschrift" der nachstehende Aufsatz unter der Ueberschrift: „Welche Rücksichten kommen bei der Wahl der Richtung von Eisenbahnen in Betracht?", unterzeichnet mit einem M. Daß dem Aufsatz damals in der Oeffentlichkeit die Würdigung zu Theil wurde, die er verdiente, dürfen wir bei der zu jener Zeit herrschenden, noch wenig geklärten Ansicht über den Werth und die große Bedeutung der Eisenbahnen sowie über deren zukünftige Entwickelung wohl bezweifeln. Die Firma Cotta hat in einem Briefe bei der Anzeige des Empfanges des Aufsatzes dessen bedeutenden Werth gewürdigt und dem Verfasser wie folgt eine Anerkennung zu Theil werden lassen:

„Jedenfalls genehmigen Sie wohl, daß wir als geringen Beweis des Werthes, den wir auf Ihre Theilnahme an unsern Journalen legen, Ihnen mit der Anlage einen Beitrag für Ihre Bibliothek übersenden, welchen wir Sie bitten, freundlich aufzunehmen.

Anlage: Schillers und Goethes Werke mit Stahlstichen und Holzschnitten, sowie Schillers, Goethes und Freiligraths Gedichte en miniature."

Wir müssen den Scharfblick bewundern, womit der damalige Major im Generalstabe v. Moltke die große Bedeutung der Eisenbahnen, ihren Werth für den Staat und ihre Wichtigkeit in volkswirthschaftlicher Beziehung zu einer Zeit erkannte, in welcher die Regierungen fast aller Staaten es nicht für angezeigt erachteten, Eisenbahnen aus Staatsmitteln zu bauen und in Betrieb zu nehmen. Mit Ausnahme einer kleinen Zahl aufgeklärter und freier denkender Männer stand die öffentliche Meinung den Eisenbahnen noch wenig wohlwollend gegenüber. Es soll hier nur an die Schwierigkeiten erinnert werden, die der große Nationalökonom F. List zu überwinden hatte, bis es ihm gelang, die Magdeburg-Leipziger Eisenbahn ins Leben zu rufen.*)

---

*) Die Leipzig-Dresdener Eisenbahn, ein Werk Friedrich Lists, von Dr. Niedermüller. Leipzig 1880. — Archiv für Eisenbahnwesen. Jahrgang 1880. Heft 5. Beginn des Baues Frühjahr 1836. Inbetriebnahme der ganzen Bahnlinie für den Personenverkehr am 18. August 1840 und für regelmäßig verkehrende Güterzüge am 1. November 1840.

Neben dem Scharfblick, der sich für die Beurtheilung des Werths und der Bedeutung der Eisenbahnen in dem Aufsatz kundgiebt, sind die Fachkenntniß und das praktische Verständniß hervorzuheben, die den Verfasser auf einem, seinem eigentlichen Berufe fernliegenden Gebiete unterrichtet zeigen, Kenntnisse, die ein völlig genaues Fachstudium der in anderen Ländern, namentlich in England, der Wiege der Eisenbahnen, bei ihrem Bau und Betriebe gemachten Erfahrungen ersehen lassen. Insbesondere verdient die eingehende Beschreibung der Lokomotive, ihrer Wirkungen und Leistungen, Beachtung; ein Fachmann hätte sie nicht zutreffender geben können. Ferner sind in dem Aufsatz, der selbst manchen Techniker zu belehren vermochte, die für Anlage und Betrieb der Eisenbahnen jener Zeit geltenden Grundsätze sachgemäß entwickelt; sogar statistisches Material über die bereits bestehenden Bahnen wird beigebracht, so daß man berechtigt ist, die Ueberschrift des Aufsatzes zu fassen: „Ueber die Anlage und den Betrieb der Eisenbahnen".

So enthält die Abhandlung eine Fülle zutreffender Aussprüche, deren Wahrheit bei ihrem ersten Erscheinen wohl Wenige erkannten, und viele wichtige und scharfsinnige Folgerungen. Dabei ist sie, wie Alles, was der Feldmarschall schrieb, kurz und bestimmt im Ausdruck, allgemein verständlich und wissenschaftlich wohl begründet. Wir möchten nicht unterlassen, nur auf folgende Aeußerungen, die ein durchweg richtiges Urtheil über die zukünftige Entwickelung des Verkehrs der Eisenbahnen geben, hinzuweisen:

„Personen sind die werthvollste Waare, die, bei welcher man die höchsten Fahrpreise erheben darf, und deshalb sind bisher fast alle Eisenbahnen wesentlich auf Personenfrequenz berechnet: die Güterfracht aber als Nebensache behandelt worden. Und doch liegt der Zeitpunkt nicht fern, wo man erkennen wird, daß gerade der Gütertransport die Basis alles Eisenbahnbetriebes ist, welcher die Anlagen rentabel machen wird, und daß in ihm der eigentliche nationalökonomische Nutzen der Schienenwege zu suchen ist."

Und weiter heißt es dann:

„Personen verlangen beim Transport unzählige Rücksichten, Güter nur pünktliche und sichere Besorgung."

Diese vor nahezu fünfzig Jahren gethanen Aussprüche haben sich durchaus bewahrheitet! Welche Forderungen stellt man jetzt an die Bahnverwaltungen, um schnell, bequem, luftig, nicht zu warm und nicht zu kalt und doch billig befördert zu werden, welchen Umfang hat der Güterverkehr auf den Eisenbahnen angenommen und wie zutreffend war der Ausspruch, daß der Güterverkehr die Bahnen rentabel machen werde. Ist auch rechnerisch nicht genau festzustellen, wie hoch sich die Kosten belaufen, welche ausschließlich

Vorbemerkung. 233

dem Personen- und welche nur dem Güterverkehr zufallen, so ist doch unbestritten, daß der Hauptgewinn der Eisenbahnen dem Güterverkehr zuzuschreiben ist; von einigen Seiten wird sogar die Behauptung aufgestellt, daß der Personenverkehr vorwiegend infolge der an die Beförderung von Personen gestellten großen Ansprüche nicht nur nichts einbringe, vielmehr noch Zuschuß erfordere.

Wie wir nicht anders erwarten können, bethätigte Major v. Moltke sein großes Interesse an dem neuen Verkehrsmittel auch durch persönliche Mitarbeit an der Entstehung von Eisenbahnen. Aus einem Briefe an seinen Bruder Ludwig vom 13. April 1844 geht hervor, daß er zu jener Zeit zum Verwaltungsrath der Berlin-Hamburger Eisenbahn gehörte,*) und aus anderen Quellen wissen wir, daß ihm ein großer Antheil an dem Zustandekommen des Unternehmens gebührt.

Die bezügliche Stelle in dem erwähnten Briefe lautet:

„Während Frankreich in den Kammern immer noch berathet, haben wir 300 Meilen Eisenbahnen fertig gekriegt und über 200 neue in Arbeit.

Unter diesen letzteren befindet sich die Hamburg-Berliner, zu deren Verwaltungsrath ich gehöre. Die größte Schwierigkeit, die uns zu besiegen bleibt, ist die Königlich dänische Regierung, welche uns zwingen will, eine Richtung längs der Elbe durch Lauenburg einzuhalten, die uns 2 Millionen Thaler mehr kostet, als die von uns gewählte über Schwarzenbeck. Es ist die Rede von einer Deputation nach Kopenhagen, an welcher ich theilnehmen soll, doch ist die Sache vielleicht noch auf diplomatischem Wege zu vermitteln. Indeß haben wir in Gottes Namen zu bauen angefangen und wollen 1846 fertig sein." (Vgl. Band IV, S. 255.)

Am 13. Mai 1844 schreibt er in dieser Angelegenheit an seinen Bruder Adolf:

„Der Ueberbringer dieses Schreibens ist der Direktor der Berlin-Hamburger Eisenbahn, Herr Costenoble,**) sein Begleiter der Bauarath Neuhaus***) als Ober-Ingenieur und Dr. Abendroth aus Hamburg, welcher Vorsitzender des Ausschusses dieser Gesellschaft ist. Du wirst in allen Dreien gebildete, tüchtige und dabei angenehme Männer finden. Die Veranlassung ihrer Reise sind die Schwierigkeiten, welche die dänische Regierung unserem Unternehmen entgegenstellt. Es liegt ihnen daran,

---

*) In dieser Eigenschaft verkehrte Major v. Moltke vielfach mit dem Geheimen Kommerzienrath Moritz Robert-Tornow.
**) Später Vorsitzender der Königlichen Eisenbahndirektion der Niederschlesisch-Märkischen Eisenbahn in Berlin.
***) Erbauer der Berlin-Hamburger Eisenbahn und langjähriger Vorsitzender der Direktion derselben.

einige Bekanntschaften in Kopenhagen zu machen, und obwohl ich ihnen gesagt, daß Du in einer ganz anderen Branche angestellt bist, so wünschen sie doch Deine Bekanntschaft zu machen und hoffen, daß Du sie über Personenverhältnisse orientiren wollest."

Am Schlusse des Aufsatzes sehen wir, welchen hohen Werth für den Staat der Verfasser damals schon in der richtigen und zweckmäßigen Anlegung der Eisenbahnen, in einem zweckmäßigen Staatsbahnnetz, auch im Hinblick auf die militärischen Interessen, erblickte. Wir müssen staunen, mit welchem Scharfblick, man möchte sagen Seherblick, Moltke schon so frühzeitig den großen Werth der Eisenbahnen für sein Fach, seinen Beruf erkannte. Diese Erkenntniß führte ihn später dazu, in der ihm zum Heile Deutschlands übertragenen Stellung die Eisenbahnen für militärische Zwecke zu verwenden und richtig nutzbar zu machen. Zeigte sich dies schon im Jahre 1866, so sehen wir es in erhöhtem Maße ausgebildet und durchdacht angewendet beim Aufmarsch der Armee im Jahre 1870 und dem anschließenden Kriege, dessen erfolgreiche erste Kämpfe durch den in kurzer Zeit stattgehabten Aufmarsch ermöglicht wurden. Dieselbe Erkenntniß, im Verein mit den gemachten Erfahrungen, leitete ihn ferner dazu, dies Verkehrsmittel in den militärischen Organismus einzubeziehen und für die militärischen Interessen durch Schaffung allseitig als wichtig und nothwendig erkannter Einrichtungen ausgedehnter zu verwerthen.

So wird bereits durch Allerhöchste Kabinets-Ordre vom 31. Januar 1867 eine Eisenbahn-Abtheilung im großen Generalstabe ins Leben gerufen; ihr Vorstand erhält durch Allerhöchste Kabinets-Ordre vom 8. Mai 1871 seine Ernennung zum selbstständigen Chef der Eisenbahn-Abtheilung.*)

Etwa gleichzeitig wird ein für militärische Zwecke praktisch verwendbares Eisenbahn-Bataillon durch Allerhöchste Kabinets-Ordre vom 19. Mai 1871 errichtet, das am 30. Dezember 1875 zu einem Eisenbahn-Regiment anwächst und am 20. Februar 1890 bereits zu einer Eisenbahn-Brigade erweitert ist, Einrichtungen, deren Wichtigkeit alsbald von anderen Staaten erkannt wurde und dort Nachbildung fanden.

Aus all dem läßt sich erkennen, mit welcher Genugthuung es den Feldmarschall erfüllen mußte, das Verkehrsmittel der Eisenbahnen, deren Entstehung er mit zuversichtlichem Zuruf begrüßt hatte, einen alle Erwartungen übertreffenden Aufschwung nehmen zu sehen und seine Entwicklung zu diesen ungeahnten Erfolgen ein halbes Jahrhundert hindurch begleiten zu dürfen.

---

*) Major v. Brandenstein, später Chef des Ingenieur- und Pionier-Korps und General-Inspekteur der Festungen.

Viele und denkende Männer halten die Eisenbahnen welche heute die allgemeine Aufmerksamkeit so sehr in Anspruch nehmen, für ein Symptom der krankhaften Unruhe und der nervösen Ungeduld unserer Zeit, welche mit allen Dingen nicht schnell genug fertig werden kann. Andere betrachten sie als ein nothwendiges Uebel, unvermeidlich wie die Einführung der Spinnmaschinen bei uns, nachdem der Nachbar sie bei sich eingeführt hat. Die allgemeinere Ansicht ist indessen, daß dies neue Verbindungsmittel, für welches schon so große Opfer gebracht und noch größere zu bringen sind, dem wirklich vorhandenen Trieb nach gegenseitiger intellektueller und materieller Annäherung Befriedigung gewährt.

Wer sich aus seiner Jugend der Beschaffenheit aller Kommunikationsmittel erinnert, möchte glauben, bereits Methusalems Alter erreicht zu haben, wenn er auf den jetzigen Zustand derselben hinblickt. Und doch sind es nur 30 Jahre, als man selbst vor den Thoren der Hauptstädte in endlosen Sand oder tiefe Lehmwege versank. Ein Besuch von Berlin aus nach Potsdam erforderte die Zurüstung einer Reise, Frankfurt a. O. lag zwei Tagereisen entfernt; man nahm Abschied von den

Freunden und richtete sich auf alle Beschwerlichkeiten übler Witterung, schlechter Nachtquartiere und umgeworfener Wagen ein. Ganze Heerden von Pferden keuchten mit den Frachten über steile Höhen und durch tiefe Thäler, im glücklichsten Fall auf halsbrechenden Steindämmen, und überall wurde Pflaster=, Brücken= und Geleitgeld erhoben. Wirklich waren die Land= straßen des Mittelalters fast unverändert bis auf uns gekommen, nur daß die Raubritter durch die legale Wegelagerung der Zollstätten verdrängt waren.

Erst nachdem die blutigen, langen Kämpfe geendet, welche unser Jahrhundert von dem letztverflossenen geerbt, fand eine völlige Umwandlung der Verkehrswege statt. Seit dem Pariser Frieden richtete sich die Thätigkeit der Völker vom Zerstören aufs Schaffen in jeder Beziehung, und auch für Kommunikationen wurde in den letzten drei Decennien mehr gethan als in drei Jahrhunderten vorher. Es entstand ein Netz von Chausseen zwischen allen wichtigeren Punkten, und in Deutschland allein beträgt die Gesammtlänge der in dem genannten Zeitabschnitt gebauten Kunststraßen einen halben Erdumkreis. Dennoch genügte auch das Mittel der versteinten Wege der einmal erwachten und stets mächtiger sich entwickelnden Betriebsamkeit nicht, und erst die Erfindung der Dampfwagen und Eisenbahnen vermochte dem Bedürfnisse der neuen Verhältnisse zu entsprechen.

Wie sehr nun auch diese Erfindung unserer Tage die Ge= müther beschäftigt, so darf doch behauptet werden, daß die Kenntniß von den Eigenthümlichkeiten derselben nichts weniger als allgemein verbreitet ist. Nicht daß es an vortrefflichen Werken über diesen Gegenstand fehlte, sie sind aber meist nur dem Techniker ver= ständlich, wie denn überhaupt erst dann, wenn die Wissenschaft fertig, die populäre Darstellung nachfolgt. *) Bevor wir daher

---

*) Soweit uns bekannt ist, gab es im Jahre 1842 weder eine populäre Abhandlung über das Eisenbahnwesen noch ein technisches Werk über den Bau und den Betrieb der Eisenbahnen. Str.

Fahrstraßen und Schienenwege. 237

auf den eigentlichen Gegenstand unserer Untersuchung eingehen, wird es nicht überflüssig sein, einige technische Details so zusammenzustellen, daß sie dem Laien faßlich und verständlich werden.

Bekanntlich ist die Eisenbahn ein Weg mit Geleisen aus starken, gußeisernen Schienen,*) welcher mit der ausführbar geringsten Abweichung von der geraden Linie (in horizontaler wie in vertikaler Richtung), d. h. auf dem kürzesten Wege und mit so wenig Ansteigung und Gefälle wie möglich, zwischen den zu verbindenden Punkten geführt wird. Um diesen Bedingungen zu entsprechen, wird die Eisenbahn bald die Höhen als Hohlweg durchschneiden, zuweilen wohl gar sie als Stollen durchstoßen, bald die Thäler als Damm, Brücke oder Viadukt überschreiten müssen, oft aber auch solche Terrainschwierigkeiten, die sie nicht zu besiegen vermag, in sanften Krümmungen umgehen.

Nachdem das Planum oder der Erdkörper der Bahn so hergerichtet ist, daß es den oben angeführten Bedingungen möglichst entspricht, werden die Schienen, welche untereinander genau gleichlaufend sein müssen, auf steinerne Träger, **) öfter auf starke Hölzer mittelst gußeiserner Stühle ***) oder in neuerer Zeit meist mittelst Hackennägeln †) sorgfältig befestigt. Die

―――――――――

*) Gußeiserne Schienen von drei und mehr Fuß Länge wurden bei dem Oberbau der ersten englischen Eisenbahnen als Langträger und später beim Querschwellenoberbau bis Mitte der 40er Jahre verlegt. Die ersten Schienen aus Schmiedeeisen von 15 Fuß Länge sind in der jetzt allgemein noch gebräuchlichen Form im Jahre 1828 auf einem Eisenwerk bei Durham gewalzt worden. Str.

**) Die in der ersten Zeit vielfach angewandten Steinwürfel oder Einzelunterlager der Schienen sind gegenwärtig noch auf über 500 km Länge in Haupt- und Nebengeleisen der deutschen Eisenbahnen vorhanden, hiervon liegen noch etwas über 300 km auf den bayerischen Bahnen, die übrigen zum größeren Theil auf preußischen Bahnen. Str.

***) Der auf den englischen Bahnen vorwiegend zur Verwendung gekommene Stuhlschienenoberbau liegt noch in einer Länge von beinahe 800 km auf den deutschen Eisenbahnen und zwar hauptsächlich im Direktionsbezirk Magdeburg. Str.

†) Gegenwärtig noch die verbreitetste Befestigungsart auf hölzernen Querschwellen. Str.

üblichste Form der Schienen zeigt im Querschnitt die Figur eines T, auf dessen oberer Fläche die Räder laufen; ihr Gewicht beträgt 14, 20 bis 24 Pfd. für den laufenden Fuß, die Länge ist durchschnittlich 15 Fuß.*) Da sich bekanntlich die Metalle bei jeder Temperaturerhöhung mit einer ganz unwiderstehlichen Gewalt ausdehnen, so ist es nöthig, zwischen je zwei Schienen einen kleinen Zwischenraum von etwa 1½ Linien**) zu lassen.

Weil nun, wie oben gesagt, das eiserne Fahrgeleise nicht wie bei gewöhnlichen Wegen eingeschnitten, sondern vielmehr erhaben ist, wird es nöthig, die Räder der Fahrzeuge, welche sich auf demselben bewegen sollen, an ihrer inneren Fläche mit einem schmalen Rande oder Kranze zu versehen, damit sie nicht hinabgleiten können.

Eine andere Eigenthümlichkeit dieser aus Eisen gefertigten Räder ist, daß sie sich nicht wie bei gewöhnlichen Wagen um die Achsen drehen, sondern, weil es erforderlich ist, die Spurweite sehr genau einzuhalten, an den Achsen festsitzen und sich mit diesen zugleich in Pfannen umdrehen, welche unter den Wagen befestigt sind.***)

Um möglichst viel Raum im Wagen selbst zu gewinnen, wird der Kasten bedeutend breiter als die Spurweite gemacht. Derselbe muß zu diesem Zweck über den Rädern, nicht wie gewöhnlich zwischen ihnen, angebracht werden, und wenn man daher nicht die Gefahr des Umwerfens herbeiführen wollte, so mußten die Räder niedriger als bei gewöhnlichem Fuhrwerk konstruirt werden, obwohl Räder von großem Durchmesser auch auf Eisenbahnen ein wesentlicher Vortheil sein würden. Auf einer neueren

---

*) Auf den Haupteisenbahnen Deutschlands werden zur Zeit Schienen bis zu 12 Meter Länge und in einem Gewicht bis zu 52 kg für das Meter verwandt.   Str.

**) Der Zwischenraum wird mit Rücksicht auf die Länge der einzelnen Schienen und die größten Temperaturunterschiede bemessen.   Str.

***) Der Hauptunterschied bei der Bewegung von Eisenbahnfahrzeugen und gewöhnlichen Straßenfahrzeugen.   Str.

englischen Eisenbahn hat man diesen Vortheil dadurch zu erlangen gesucht, daß man die Spurweite vergrößerte;*) die Räder konnten nun ohne Gefahr höher konstruirt werden, und man erlangte allerdings eine viel größere Geschwindigkeit, stieß aber dabei auch auf andere, hier nicht zu erörternde technische Schwierigkeiten, welche verursachen, daß man auf dem Kontinent überall die gewöhnliche Spurweite beibehalten hat.

Es ist leicht einzusehen, daß ein Wagen auf der Eisenbahn ungleich leichter fortzubewegen sein wird, als auf gewöhnlichem Wege. Dieselbe Last, welche auf Eisenschienen von einem Pferde mit der Schnelligkeit von ⅗ Meilen in der Stunde gezogen wird, erfordert bei gleicher Geschwindigkeit der Bewegung auf Granitgeleisen, wie die der commercial road in London oder wie man sie in den oberitalienischen Städten findet, vier, auf Chausseen 8 bis 16, auf gewöhnlichen Landwegen 33 bis 66 Pferde.

Man hängt daher auf Eisenbahnen eine ganze Reihe schwer beladener Wagen aneinander und spannt vor diesen Zug ein einziges dampfschnaubendes, feuersprühendes, schwarzes Zauberroß, Lokomotive genannt, dessen Natur wir etwas näher zu prüfen haben. Es kann zwar die Absicht nicht sein, die Beschreibung einer so komplizirten Maschine, wie die eines Dampfwagens, dieses Triumphs des menschlichen Erfindungsgeistes, im Detail zu geben, aber das Wesentlichste und Allgemeinste darf hier berührt werden.

Zwischen den Rädern und auf Federn gestellt, befindet sich ein aus Schmiedeeisen sehr fest zusammengefügtes Wasserbehältniß, der Kessel genannt, meist in Form eines liegenden Cylinders, welcher fast die ganze Länge des Wagens einnimmt. Am hintern Ende desselben befindet sich, und zwar rings von Wasser um=

---

*) Die große Spurweite auf mehreren englischen Bahnen, z. B. der Great Western=Bahn, betrug 2,135 Meter (7 Fuß englisch), an deren Stelle ist bereits fast durchgängig die auf dem Kontinent (mit Ausnahme von Rußland und Spanien) übliche Normalspurweite von 1,435 Meter eingeführt. Str.

geben, der Herd, in welchem ein starkes Feuer unterhalten wird, dessen Gluth durch ein System von 40 bis 50 Messingröhren (um möglichst viel Berührungsfläche zu erzeugen) durch das Wasser in den am vordern Ende des Dampfwagens stehenden Rauchfang geleitet wird. Nachdem das Wasser, welches bis zu einer gewissen Höhe in den Kessel gepumpt wird, zum Kochen gebracht ist, entwickelt sich der Dampf, auf dessen Elastizität die Wirkung aller Dampfmaschinen beruht. Das Ausdehnungsvermögen desselben wächst mit der Erhöhung der Temperatur, unter welcher derselbe erzeugt wird, und eingeschlossen zwischen den Wänden des Kessels, wird derselbe diese bei fortgesetzter Entwickelung endlich zersprengen, wie fest sie auch gearbeitet sein mögen, wenn ihm nicht, sobald seine Spannung eine gewisse Höhe erreicht hat, ein Ausweg geöffnet wird. Dies geschieht nun beim Dampfwagen entweder durch die Cylinder, wenn die Maschine arbeitet, oder durch das Sicherheitsventil, wenn sie ruht.

Man sagt, daß der Dampf 40, 50, 60 Pfd. Spannung habe, wenn die Kraft, mit welcher derselbe von innen gegen die Wände des Kessels drückt, dem Gewicht von 40, 50 oder 60 Pfd. auf jeden Quadratzoll ihrer Fläche gleich ist. Denkt man sich z. B. ein Stück von 1 Quadratfuß am oberen Theil des Kessels lose und nicht angeschmiedet, so müßte dies bei 60 Pfd. Spannung mit 8640 Pfd. Gewicht beschwert sein, um nicht durch den Dampf in die Höhe gehoben zu werden. Wenn nun die Verbindung der Theile, aus welchen der Dampfkessel zusammengesetzt ist, nur einen Druck von 60 Pfd. Spannung oder doch nicht wesentlich mehr erträgt, so begreift man, daß bei Uebersteigung dieses Maximums der Kessel mit einer furchtbaren Explosion zerspringen müßte; denn der Dampf, welcher in demselben eingeschlossen ist, würde unter dem gewöhnlichen Druck ein mehr als 400mal größeres Volumen bilden. Dies zu verhindern, befinden sich an dem Dampfkessel nun wirklich Oeffnungen, deren Deckel mit einem Gewicht beschwert sind, welches 60 Pfd. auf den Quadratzoll austragen würde, oder, was dasselbe ist, welche durch die Spannung einer starken Feder in eben dem Verhältniß niedergedrückt werden. Dies sind die Sicherheitsventile. Sobald der Druck im Innern des Kessels den Druck, welcher die Ventile niederhält, übersteigt, öffnen diese sich, und wir sehen jene weiße Wolke emporwirbeln, welche wir gewöhnlich Dampf nennen, obgleich sie schon der zu Wasser niedergeschlagene Dampf ist; denn letzterer ist unsichtbar, wie die Luft selbst. Die Gewalt, mit der dieser Ueberschuß an Kraft entweicht, welcher hinreichend wäre, die Prämie für die elektro-magnetische Maschine zu verdienen, giebt uns schon einen Begriff von der vollen Leistungsfähigkeit der Lokomotive. Sobald so viel Dampf durch das Sicherheitsventil entwichen ist, daß der Druck nicht mehr über 60 Pfd. beträgt, sinkt das Ventil von selbst und schließt den Kessel.

Der andere Ausweg für den Dampf sind nun die Cylinder vorn zu beiden Seiten des Kessels. Es befindet sich im Cylinder ein Piston oder Kolben, welcher vorwärts und rückwärts verschoben werden kann. Wenn mittelst des Regulators dem Dampf durch eine angebrachte Oeffnung der Zutritt in das vordere Ende des Cylinders gewährt wird, so treibt derselbe den Kolben mit großer Kraft zurück. Bevor aber der Kolben den Grund des Cylinders erreicht, schließt sich mittelst einer einfachen und sinnreichen Vorrichtung die Oeffnung, durch welche der Dampf eingedrungen war, und es öffnet sich ein Ausweg für denselben nach dem Rauchfang, durch welchen derselbe alsbald entweicht. Gleichzeitig wird eine Oeffnung an dem hinteren Ende des Cylinders frei, durch welche nun unverzüglich der Dampf aus dem Kessel in den Cylinder, aber auf der entgegengesetzten Seite des Kolbens eintritt und diesen so lange vorwärts schiebt, bis wieder der Austritt nach dem Rauchfang sich öffnet und der Dampf aufs Neue in das vordere Ende eindringt. Auf diese Weise bleibt der Kolben in einer beständigen, und zwar sehr raschen Bewegung vorwärts und rückwärts.

Der ganze Apparat des Dampfwagens ruht auf 4, 6 oder 8 Rädern, von denen die Leit- und Triebräder unterschieden werden müssen.*) Die ersteren sind kleiner und dienen nur dazu, die Last der Maschine zu tragen, die letzteren, von bedeutend größerem Durchmesser, sollen sie fortbewegen. Die Kolben in den Cylindern nun, von denen wir eben gesprochen, stehen mittelst Stangen in Verbindung mit Kurbeln an den Triebrädern, so daß jede Bewegung, einmal rückwärts und einmal vorwärts, der ersteren eine volle Umdrehung der letzteren zur Folge hat.

Ueberall, wo zwei Körper sich in unmittelbarer Berührung einer über den andern fortbewegen, entsteht Reibung. Diese ist es, welche in allen Maschinen der Bewegung entgegenwirkt, selbige ermäßigt und sie endlich ganz aufhebt. Dennoch ist die Anwendung von Lokomotiven zum Fortziehen von Lasten eben auf diese Reibung basirt. Die Elastizität der im Kessel entwickelten Dämpfe treibt in den Cylindern, wie wir sahen, den Kolben hin und her, und diese Bewegung theilt sich zunächst den Triebrädern mit, welche dadurch das Bestreben erlangen, sich umzudrehen. Weil sie auf den Eisenschienen, auf welchen sie ruhen, einen Widerstand finden, den man gewöhnlich Abhäsion nennt, und welcher sie hindert, sich frei um ihre Achse zu drehen, so treiben sie diese Achse selbst vorwärts, d. h. sie rollen fort und ziehen die Last, welche angehängt sein möchte, mit.

Als man zuerst Lokomotiven auf Eisenbahnen brachte, versah man die Spurkränze oder Felgen der Räder mit Zähnen, welche in korrespondirenden Vertiefungen der Schienen eingreifen sollten.**) Dies war mit großen Unbequemlichkeiten verbunden,

---

*) Die von George Stephenson gebaute Lokomotive, welche auf der Stockton-Darlington-Eisenbahn bei Rainhill am 6. Oktober 1829 den ausgesetzten Preis als beste und am schnellsten fahrende Maschine erhielt, hatte vier Räder.   Str.

**) 1804 wurden auf den Steigungen der Merthyr-Tydvil-Bahn in Süd-Wales Kohlenzüge durch eine Maschine von R. Trevethid gefahren, bei welcher die Räder außerhalb der Schienenlauffläche mit Nägeln be-

und es dauerte ziemlich lange, ehe man sich davon überzeugte, daß zwischen sorgfältig abgedrehten Rädern und ganz glatten Schienen dennoch eine so große Friktion stattfinde, daß man, gestützt auf diese nützliche Reibung, Tausende von Centnern selbst ziemlich steile Abhänge hinaufziehen könne.

Die hindernde Reibung hingegen ist diejenige, welche bei allen übrigen Rädern zwischen Achsen und Büchsen und in geringerem Maße zwischen Felgen und Schienen, endlich zwischen den inneren Theilen der Maschine selbst stattfindet. Dieser Widerstand wächst in geradem Verhältniß mit der Last, welche auf den Achsen ruht. Ueberstiegen die Summen jener Widerstände die Größe der Abhäsion, so würden Wagen und Lokomotiven still stehen und die Triebräder der letzteren, mit sehr großer Reibung auf den Schienen schleifend, sich um ihre Achsen drehen.

Auf einer harten und horizontalen Ebene nun ist zur Ueberwindung der Reibung bei Fortbewegung von Räderfuhrwerk, wie vielfache Versuche gezeigt haben, eine Kraft ausreichend, welche ungefähr $1/300$ der Schwere*) des zu bewegenden Fuhrwerks gleich ist, mit anderen Worten: das Gewicht eines Centners würde an einer über eine Rolle gelegten Schnur einen gegen 300 Ctr. schweren Wagen fortziehen (wobei natürlich von der Steifigkeit der Schnur und der Reibung der Rolle abgesehen werden muß).

Sobald aber die Bahn ansteigt, folglich die darauf fortzubewegende Last gehoben werden soll, muß die zur Ueberwindung der Reibung ausreichende Kraft noch durch eine neue Kraft vermehrt werden. Diese nun ist durchaus konstant, und es kann ihr auf keine Weise etwas abgedrungen werden, sie ist dieselbe für den schlechtesten Feldweg und für die glatteste Eisenbahn,

---

schlagen waren, deren Köpfe in die hölzernen Langschwellen eingriffen. 1812 wurde auf der Middleton-Kohlenbahn die Fortbewegung eines Zuges durch eine von Blenkinsop gebaute Lokomotive mittelst neben der Bahn liegender Zahnstange und mit Zahnrädern bewirkt.   Str.

*) Wood nimmt $1/224$, Macneil $1/264$, Pambour $1/280$ bis $1/300$ und unter günstigen Umständen noch weniger an.

dieselbe bei einer steilen wie bei einer sanften Ansteigung.*) Müßte eine Bahn z. B. über einen Hügel von 20 Fuß Höhe fortgeleitet werden, so würde die Kraft, welche erforderlich ist, um die Last eines Lokomotivzuges auf die genannte Höhe zu ziehen, ganz dieselbe bleiben, man möge auf einer Rampe von ¹/₃₀₀ oder ¹/₁₀₀₀ Steigung hinauffahren, nur mit dem Unterschiede, daß hier für gleiche Theile der Zeit ungleiche Theile der Kraft in Anwendung kommen, und zwar würden in dem angezogenen Falle diese Theile der Kraft in jedem Zeittheil sich verhalten wie 300 : 1000. Die Summe aller Theile bleibt aber dieselbe und ist gleich dem Gewichte der ganzen zu hebenden Last.

Stellen wir uns nun eine mit ¹/₃₀₀ ansteigende Eisenbahnstrecke vor, auf welcher eine Last von 300 Ctr. fortgeschafft werden soll, so brauchen wir dazu erstlich 1 Ctr. zur Ueberwindung der Reibung, dann ¹/₃₀₀ der Last oder abermals 1 Ctr., um die Last zu heben, zusammen 2 Ctr. oder das Doppelte von dem, was wir auf der horizontalen Ebene nöthig haben. Bei einer Steigung von 1 : 150 ist beim Hinauffahren abermals zur Ueberwindung der Reibung 1 Ctr., zum Heben der Last aber $\frac{300}{150}$ = 2 Ctr., zusammen also schon 3 Ctr. oder das Dreifache von dem nöthig, was in der Horizontale erforderlich war; bei einer Steigung von 1 : 100 schon das Vierfache, und bei Steigungen von ¹/₆₆ und ¹/₃₇ bezw. das 4¹/₂= und das Neunfache. Dennoch finden sich Steigungen der letzterwähnten Art auf englischen Eisenbahnen und werden durch Lokomotiven befahren. — Erreicht nun eine Lokomotive, welche mit dem Maximum ihrer Schnelligkeit auf einer horizontalen Bahn und mit dem Maximum ihrer Dampfentwickelung die größtmögliche Ladung fortzieht, die

---

*) Man bezeichnet das Steigungsverhältniß der Eisenbahnen gewöhnlich durch einen Bruch, dessen Zähler die Höhe und dessen Nenner die Anlage der geneigten Ebene bezeichnet. Wenn eine Bahn auf 300 Fuß Länge um einen Fuß ansteigt, so sagt man, sie habe eine Neigung von 1:300 oder ¹/₃₀₀. Stiege oder fiele sie auf 1000 Ruthen um 1 Ruthe, so drückt man das Steigungsverhältniß durch 1:1000 oder ¹/₁₀₀₀ aus.

leiseste Ansteigung, und wäre sie auch nur mit $^1/_{1000}$ abgeböscht, so würde, vorausgesetzt, daß man mit derselben Schnelligkeit und Last weiter fahren will, nichts übrig bleiben, als eine zweite (Hülfs-) Lokomotive vorzuspannen.

Wenn man beim Herauffahren auf schrägen Flächen an Zeit oder Kraft einbüßt, so wird andererseits beim Herabfahren derselben Steigung bis zu einer gewissen Grenze wieder an Kraft und Zeit gewonnen. Dann wird die Schwere der Last zur Fortschaffung derselben förderlich, indem sie das Hinderniß der Reibung überwindet. Bei einer Steigung von 1 : 224 bis 1 : 300 ist diese Schwere der Last gerade nur so groß wie die Reibung. Die Wagen werden daher von selbst langsam hinabrollen.*) Ist die Böschung geringer, so wirkt nichtsdestoweniger die Schwerkraft in Verbindung mit der Dampfkraft fördernd; nur dann, wenn die Steigung noch beträchtlich stärker als $^1/_{300}$ wird, hört dieses günstige Verhältniß auf, weil man mit nicht weniger als 0 Dampfkraft fahren kann, und weil dann, um ein allzu schnelles und gefährliches Herabrollen zu vermeiden, gehemmt werden muß, was zugleich Schienen und Fuhrwerk zu Grunde richtet.

Nun könnte man glauben, daß beim Hinabfahren einer schrägen und glatten Ebene, welche sich im Verhältniß von 1 : 300 senkt, sofern sie eine bedeutende Länge hat, zuletzt eine gefahrdrohende Schnelligkeit erlangt werden müßte. Denn nach den Regeln der allgemeinen Gravitation müßte die anfangs langsame Bewegung in jedem neuen Zeittheil einen neuen Zuwachs an Geschwindigkeit erhalten und daher ins Unendliche wachsen. Allein dieser Bewegung tritt alsbald ein anderes Hinderniß entgegen, und die in neuester Zeit auf der Liverpool-Manchester- und der Grand-Junction-Bahn angestellten Versuche haben in dieser

---

*) Da schwächere Neigungen für das Ablaufen der Fahrzeuge ungefährlich sind, so ist es gestattet, die Bahnhöfe auch schon in Neigungen von 1 : 400 zu legen. Str.

Beziehung eben so wichtige als überraschende Resultate geliefert. — Man benutzte eine reichlich eine halbe deutsche Meile lange horizontale Strecke, um auf derselben einen Zug von 8 bis 12 schwer beladenen Güterwagen mit sehr großer Schnelligkeit bis an den Rand eines Abhangs zu bringen, welcher mit $1/66$ Steilheit auf eine drittel deutsche Meile weit abfällt, und ließ die Wagen dann diese Böschung frei herabrollen. Auf derselben hatte man alle 50 Ruthen weit Stangen und an jeder derselben mehrere Personen aufgestellt, welche mittelst Sekundenuhren genau den Moment bemerkten, wo der Zug bei ihnen ankam. Hierdurch erhielt man die Zeiten, welche die Wagen zum Durchlaufen jeder der gleich langen Strecken nöthig hatten. Es ergab sich aus einer Reihe von 14 Beobachtungen, daß die Last allerdings in den ersten Zeittheilen eine zunehmende Beschleunigung erfuhr, daß sie aber bald durchaus konstant wurde. Die Schnelligkeit betrug unter den angeführten Verhältnissen in der Stunde $5^{3}/_{4}$ bis $8^{1}/_{2}$ deutsche Meilen. Da die Reibung nur von der Last, nicht von der Schnelligkeit bestimmt wird, so muß hier der Luftwiderstand das die fernere Beschleunigung aufhebende Element sein. Dieser Widerstand richtet sich nicht bloß nach der vorderen Fläche des bewegten Gegenstandes, sondern nach der Oberfläche, welche bei der Fortbewegung mit der Luft in Reibung kommt, und steigt wie die Quadrate der Geschwindigkeiten, d. h. wenn ein Wagenzug mit einer 2, 3, 4, 5mal größeren Schnelligkeit fährt, wird der Widerstand 4, 9, 16, 25 mal größer. Er wächst daher in schneller Progression und wird die durch das Herabrollen erzeugte Beschleunigung aufheben, sobald eine gewisse Höhe derselben erreicht ist.

Personen, welche mit diesen Verhältnissen weniger vertraut sind, stellen sich die Senkung von $1:300$ zuweilen als einen jähen Absturz vor, und es wird daher nicht überflüssig sein, darauf aufmerksam zu machen, daß bei $1/300$ Steigung auf jede Ruthe noch nicht ein halber Zoll Erhebung kommt, und daß das ungeübte Auge auf einem Terrain, welches sich mit $1/300$ abböscht, leicht zweifelhaft sein dürfte, nach welcher Seite es steigt und nach welcher Seite es fällt. Und doch ist selbst diese Senkung, welche auf den Fußböden der Zimmer vorkommen kann, ohne daß der Bewohner es merkt, schon eine steile Berglehne für den Eisenbahnbetrieb, welcher zur doppelten Kraftanwendung nöthigt und mithin erhöhte Betriebskosten erfordert.

Wir wollen die Leistung der Lokomotive an einem bestimmten Exempel noch etwas näher beleuchten. Denken wir uns einen Dampfwagen mit Cylindern von 12 Zoll Durchmesser, so bieten die Kolben dem Dampf $226^2/_7$ Quadratzoll Fläche, und dieser äußert (bei einer Spannung von 60 Pfd. auf den Quadratzoll) einen Druck von 13 579 Pfd. Die Kraft, welche hieraus am Umfange der Triebräder entsteht, verhält sich zu der oben angeführten wie die Länge des Kolbenlaufs zum halben Umfang der Räder, also bei 16 Zoll Hub und 5 Fuß hohen Triebrädern etwa wie $16 : 94^2/_7$. Die Kraft, mit welcher die Lokomotive sich selbst und die angehängte Last fortzuziehen strebt, beträgt daher $\frac{16}{94^2/_7} \times 13\,579 = 2304$ Pfd.

Nach den darüber angestellten Versuchen braucht eine solche Lokomotive, um sich selbst fortzuziehen, 110 Pfd., diese von der obigen Zahl abgezogen, bleiben 2194 Pfd. oder ziemlich genau 20 Ctr. Zugkraft zur Fortschaffung der Last, von welchen jedoch wieder ein Theil zur Ueberwindung der Reibung im Innern der Maschine abzuziehen ist, welche im geraden Verhältniß zur Größe der angehängten Last steht und daher nicht ein für allemal vorausbestimmt werden kann.

Wie schon bemerkt, ist das Resultat vieler und genauer Ermittelungen, daß auf einer gut unterhaltenen horizontalen Bahn zum Fortziehen einer Last auf Rädern $1/300$ bis $1/280$ und unter minder günstigen Umständen bis $1/224$ ihres Gewichts hinreicht. — Wir wollen die mittleren dieser Zahlen unserem Kalkül zu Grunde legen. Wenn nun zur Ueberwindung der Reibung in der

Maschine $2^1/_5$ Ctr. von den obigen 20 Ctrn. abgezogen werden, so würde die übrig gebliebene Kraft genügen, um $17^4/_5 \times 280 = 4984$ Ctr. fortzubewegen. Ziehen wir hiervon noch den Tender*) mit 100 Ctrn. ab, so bleibt als endliches Resultat, daß ein Dampfwagen von der beschriebenen Konstruktion auf horizontaler Bahn die ungeheure Last eines Wagenzuges, welcher 4884 Ctr. schwer ist, in Bewegung setzen wird.

Nächst diesem Maximum der Last haben wir jetzt das Maximum der Schnelligkeit ins Auge zu fassen.

Die Schnelligkeit hängt ab von der Menge des Dampfes, welchen die Maschine in jedem Zeittheil zu erzeugen fähig ist. Wenn, nachdem der Dampf eine Spannung von 60 Pfd. Druck auf den Quadratzoll erreicht und der Zug sich in Bewegung gesetzt hat, die Dampfentwickelung plötzlich unterbrochen würde, so müßte die Bewegung natürlich sogleich abnehmen und endlich aufhören. Denn mit jedem Kolbenschlage entweicht ein Theil der Dampfmasse; je schneller die Lokomotive fährt, je mehr Kolbenschläge sie also in jedem Zeittheil macht, je mehr Dampf entflieht und je rascher muß derselbe daher entwickelt werden, wenn die Wirkung dieselbe bleiben soll.

Die Dampfentwickelung aber hängt von der Größe der erhitzten Fläche ab, welche das im Kessel enthaltene Wasser berührt, sie ist also durch die ursprüngliche Konstruktion der Maschine bestimmt. Vermag die Lokomotive in jedem Zeittheil ebenso viel Dampf zu entwickeln, als sie durch die Kolbenschläge verliert, so wird die Bewegung bei sonst gleichen Umständen stetig sein. Entwickelt sie mehr, als die Cylinder absorbiren, so entweicht der Ueberschuß aus dem Sicherheitsventil oder schlägt sich wieder zu Wasser nieder, und dies giebt daher für jede Maschine das Maximum der Schnelligkeit, über welches man, ohne die Last zu

---

*) Tender heißt der Vorrathswagen, auf welchem der für den zurückzulegenden Weg nöthige Bedarf an Kohlen oder Holz und Wasser mitgeführt wird.

Schnelligkeit der Fortbewegung. 249

vermindern, nicht hinausgehen kann, es sei denn, daß man durch Beschwerung der Ventile die Spannung der Dämpfe vermehrte, wodurch die Gefahr des Zerspringens des Kessels herbeigeführt würde.

Eine Maschine wie die, welche wir hier im Auge haben, ist nun so konstruirt, daß sie in einer Stunde 38 Kubikfuß Wasser*) in Dampf von 60 Pfd. wirksamer Spannung auf den Quadratzoll entwickelt, welcher unter dem gewöhnlichen Druck der Atmosphäre einen Raum von 16 350 Kubikfuß einnimmt und sämmtlich durch die Cylinder ausströmen soll. Hieraus läßt sich die Zahl der Kolbenschläge, mithin der Umdrehungen der Triebräder, und daraus die Länge des in einer Stunde zurückzulegenden Weges durch Rechnung finden, und man kommt zu dem Resultat, daß die äußerste Leistung unseres Dampfwagens darin besteht, daß er das Maximum der Ladung von 4884 Ctrn. auf horizontaler Bahn 5161 Ruthen oder reichlich 2½ Meilen in einer Stunde fortbewegt.

Vermindert man die Last, folglich den Druck auf die Kolben, so werden diese und mithin die Räder sich schneller bewegen, also ein größerer Weg in demselben Zeittheil zurückgelegt werden. Die so erlangte Schnelligkeit würde erst dann ihre Grenze finden, wenn die Heizfläche des Kessels nicht mehr so viel Dampf zu erzeugen vermag, als die Cylinder absorbiren. Man wird aber, um Gefahr zu vermeiden, schon viel früher die Bewegung durch den Regulator mäßigen müssen.

Die größte Schnelligkeit entsteht natürlich dann, wenn man die Abhänge mit voller Kraft der Maschine hinabfährt, wie z. B. die mit 1/96 abgeböschte Rampe bei Rainhill mit einer Schnellig=

---

*) Die zu Schnellfahrten bestimmten Lokomotiven verdampfen sogar 60 Kubikfuß Wasser in einer Stunde, oder ungefähr 1 Pfund Wasser in jeder Sekunde. Das Volumen des in einer Stunde erzeugten Dampfes würde unter dem atmosphärischen Druck dem einer Säule gleich sein, deren Grundfläche 6 Fuß lang und breit wäre und deren Höhe 1000 Fuß betrüge.

leit von 63³/₄ Fuß in der Sekunde oder 10 deutschen Meilen in der Stunde abwärts befahren wird, oder wenn man die Last auf das Minimum reduzirt, d. h. die Lokomotive allein geht. Auf diese Weise ist die Entfernung von Potsdam nach Berlin einmal in 17½ Minuten zurückgelegt worden, wobei in 5 Minuten mehr als eine deutsche Meile durcheilt werden mußte, was natürlich nicht ohne Gefahr geschehen kann und eine große Zerstörung des Materials nach sich zieht.*)

Zöge ferner eine Lokomotive eine geringere Last mit großer Schnelligkeit fort, so wird man die Last vermehren können, wenn man die Schnelligkeit vermindert. Denn mit der Last wächst der Druck auf die Kolben, und der Dampf in dem Cylinder nimmt dadurch eine höhere Spannung an, welche zuletzt der Spannung im Kessel gleich wird. Indessen hat auch dies seine Grenze. Wenn der Druck auf die Kolben größer wird, als der Druck auf die Sicherheitsventile, so werden diese sich öffnen und den Dampf entweichen lassen. Wagen und Lokomotive würden endlich bei fortgesetzter Vermehrung der Last still stehen, und wenn die Dampfentwickelung fortfährt, die Triebräder der letzteren sich mit sehr großer Reibung schleifend um ihre Achse drehen. In diesem Falle sind die Kolben nur als größere Ventile des Dampfkessels zu betrachten. Die Verminderung der Schnelligkeit über eine gewisse Grenze hinab kann daher keine größere Zugkraft mehr zur Folge haben. Zugkraft und Schnelligkeit bedingen sich wechselseitig, aber innerhalb bestimmter Grenzen. Diese nun hängen von der ursprünglichen Konstruktion der Maschine ab, und zwar die erstere von der Spannung des Dampfes, welche der Kessel ertragen kann, und dem Durchmesser der Cylinder, letztere von der Menge des Wassers, welche die Heizfläche zu verdampfen vermag, und der Größe der Triebräder.

---

*) Die größte Geschwindigkeit, welche auf den deutschen Eisenbahnen zur Anwendung kommen darf, beträgt 90 km (12 Meilen) in der Stunde.
Str.

So sehen wir auch hier das bekannte Grundgesetz aller Mechanik bestätigt, daß man an Zeit gewinnt, was man an Kraft nachläßt, und an Kraft erspart, was man an Zeit einbüßt; denn der mechanische Effekt bleibt ganz derselbe, man möge 10 Pfund einen Fuß oder 1 Pfund zehn Fuß in einem gegebenen Zeittheil bewegen, nur modifizirt sich dies bei einer so zusammengesetzten Maschine, wie die eines Dampfwagens, noch ferner.

Es ergiebt sich aus den Resultaten, welche durch Berechnung ermittelt und durch Versuche bewahrheitet wurden, daß eine Lokomotive von den oben angegebenen Dimensionen bei einer Schnelligkeit in der Stunde von

12 571 Ruthen oder ungefähr $6^{1}/_{2}$ Meilen   986 Ctr.,
 8 217   =   =   = $4^{1}/_{4}$ =   2 465 =
 4 777   =   =   = $2^{1}/_{3}$ =   5 539 =

zieht. Hier stehen die Geschwindigkeiten im Verhältniß ungefähr wie $6^{1}/_{2} : 4^{1}/_{4} : 2^{1}/_{3}$, die Lasten aber $= 1 : 2^{1}/_{2} : 5^{1}/_{2}$, d. h. wenn die Maschine noch nicht dreimal so langsam geht, so zieht sie schon mehr als fünfmal so viel Last.

Eine andere Maschine mit nur $10^{1}/_{2}$ Zoll weiten Cylindern und 4 Fuß 10 Zoll hohen Rädern zieht bei einer Schnelligkeit von

17 348 Ruthen oder ungefähr $8^{3}/_{4}$ Meilen   493 Ctr.,
11 135   =   =   = $5^{1}/_{2}$ =   1 478 =
 5 841   =   =   =   3   =   3 982 =

Hier verhalten sich die Schnelligkeiten beinahe wie $3 : 2 : 1$, die Lasten hingegen wie $1 : 3 : 8$, d. h. dreimal geringere Schnelligkeit, achtmal größere Last.

Durch eine sehr viel größere Verminderung der Schnelligkeit wird aber eine noch größere Last nicht fortzuschaffen sein, weil ihr Druck auf die Kolben dann die Adhäsion oder das Eingreifen der Triebräder auf die Schienen überwiegen machen müßte.

Hieraus erklärt sich nun von selbst, weshalb man für Personentransport, wo es hauptsächlich auf Zeit ankommt, leichtere Lokomotiven mit kleinen, zehnzölligen Cylindern, für Güterverkehr, wo die möglichst größte Last fortgeschafft werden soll, sehr schwere Locomotiven mit großen Cylindern (bis zu 13 Zoll)*) und mit kleinen Rädern anwendet. Die letzteren werden auch oft ge= kuppelt, wodurch ein größerer Theil des Gewichts des Dampf= wagens auf den Triebrädern ruht, folglich die Abhäsion vermehrt wird. Solche Locomotiven sind bis 236 Ctr. schwer, um stark einzugreifen.**) Sie sind von langsamerer Bewegung und größerer Kraft, dabei erfordern sie weit weniger Ausbesserung.

Wir haben schon oben den Einfluß der Steigungen einer Bahn auf den Betrieb angedeutet, wo die Last nicht allein ge= zogen, sondern auch gehoben werden muß. Wir sahen soeben, daß eine schwere Maschine, das eigene Gewicht eingerechnet, in der Horizontalen die ungeheure Last von 5539 Ctrn. mit einer Schnelligkeit von reichlich 2½ deutschen Meilen in der Stunde fortzieht. Die Dampfwagen sind zwar in der Regel noch auf eine geringere Geschwindigkeit, nämlich 2 Meilen die Stunde, eingerichtet, wobei sie eine noch höhere Zugfähigkeit besitzen; allein es ist stets ein gewisser Ueberschuß an Kraft zur Ueber= windung zufälliger Hindernisse, z. B. Wind, beschmutzter Zustand der Schienen, Unebenheiten derselben ꝛc., nöthig.

Die Witterungsverhältnisse sind von größerem Einfluß, als man gewöhnlich denkt. Wenn der Wind***) der Richtung der Bewegung entgegenwirkt, so verzögert er diese, und in noch höherem Maße, wenn er von der Seite kommt; denn dann drängt er die eine große Fläche bildenden Wagen mit den Radkränzen gegen die

---

*) Es werden zur Zeit Cylinder mit einem Durchmesser bis zu 650 Millimeter angewandt.   Str.

**) Das Eigengewicht der schweren, auf den deutschen Eisenbahnen zur Verwendung kommenden Locomotiven und Tender beträgt ohne Füllung mit Wasser und Brennmaterial 55 Tonnen (1100 Ctr.).   Str.

***) Die Einwirkung des Windes auf die Zugbewegung ist er= fahrungsgemäß von nicht zu unterschätzender Bedeutung und ist öfter Ursache von Zugverspätungen.   Str.

Schienen, wodurch eine sehr bedeutende Reibung entsteht. Auf der günstig geneigten Bahn von Brügge nach Ostende waren im September 1839 unter solchen Umständen drei Lokomotiven nöthig, um einen Zug von nur 11 Wagen fortzubringen, und auch dann noch wurde das Doppelte der gewöhnlichen Zeit darauf zugebracht, diesen Weg zurückzulegen.

Bei Glatteis oder beschmutztem Zustande der Schienen vermindert sich die Adhäsion oder das Eingreifen der Triebräder. Nach den in England angestellten Versuchen ist die Größe der Adhäsion unter den günstigsten Umständen gleich $1/7$ des auf den Triebrädern ruhenden Gewichts, unter ungünstigen hingegen vermindert sie sich auf $1/27$.*) Bei einer 236 Ctr. schweren Lokomotive, von welcher etwa 140 Ctr. auf den Triebrädern ruhen, wäre die Adhäsion und mithin das Maximum der Zugkraft im ersten Falle $= \frac{140}{7} = 20$ Ctr. (wie das auch weiter oben durch Rechnung gefunden wurde), im anderen Fall aber nur $\frac{140}{27}$ oder wenig mehr als 5 Ctr. Die amerikanischen Ingenieure nehmen die Adhäsion im günstigsten Falle $= 1/6$ und im ungünstigsten $= 1/15$, also beträchtlich höher an; immer aber bleibt dieser Umstand wohl zu berücksichtigen, besonders bei Bahnen, welche bedeutende Ansteigungen haben.

Die Aufsteigungen überhaupt sind von der größten Wichtigkeit bei Eisenbahnen, und wir haben schon oben gesehen, daß Terrainwellen, welche das Auge kaum unterscheidet, zu erheblichen Hindernissen bei ihrer Anlage werden können. Wir müssen auf diesen Gegenstand etwas näher eingehen.

Bei den in England auf der Liverpool=Manchester= und der Grand=Junction=Eisenbahn angestellten Versuchen ließ man einen Wagenzug, welcher das Gewicht von 1463 Ctrn. hatte, in der Richtung von Birmingham nach Liverpool und von Liverpool nach Birmingham fahren und beobachtete dabei in der schon erklärten Art von $1/4$ zu $1/4$ englischen Meilen die Schnelligkeit beim

---

*) Man stellt gewöhnlich $1/6$ bis $1/7$ in Rechnung. Ctr.

Hinauf- wie beim Hinabfahren auf den verschiedenen Rampen dieser Bahn sowohl, als auf den horizontalen Strecken. Wenn nun aus der Zeit, welche zum Aufsteigen, und derjenigen, welche zum Hinabfahren erforderlich war, das Mittel gleich der Geschwindigkeit auf horizontaler Bahn gefunden wurde, so muß daraus allerdings resultiren, daß die vorhandenen Ansteigungen und Gefälle der Bahn, was die Schnelligkeit betrifft, kein Hinderniß abgeben, und die Bewegung der Lasten an Zeit nicht mehr erfordert, als ob sie vollkommen horizontal wären. Die Ergebnisse des Versuchs sind in nachstehender Tabelle ersichtlich.

Steigungs-Verhältniß.	Geschwindigkeit des Wagenzuges auf dieser Böschung in englischen Meilen pro Stunde.		Mittlere Geschwindigkeit.
	Beim Hinauf- u.	beim Hinabfahren	
1 : 177	22,25	41,52	31,78
1 : 265	24,87	39,13	32,06
1 : 330	25,26	37,07	31,16
1 : 400	26,87	36,75	31,81
1 : 532	27,35	34,30	30,82
1 : 590	27,27	33,16	30,21
1 : 650	29,03	32,58	30,80
Horizontal	30,93	30,93	30,93

Die Differenzen der mittleren Geschwindigkeiten zeigen sich hier so gering, daß in dieser Beziehung Böschungen selbst bis zu $1/177$ sich beim Hinauf- und Hinabfahren kompensiren. Fuhr der Wagenzug den Abhang von 1 : 330 hinauf, so verlor er an Zeit und legte in der Stunde nur 25 englische Meilen zurück, statt daß er auf der horizontalen Bahn 30,93 solcher Meilen gemacht hätte; fuhr er aber denselben Abhang hinab, so gewann er an Zeit und machte 37 Meilen in der Stunde. Der Verlust in der einen Richtung war daher so groß, wie der Gewinn in der andern.

Man könnte glauben, daß beim Hinaufsteigen mehr Brennstoff konsumirt würde, aber dies ist nicht der Fall. Sobald eine Maschine einen Abhang ansteigt, erfährt sie einen größeren Widerstand und arbeitet also langsamer. Dadurch entsteht bei gleicher Dampfentwickelung eine höhere Spannung der Dämpfe im Kessel und in den Cylindern, folglich größerer Druck auf den Kolben und mithin stärkere Zugkraft, ohne daß mehr als auf der horizontalen Strecke geheizt wird. Es ist hinsichtlich des Brennstoffs überhaupt vortheilhaft, der Maschine die größtmögliche Last anzuhängen. Bei den Versuchen, welche Pambour auf der Liverpool=Manchester=Bahn angestellt, brauchte z. B. die Lokomotive Atlas, als sie 493 Ctr. zog, 697 Pfd. Koks, und als sie 3745, also beinahe achtmal so viel zog, nur das Doppelte. Nun ist aber jede Steigung in dieser Beziehung einer Vermehrung der Last gleich zu setzen. Der aus den Cylindern in den Rauchfang strömende Dampf wirkt ganz wie ein Blasebalg auf den Herd. Indem nun die Kolbenschläge langsamer werden, wird auch das Feuer von selbst weniger angefacht und weniger Kohle konsumirt. Beim Hinabfahren wird überhaupt gar nicht oder nur so viel geheizt als nöthig, um das Feuer zu unterhalten; denn hier tritt eine neue Kraft, die der Schwere, fördernd hinzu, welche bei $^1/_{300}$ Steigung gerade so groß ist, wie nöthig, um die Reibung zu überwinden.

Allein wenn bei den Steigungen, soweit sie sich kompensiren, auch weder an Zeit noch an Heizung wesentlich verloren geht, so ist dies keineswegs mit der anzuwendenden Kraft ebenso der Fall.

Steile Ansteigungen auf einer Eisenbahn verlängern den Weg, vermehren die Betriebskosten, vermindern die Schnelligkeit, steigern die Abnutzung und können die Rentabilität des ganzen Unternehmens in Frage stellen. Es muß daher, soviel irgend ausführbar, dahin gestrebt werden, die Bahnen und besonders solche, auf welchen ein starker Güterverkehr zu erwarten steht, in einer von der Horizontalen wenig abweichenden Richtung zu führen.

Dieselbe Maschine, welche unter günstigen Umständen auf horizontaler Bahn mit der Schnelligkeit von 2½ Meilen in der Stunde 5539 Ctr. fortbewegte, wird bei Steigungen

von $\frac{1}{1000}$ nur 4327,

$\frac{1}{300}$ = 2865,

$\frac{1}{96}$ = 1192 Ctr. ziehen.

Wechseln nun auf einer Eisenbahn horizontale Strecken mit solchen geneigten Böschungen, so kann zweierlei stattfinden: entweder die Last wird gleich nach der steilsten dieser Ansteigungen normirt, d. h. wenn Böschungen von $\frac{1}{300}$ vorkommen, so kann der Lokomotive nur eine Last von 2865 Ctrn. angehängt werden, oder man belastet den Zug wirklich mit der vollen Ladung und bedient sich dann an den steilen Stellen der Hülfslokomotive. Das erstere Verfahren findet z. B. auf der Darlington-Bahn statt, wo die Steigungen zwar nicht sehr stark sind, aber so häufig vorkommen, daß unmöglich an jeder derselben eine Hülfslokomotive aufgestellt werden kann; das letztere hingegen für die Güterzüge auf der Liverpool-Bahn, wo Steigungen von $\frac{1}{96}$ und selbst $\frac{1}{89}$ vorkommen.*) Die Personenzüge werden auch dort noch ohne Hülfe fortgeschafft, weil man bei diesen fast nie auf volle Fracht zu rechnen hat. Das Gewicht der Personen beträgt nämlich etwa die Hälfte der Bruttolast, und da die Lokomotive selbst bei Steigungen von $\frac{1}{300}$ noch an 3000 Ctr. zieht, so giebt dies für jeden Zug die Möglichkeit, etwa 700 Reisende fortzuschaffen, was als mittlerer Durchschnitt schon eine so bedeutende Personenfrequenz voraussetzt, wie sie in dem allerseltensten Falle erreicht wird. Auf den belgischen Bahnen war im Jahre 1839 der mittlere Durchschnitt für jeden Zug nur 107 Reisende.**)

---

*) Abhäsionsbahnen sind bereits ausgeführt mit Neigungen von 1:14. Str.
**) Im Jahre 1889/90 betrug die Gesammtzahl der auf den Eisenbahnen Deutschlands beförderten Personen 376825006. Es entfallen auf 10000 Einwohner 8,41 km und auf 100 Quadratkilometer 7,37 km Bahnlinien.   Str.

Personen sind die werthvollste Waare, die, bei welcher man die höchsten Frachtpreise erheben darf, und deshalb sind bisher fast alle Eisenbahnen wesentlich auf Personenfrequenz berechnet, die Güterfracht aber als Nebensache behandelt worden. Und doch liegt der Zeitpunkt nicht fern, wo man erkennen wird, daß gerade der Gütertransport die Basis alles Eisenbahnbetriebes ist, welcher die Anlagen rentabel machen wird, und daß in ihm der eigentliche national-ökonomische Nutzen der Schienenwege zu suchen ist.

Personen verlangen beim Transport unzählige Rücksichten, Güter nur pünktliche und sichere Besorgung. Jene wollen schnell befördert sein, mindestens 4 bis 5 Meilen in der Stunde, wodurch Schienenwege und namentlich Lokomotiven mit furchtbarer Schnelle abgenutzt werden. In England rechnet man für den Dienst pro englische Meile eine Lokomotive.*) Der Gütertransport läßt eine gemäßigte Schnelligkeit von etwa 1½ oder zwei Meilen in der Stunde zu,**) wodurch das Material geschont wird. Am Schluß des Jahres 1841 waren auf den belgischen Bahnen 17 pCt. der Personenwagen und nur 1½ pCt. der Güterwagen in Reparatur.***) Die Personenfrequenz ist der größten Schwankung unterworfen. In der guten Jahreszeit, bei festlichen Gelegenheiten oder zufälligen Veranlassungen ist der Andrang ungeheuer, während man zu anderen Zeiten mit halb leeren Zügen fahren muß. Beim Gütertransport kann man eigentlich immer auf volle Ladung rechnen; denn die Waare fordert nicht wie der Reisende im Augenblick seiner Ankunft auch schon weiter zu

---

*) Auf den deutschen normalspurigen Eisenbahnen kommen durchschnittlich auf 10 km Betriebslänge 3,27 Lokomotiven. Str.

**) Die Güterzüge auf den Haupteisenbahnen Deutschlands verkehren mit einer Geschwindigkeit einschließlich der Aufenthalte auf den Stationen von durchschnittlich 15 km in der Stunde, und Eilgüterzüge mit einer solchen von durchschnittlich 26 km. Str.

***) Auf den normalspurigen Eisenbahnen Deutschlands beträgt zur Zeit der durchschnittliche Reparaturstand der Lokomotiven 20 pCt., der Personenwagen 15 pCt. und der Güterwagen 6 pCt. der vorhandenen Betriebsmittel dieser Gattungen. Str.

Graf von Moltke, Vermischte Schriften.

gehen, sondern ihr Abgang läßt sich fast immer bis zum nächsten Transport verschieben. Sie machen keine zahlreiche und kostbare Beaufsichtigung der Bahn nöthig, und die Verwaltung wird nicht wesentlich kostspieliger, wenn auch das Transportquantum sich verdoppelt oder vervielfacht.

Die Erfahrung auf den belgischen Bahnen hat gelehrt, daß bei einer sehr weit getriebenen Herabsetzung der Transportsätze für Personen die Masse der Reisenden keineswegs für die Degradation entschädigt, welche der Schnellbetrieb verursacht, und statt die nothwendigen Reisen oft ein staatswirthschaftlich sogar schädliches, wenigstens nutzloses Hin= und Herreisen hervorruft. Die möglichste Herabsetzung der Frachtsätze hingegen kommt allen Klassen der Gesellschaft zu Nutze, den Produzenten wie den Konsumenten, sie erhöht das Gesammtvermögen einer Nation. Mit Recht sagt daher der belgische Bericht für 1840, daß der Transport schwerer Güter die Haupteinnahme des Betriebes gewähre, ohne daß eine verhältnißmäßige Mehrausgabe dafür nothwendig geworden sei. Wenn nun aber Erleichterung des Güterverkehrs Hauptrücksicht sowohl für die Rentabilität des Unternehmens als auch für eine staatswirthschaftliche Wichtigkeit ist, so kommt es wesentlich darauf an, die Bahnen mit möglichst geringer Steigung anzulegen. Denn wenn auch die Personenfrequenz einer Bahn leichte Ansteigungen zuläßt, so treten die Nachtheile doch sogleich bei der Güterfracht hervor, wo es darauf ankommt, so viel Centner wie möglich mit demselben Zuge fortzuschaffen.

Bei einer Bahn, auf welcher Steigungen von $1/300$ vorkommen, wird man bei einer gegebenen Anzahl von arbeitenden Lokomotiven entweder nur halb so viel Last fortschaffen können, als auf einer ebenso langen, aber horizontalen Bahn, oder man wird dieselbe Last nur mit doppelt so vielen Lokomotiven zu fördern vermögen. Da man sich hierbei zum Theil der Hülfslokomotiven bedienen wird, welche bei jeder Bahn für eventuelle

Fälle im Freien stehend erhalten werden müssen, so wird der Betrieb der ersten Bahn nicht eben doppelt so theuer, jedenfalls aber die Kosten desselben sehr bedeutend höher sein als die der zweiten.

Nun macht aber das Terrain bei den meisten großen Bahnanlagen es keineswegs leicht, noch selbst überall möglich, die Böschungen zu vermeiden. Nachstehende Tabelle, welche das Maximum der Ansteigungen der bedeutendsten Eisenbahnen in Europa nachweist, zeigt, bis zu welchem Grade man sich in die Unebenheiten des Bodens hat fügen müssen.

Deutschland:	Braunschweig-Bienenburg steilste Ansteigung		1:283
	München-Augsburg	= =	1:280
	Köln-Aachen	= =	1:264
	Taunusbahn	= =	1:250
	Leipzig-Dresden	= =	1:200
	Wien-Raab	= =	1:137
	Berlin-Frankfurt	= =	1:114
Belgien:	Mons-Jurbise	= =	1:317
	Waremme-Ans	= =	1:303
	Tubize-Braine le Comte	= =	1:223
	Lüttich-Preußische Grenze	= =	1:100
Frankreich:	Paris-St.Germain-Mülhausen-	=	1:100
	Thann- und Straßburg-Basel =	=	1:125
England:	Southampton	= =	1:202
	Manchester-Bury	= =	1:200
	Leeds-Selby	= =	1:166
	Newcastle-Carlisle	= =	1:160
	Manchester-Leeds	= =	1:150
	London-Brighton	= =	1:147
	London-Croydon	= =	1:100
	Grand-Junction	= =	1:100
	Dublin-Kingston	= =	1:100
	Liverpool-Manchester	= =	1: 89
	Birmingham-Gloucester	= =	1: 37

welche letztere Strecke dennoch, und zwar mit amerikanischen Lokomotiven befahren wird. Im Allgemeinen kann man Steigungen von 1/300 auf langen Bahnen als unvermeidlich annehmen.*) Denn wie vortheilhaft auch die horizontale oder wenig davon abweichende Richtung ist, so giebt es augenscheinlich eine Grenze, über welche hinaus die zur Erreichung dieses Vortheils zu bringenden Opfer so groß werden, daß sie außer Verhältniß mit dem erzielten Nutzen stehen. Ein Beispiel wird dies deutlich machen.

Es befinde sich zwischen zwei Orten, welche zwei Meilen von einander entfernt liegen, ein Hügel von 80 Fuß relativer Erhöhung und stetiger Abböschung nach beiden Seiten, so wird eine Eisenbahn mit der Steigung von 1:300 denselben ohne alle weitere Terrainkorrektion überschreiten. Wollte man die Ansteigung der Bahn aber auf 1:1000 reduziren, so würde ein zwei Meilen langer, in der Mitte 80 — 24 = 56 Fuß tiefer Einschnitt nothwendig. Man würde daher vielleicht auf einer Strecke schon zur Ausführung eines Tunnels schreiten müssen, und jedenfalls würde diese Erdarbeit mehrere Hunderttausende an Anlagekapital kosten. Um sich einen Begriff von dem Aufwand zu machen, welchen solche Arbeiten verursachen, möge hier Folgendes gesagt sein.

Ein Durchstich, wie der hier in Rede stehende, würde bei der vortheilhaftesten Bodenbeschaffenheit mindestens 800 000 Schachtruthen Erdaushebung erfordern. Auf den am wohlfeilsten erbauten deutschen Eisenbahnen betragen die durchschnittlichen Kosten pro Schachtruthe 1¹/₅ Thlr. Pr. Cour.; mithin würde dieser Durchschnitt nahe an eine Million Thaler kosten. Nun waren die Einschnitte auf den genannten Bahnen nicht über 30 Fuß tief. Die Kosten der Erdarbeiten wachsen aber,

---

*) Die größte zulässige Steigung auf den Haupteisenbahnen Deutschlands ist auf 1:80 festgesetzt und soll auch in Ausnahmefällen nicht stärker als 1:40 sein.   Str.

abgesehen von der dadurch herbeigeführten größeren Zahl zu bewegender Schachtruthen, sehr bedeutend mit der Tiefe, aus welcher sie ausgehoben werden sollen. Fehlte es an Raum zur Ablagerung der Erde, wäre das Terrain sandig und locker, so daß die Böschungen flacher gehalten werden müßten, so könnten die Kosten so bedeutend werden, daß man sich lieber zur Anlegung eines Tunnels entschlösse.

Auf der Köln=Aachener Bahn kostete die Anlage des Tunnels
pro laufenden Fuß . . . . . 150 Thaler,
= = Leipzig=Dresdener . . . . . . 183 =
= = London = Birmingham (der Kilsby=
Tunnel) . . . . 300 =
oder durchschnittlich jede Viertelmeile eine Million Thaler.

Es ist eine der wichtigsten Fragen, welche bei jeder Eisenbahnanlage zur Sprache kommt, wie weit man in der Korrektion des Terrains gehen soll, um bessere Steigungsverhältnisse zu erlangen, mit anderen Worten, wie viel man an den Baukosten zusetzen will, um an den Betriebskosten zu sparen. Die erstere, ein für allemal verausgabte Summe stellt Kapital, die letztere, sich alljährlich wiederholende, Zinsen dar.

Diese Frage läßt sich allgemein gültig auf keine Weise beantworten, vielmehr muß die Ermittelung derselben für jeden konkreten Fall besonders angestellt werden. Aber die Prinzipien, nach denen dies geschehen sollte, wollen wir versuchen darzulegen.

Auf der einen Seite der Rechnung steht in positiven Zahlen und mit hinreichender Genauigkeit der Bauanschlag derselben Bahn, wenn man das Maximum der Steigung auf $1/1000$, $1/300$ oder $1/150$ festsetzt. Die Zeiten sind vorbei, wo die Veranschlagungen um das Doppelte, selbst um das Vierfache überschritten wurden, und nach der Erfahrung, welche jetzt vorliegt, muß der Anschlag den wirklichen Baukosten so nahe kommen, daß wesentliche Abweichungen sich später nicht herausstellen. Man wird mit hinlänglicher Gewißheit übersehen, daß die Bahn im ersten Falle z. B. 8, im andern 7 und im dritten 6 Millionen kosten wird.

Aber der zweite Faktor läßt sich mit eben der Bestimmtheit nicht angeben. Daß die Frequenz zwischen zwei Städten, welche durch eine Eisenbahn verbunden werden, sich sehr wesentlich erhöhen muß, ist vorauszusehen. Der Erfolg hat in dieser Beziehung noch immer die kühnsten Hoffnungen übertroffen.

Es cirkulirten z. B. täglich

	vor Anlegung der Eisenbahn	nach Anlegung derselben
zwischen Liverpool-Manchester	400 Personen	1620 Personen
= Stockton-Darlington	130 =	630 =
= Newcastle-Carlisle	90 =	500 =
= Arbroath-Forfar	20 =	200 =
= Brüssel-Antwerpen	200 =	3000 =

Die Frequenz war also hier um das 4=, 5=, 10= und 15fache gestiegen.*)

Die Güterbewegung kann natürlich in diesem Maße nicht zunehmen, weil sie an ganz andere Bedingungen, an eine bestimmte Nachfrage und Produktion gebunden ist; beide wachsen jedoch ebenfalls, wenn die Frachtpreise sinken und die Schnelligkeit und Sicherheit des Transports zunimmt. Nur das Wieviel ist bei allen diesen Verhältnissen unmöglich zu ermitteln, und doch ist eben dies Wieviel sehr wichtig zu kennen.

Die Terrainkorrektion von $^1/_{800}$ auf $^1/_{1000}$ Steigung der Bahn kostete in dem Beispiel, welches wir oben annahmen, 1 Mill. Thaler. Es läßt sich ferner ermitteln, daß die Selbstförderkosten pro Centner und Meile auf der ersten Steigung 7, auf der letzten nur 4 Silberpfennige kosten werden, weil man

---

*) Bei Annahme einer Einwohnerzahl Deutschlands von 40½ Millionen entfallen auf einen Einwohner 9,8 Fahrten auf den normalspurigen Eisenbahnen Deutschlands.   Str.

bei jener die Zugkraft vermehren oder die Ladung vermindern muß. Diese Vermehrung der Betriebskosten auf 1 Meile Steigung (in jeder Richtung der Bahn) würde, wenn auf derselben eine Güterbewegung von 6 Mill. Ctrn. stattfände, 18 Mill. Silberpfennige oder 50 000 Thlr. austragen, welche alle Jahre aufs Neue zugeschossen werden müssen und daher zu 4 pCt. einem Kapital von $1^1/_4$ Millionen entsprechen. Konnte man daher eine solche oder eine noch bedeutendere Frequenz voraussehen, so war man vollkommen berechtigt, 1 Million für den Durchstich des Hügels auszugeben, und man gewann für alle Zukunft an dem reinen Ertrage des Unternehmens. Erreichte hingegen die Güterbewegung jene Höhe nicht, waren auf der Bahn des Jahres nur 5 oder 4 Millionen Centner zu transportiren, so verlor man für alle Zukunft an den Zinsen des auf die Korrektion verwendeten Kapitals. Man wird daher mit großen Terrainkorrektionen sehr vorsichtig sein; andererseits aber ist eine spätere Zunahme des Verkehrs durch Aufschwung des Handels, durch den Anschluß neuer Bahnen sehr möglich, während eine nachträgliche Korrektion den ganzen Betrieb unterbricht und fast alle früheren Ausgaben verlieren läßt.

Wir brauchen kaum zu erwähnen, daß wir in unserem Beispiel ziemlich extreme Annahmen gewählt, und daß man selten in die Nothwendigkeit kommen wird, einen Durchstich für 1 Million zu machen. Man wird in den meisten Fällen ein solches Terrain durch einen Umweg ganz zu vermeiden suchen.

Der Uebergang einer Eisenbahn in eine veränderte Richtung geschieht stets durch eine ganz allmälig gekrümmte Linie. Wenn ein Wagenzug, welcher auf der Bahn in gerader Linie einherzog, mittelst einer Kurve in eine veränderte Richtung geleitet wird, so entsteht aus dem jedem Körper innewohnenden Beharrungsvermögen ein Drängen der Spurkränze der Räder gegen die auswendige Schienenreihe, wodurch nicht nur eine sehr vermehrte Reibung, sondern selbst bei engen Radien und großer Schnellig-

keit die Gefahr entsteht, daß die Lokomotive aus der Schienen=
lage abspringt oder die Achse bricht. Da überdies in jeder
Krümmung die auswendige der beiden konzentrischen Schienen=
linien länger als die inwendige sein muß, so haben die Räder
auf dieser einen längeren Weg als auf jener zu durchlaufen.
Beide Räder sitzen aber an derselben Achse fest, so daß eines
nicht schneller wie das andere sich umdrehen kann, und die aus=
wendigen Räder müssen daher theilweise schleifen, wodurch die
Reibung abermals vermehrt wird.

  Es sind mehrere, zum Theil sehr sinnreiche Vorschläge ge=
macht worden, um diesem Uebelstande abzuhelfen, ohne daß der
Zweck bis jetzt genügend erreicht worden wäre. Man machte
z. B. die Felgen der Räder konisch, so daß der Durchmesser des
Rades, an der Außenseite gemessen, kleiner war, als an der
innern. Trieb nun die Centrifugalkraft den Wagen in einer nach
rechts gebogenen Kurve gegen die auswendige Schiene, so be=
wegten sich die linken Räder auf dem inneren größeren, die rechten
Räder auf dem äußeren kleineren Durchmesser,*) und die ersteren
legten dadurch von selbst in derselben Zeit den größeren, die
letzteren den kleineren Weg zurück. Allein die Konizität der Räder
hat den großen Nachtheil, daß selbst auf der geraden Strecke
der Bahn der Wagenzug eine schaukelnde Bewegung annimmt
und die so lästige Seitenschwenkung (mouvement de lacet),
besonders bei den von der Lokomotive entfernten Fahrzeugen
bedeutend vermehrt wird.

  Ein anderer Vorschlag war, die Schienen so einzurichten,
daß in den Kurven das auswendige Rad nicht mehr auf den
Felgen, sondern auf dem Kranz, welcher das Abgleiten verhindern
soll, läuft. Das Abgleiten mußte dabei durch einen besonderen
Rand an der Schiene verhindert werden. Diese Einrichtung ist

---

 *) Die konische Form der Laufflächen der Radreisen durch eine
cylindrische zu ersetzen, hat sich nicht allgemein als zweckmäßig erwiesen. Str.

aber natürlich nur dann möglich, wenn auf einer Bahn alle Kurven mit demselben, und zwar bei der gewöhnlichen und nothwendigen Höhe des Kranzes mit einem sehr kleinen Radius beschrieben werden.

Ferner hat man die Wagen mit vier Räderpaaren versehen,*) von welchen je zwei Paar so dicht als möglich aneinander gerückt und unter sich zwar so verbunden wurden, daß die Achsen ihre Parallelität beibehalten, mit dem Wagen aber so, daß sie sich gegen die Normallage um etwas verschieben können. Bei den Dampfwagen hat dies den Nachtheil, daß dann die Räder derselben nicht mehr gekuppelt werden können, wodurch die auf den Triebrädern ruhende Last und mithin die Abhäsion vermindert wird; bei den übrigen Wagen hingegen, daß diese sehr groß werden, wodurch mancherlei Unbequemlichkeiten entstehen. Das gewöhnlichste Auskunftsmittel ist, daß man die auswendige Schienenreihe um etwas höher legt, als die inwendige, so daß, wenn die Centrifugalkraft die Wagen nach außen drängt, die Schwerkraft sie wieder nach innen zieht,**) wodurch freilich das Schleifen der äußeren Räder nicht beseitigt wird.

Alle diese Mittel vermögen dem Zweck nicht vollständig zu entsprechen, was man schon daraus entnehmen kann, daß die Centrifugalkraft eine variable ist, welche mit der Schnelligkeit der Bewegung wächst und abnimmt, während die Schwerkraft eine ganz konstante ist. Das Sicherste ist immer, die Kurven mit einem sehr großen Halbmesser zu konstruiren, oder die Schnelligkeit bei den engeren Kurven zu ermäßigen.

Die in England angestellten Versuche haben gezeigt, daß die Schnelligkeit der Wagenzüge bei solchen Kurven, welche mit

---
*) Wagen mit sog. Trukgestellen werden in der neuesten Zeit auch auf den deutschen Eisenbahnen (mit vier und mehr Räderpaaren) mehrfach angewandt. Str.

**) Die Ueberhöhung der äußeren Schienen in Krümmungen wird unter Berücksichtigung des Halbmessers derselben und der für die Züge zur Anwendung kommenden Geschwindigkeit bemessen. Str.

einem Radius von ½ englischen Meile = 213 Ruthen beschrieben sind, genau dieselbe ist, wie auf der ganz geraden Strecke der Bahn. Es war auch nicht die geringste Abnahme der Schnelligkeit zu ermitteln, und diese Versuche wurden in großer Zahl und unter so verschiedenen Umständen vorgenommen, daß das Resultat nicht bezweifelt werden kann. Auf den bisher ausgeführten Eisenbahnen in Deutschland sind die Kurven*)

mit Radien von 300 bis 100 Ruthen,
in Frankreich . . . . 100 "
in Belgien . . . . 100 "
in England sogar . . . . 100 bis 70 " beschrieben.

Wie nun auch diesen Bedingungen mehr oder weniger vollkommen entsprochen werden möge, immer sind Umwege eine Abweichung von der geraden Linie in horizontaler Projektion, wie die Böschungen es in der vertikalen sind. Diese bedingen, daß die ursprüngliche Kraft vermehrt, jene, daß sie während einer längeren Zeit in Anspruch genommen wird. Könnte man den Hügel, den man nicht durchstechen will, nicht anders als auf einem Umwege von ³⁄₄ Meilen vermeiden, so kommt die Rechnung wieder auf ungefähr dasselbe Resultat. Denn wenn die Selbstförderkosten auf der horizontalen Bahn 4 Silberpfennige betrugen, so verursacht der Umweg von ³⁄₄ Meilen 3 Silberpfennige Mehrkosten, was bei 6 Millionen Centnern abermals 50 000 Thaler jährlich austrägt.

Sechs Millionen Centner sind, wie schon oben gesagt, eine Annahme, welche nicht leicht auf einer deutschen Bahn sich verwirklichen kann,**) und es wurde dies Beispiel nur gewählt, um

---

*) Der kleinste zulässige Halbmesser der gekrümmten Geleise auf den Eisenbahnen Deutschlands mit normaler Spur beträgt 300 Meter und in Ausnahmefällen 180 Meter.   Str.

**) In welchem Umfange der Güterverkehr gewachsen ist, läßt ersehen, daß im Rechnungsjahr 1889/90 auf den normalspurigen deutschen Eisenbahnen 212 093 339 Tonnen (4 241 866 780 Ctr.) Güter aller Art gegen Frachtberechnung und außerdem 1 473 282 Tonnen Dienstgut befördert

Betriebskosten.

darzuthun, daß unter Umständen selbst sehr bedeutende Vermehrungen des Anlagekapitals zu rechtfertigen sind. Um nun den Werth eines Umweges in Zahlen näher zu bestimmen, wollen wir die Verhältnisse der belgischen und der Leipzig-Dresdener Bahn unserer Rechnung zu Grunde legen.

Es wurden im Jahre 1840 auf den belgischen Bahnen überhaupt 156 801 Meilen zurückgelegt. Die Gesammtkosten während dieser Zeit betrugen:

	überhaupt	pro Meile
Für das Personal, für Unterhaltung der Gebäulichkeiten, Anschaffung von Material ꝛc.	630 812 Frcs.	1 Thlr. 2 Sgr. — Pf.
Betriebskraft, Unterhaltung, Reparatur und Ersatz der Betriebsmittel, Schienenwege- Beleuchtung, Coaksöfen, Werkstätten, Wasserstationen ꝛc.	1 835 772 "	3 " 3 " 8 "
Direktion, Inspektion, Kontrole, Hereinschaffen und Abbringen der Güter ꝛc.	530 526 "	— " 27 " — "

Folglich für jede von einem Wagenzug auf der Bahn zurückgelegte Meile 5 Thlr. 2 Sgr. 8 Pf.

Auf der Leipzig-Dresdener Bahn wurden in demselben Jahre überhaupt gefahren 46 868 Meilen.

---

worden sind, von denen allein 136 150 937 Tonnen (2 723 018 740 Ctr.) gegen Frachtberechnung auf die preußischen Staatseisenbahnen und auf Rechnung des preußischen Staates verwaltete Eisenbahnen entfallen.   Ctr.

Es kosteten:	überhaupt	pro Meile
Unterhaltung der Bahn	54656 Thlr.	1 Thlr. 5 Sgr. — Pf.
Betrieb	50559 »	1 » 2 » 4 »
Heizung und Reparatur der Lokomotiven, Instandhaltung und Umbau der Wagen ꝛc.	119622 »	2 » 16 » 7 »
Verwaltung . . .	23391 »	— » 14 » 11 »

mithin die Zugmeile 5 Thlr. 8 Sgr. 10 Pf.*)

Nun wurden ferner (wenn die jährlich zurückgelegte Meilenzahl mit der Zahl dividirt wird, welche die Länge der Bahn in Meilen angiebt) die belgischen Bahnen mehr als neun-, die sächsische mehr als achtmal täglich ihrer ganzen Länge nach befahren. Legen wir nun auch nur die letzten Verhältnisse bei unserem Beispiele zu Grunde, so werden auf einer Bahn, welche einen Umweg von ³/₄ Meilen macht, täglich ³/₄ × 8 oder 6 Meilen umgefahren, folglich täglich eine Mehrausgabe von etwa 31 Thlrn. oder des Jahres von mehr als 11000 Thlrn. nöthig, und der Umweg von 1 Meile kostet sehr nahe die Zinsen einer halben Million Thaler an Betrieb, ohne die Baukosten zu rechnen.

Die Umwege haben aber doch den Vorzug vor starken Steigungen, daß sie den Betrieb weniger Zufälligkeiten aussetzen, das Material nicht so sehr zu Grunde richten und, wenn sie mit Vermeidung großer Bauwerke ausgeführt sind, in der Regel geringere Unterhaltungskosten in Anspruch nehmen.

Die Umwege sind die zweite wichtige Frage, welche bei Bestimmung der Traits einer Eisenbahn zu erörtern ist.

---

*) Eine Vergleichung der Kosten für die Zugmeile mit den jetzt für dieselbe aufzuwendenden Beträgen läßt sich aus dem Grunde nicht geben, weil die Züge nicht auf einer Bahn verbleiben, sondern auf andere Bahnen übergehen; die Betriebsausgaben auf den normalspurigen deutschen Eisenbahnen betragen für einen Kilometer der durchschnittlichen Betriebslänge 16801 Mark. Str.

Welchen großen Einfluß die Steigungen und die Länge einer Bahn auch immer auf die Größe des Anlagekapitals und der Wohlfeilheit ihres Betriebes haben, so sind es doch unter allen Umständen die Verkehrsverhältnisse, welche ihre Richtung bestimmen (wenigstens bei Privatunternehmungen). Niemand wird eine Eisenbahn durch eine öde Steppe bauen, bloß weil sie horizontal ist und weil man dort geradeaus gehen kann. Wir sehen im Gegentheil deren selbst in sehr ungünstigem Terrain in lohnendem Betriebe, wenn sie nur dem wahren Bedürfniß des Verkehrs entsprechen. Deshalb sollen Eisenbahnen sich dem einmal bestehenden Zuge des Landverkehrs anschließen, denn sie schaffen an und für sich keinen neuen Handel, sondern vervielfachen nur den bereits bestehenden. Die Eisenbahn soll nicht die absolut kürzeste Linie zwischen zwei Endpunkten bilden, sondern, so weit irgend möglich, gewerbreiche Städte und wohlhabende Landstriche berühren. Eine arme Gegend wird nicht reich, weil lange Güterzüge durch ihre Fluren hineilen, und eine Stadt noch kein Handelsplatz mit großen Kapitalien und auswärtigen Verbindungen, weil ein Schienenweg dahin führt.*) Nur da, wo das Bedürfniß einer schnellen und wohlfeilen Kommunikation durch die Verkehrsverhältnisse geboten ist, wird die Eisenbahn gedeihen und gedeihen machen. Umwege sind daher bis zu einer gewissen Grenze gerechtfertigt und geboten, und mehr noch als das Terrain entscheiden die Verkehrsverhältnisse die Richtung einer Bahn in letzter Instanz.

Die Eisenbahn soll daher nicht bloß das Interesse der beiden Endpunkte berücksichtigen, wie bedeutend diese immer sein mögen, sondern wesentlich auch das der zwischenliegenden Land-

---

*) Der große Verkehr, welchen Handel und Industrie durch die Eisenbahnen erhalten haben, hat auch nicht selten nicht gewerbreiche Städte und arme Orte zu Handelsplätzen und Industriestädten gemacht, insbesondere solche Orte, welche Kreuzungsstationen verkehrsreicher Bahnlinien wurden.   Str.

striche und kleinen Städte.*) Die Frequenz derselben, der sogenannte innere Verkehr, ist nämlich sehr viel bedeutender, als man gewöhnlich annimmt. Auf den 45 Meilen der belgischen Bahnen hatte sich im Jahre 1840 die Hälfte der ganzen Bevölkerung des Landes, nämlich 2¼ Millionen Menschen bewegt, und von diesen hatte nach stattgehabten Ermittelungen ein jeder nur durchschnittlich 5½ Meilen zurückgelegt. Auf der Magdeburg-Leipziger Bahn fuhr 1841 im Durchschnitt jeder Reisende 5¹/₁₀ Meilen und auf der Leipzig-Dresdener 7½ Meilen. Es ist also bei weitem nicht der von Ende zu Ende durchgehende Reiseverkehr, welcher die Bahn alimentirt, sondern hauptsächlich sind es die Reisen auf kürzeren Strecken derselben, von Zwischenpunkt zu Zwischenpunkt oder von den Endpunkten zu denselben.**) Wenn aber eine Bahn keine solche Zwischenpunkte bildenden Städte berührte, so fiele dieser wichtige Verkehr weg.

Die Entscheidung, ob man einen Umweg von so viel tausend Ruthen machen will, um diese gewerbthätige Landstadt, jene an Produkten reiche Gegend zu berühren, beruht lediglich auf einer richtigen Abwägung der vermehrten Anlagekosten und der abditionellen Betriebskosten für jene Tausende von Ruthen, im Vergleich mit der zu erwartenden Vermehrung der Frequenz, welche letztere aber immer nur annähernd bestimmt werden kann.

Allgemein gültig ist der Satz, daß sehr rege Verkehrsverhältnisse eine kostspieligere und vollkommenere Anlage gestatten und fordern, eine minder entwickelte Thätigkeit des Handels und der Betriebsamkeit sich hingegen mit dem minder vollkommenen

---

*) Dieser Forderung wird jetzt durch Anlage von Bahnen untergeordneter Bedeutung Rechnung getragen, während die Hauptbahnen fast ausschließlich zum Verkehr für die kürzeste Verbindung zwischen den Hauptstationen (Handels- und Industriestädten) dienen. Str.

**) Dieser Ausspruch ist auch heute noch zutreffend; auf den deutschen Eisenbahnen mit normaler Spur legt jede beförderte Person durchschnittlich 26,99 km zurück. Str.

Medium begnügt, und auch nur ein solches rentabel macht.*) Daher der enorme und doch zulässige Aufwand der englischen Bahnen, daher die nothwendige Wohlfeilheit der deutschen.

In England kostet z. B. die nur wenig mehr als $3/4$ Meilen lange London-Greenwich-Bahn 5 480 000 Thaler bei freilich ganz exceptionellen Verhältnissen, da diese Bahn auf ihrer ganzen Erstreckung über gemauerte Bogenstellungen geführt wurde, und mit $1/3$ ihrer Länge in der Stadt London selbst liegt. Die bloße Grundentschädigung kostete mehr als 2 Millionen Thaler.

Es kosteten ferner pro laufende deutsche Meile

in England	London-Croydon	2 302 000 Thlr.
	Manchester-Bolton	1 890 000 =
	London-Birmingham	1 560 000 =
	Liverpool-Manchester	1 380 000 =
	Great-Western	1 340 000 =
	Manchester-Leeds	1 260 000 =
	Grand-Junction	720 000 =
	Preston-Lancaster	716 000 =
	North-Union	704 000 =
	Leeds-Selby	544 000 =
	Glasgow-Garnkirk	378 000 =
	York-Nord-Midland	306 000 =
	Arbroath-Forfar	216 000 =
	Arbroath-Dundee	210 000 =
in Frankreich	Etienne-Lyon	592 000 =
in Belgien die 13 ersten Sektionen, welche auf etwa $3/4$ nur einfaches Geleise haben**)		304 000 =

---

*) Während in früheren Jahren die Eisenbahnen fast alle gleichmäßig gebaut wurden, hat man in den letzten Jahrzehnten diejenigen Bahnen, welche einen geringeren Verkehr erwarten ließen, auch einfacher gebaut und ausgerüstet. Str.

**) Die Strecke von Lüttich bis Verviers, welche noch im Bau, wird aber bedeutend theurer und wohl die theuerste auf dem Kontinent.

in Deutschland mit einfachem Geleise

Köln-Aachen	500 000	Thlr.
Düsseldorf-Elberfeld	500 000	=
Berlin-Potsdam	400 000	=
Leipzig-Dresden (Doppelbahn)	360 000	=
Badische	370 000	=
Taunus	320 000	=
Hamburg-Bergedorf	375 000	=
München-Augsburg	270 000	=
Berlin-Frankfurt a. O.	250 000	=
Berlin-Anhalt	210 000	=
Berlin-Stettin (schmale Kronenbreite)	184 000	=
Magdeburg-Leipzig	209 000	=
Kaiser Ferdinand-Nordbahn	164 000	=

Bahnen, welche so ungeheure Terrainschwierigkeiten zu besiegen hatten, wie Köln-Aachen und Düsseldorf-Elberfeld, können keinen Maßstab des Verkehrs abgeben, ebensowenig diejenigen, welche bei der Neuheit der Sache ein hohes Lehrgeld zahlen mußten. Man darf annehmen, daß im mittleren Durchschnitt in Deutschland die Eisenbahnen für ¼ Million pro laufende Meile herzustellen sind.*) Hiernach vermehren sich die Kosten einer Eisenbahn für jede Meile Umweg, wenn zu dem durchschnittlichen Anlagekapital von ¼ Million die kapitalisirten Mehrkosten des Betriebes mit ½ Million hinzugerechnet werden, um

---

*) Von dem auf die Anlage und Ausrüstung der normalspurigen Eisenbahnen Deutschlands verwendeten Anlagekapital entfallen auf 1 km Bahnlänge 252 268 Mark. Die Gesammtkosten der Stadtbahn in Berlin einschließlich der antheiligen Kosten an dem Umbau des Schlesischen Bahnhofes in Berlin und an dem Neubau des Bahnhofes Charlottenburg betragen bei rund 11¼ km Länge rund 68 140 000 Mark, wovon 33 412 000 Mark auf den Grunderwerb entfallen, letzterer würde einen bedeutend höheren Betrag erfordert haben, wenn die Bahn nicht auf eine große Strecke fiskalisches Terrain und außerhalb der Stadt Ackerland berührt hätte. Str.

³/₄ Millionen, welche von der durch den Umweg beabsichtigten Vermehrung der Frequenz aufgewogen werden sollen.

Wir haben gesehen, wie sowohl Terrain als Verkehrsverhältnisse die Bahnen zwingen, von der geraden Linie abzuweichen; es bleibt übrig, in wenig Worten die politischen und Territorial-Verhältnisse zu berühren.

Daß die Anlage einer Eisenbahn auf lange Zeit hinaus und aus weiten Kreisen den Verkehr in eine bestimmte Richtung leitet, liegt in der Natur der Sache. Man hätte daher vermuthen können, die Staatsregierungen würden sich sogleich an die Spitze dieser Unternehmungen stellen, um die Richtungen der Bahnen nach dem Interesse der Gesammtheit zu regeln. Dies geschah jedoch nicht.

In England konnte freilich Alles dem Assoziationsgeist der Privaten überlassen bleiben. Kein Unternehmen erschien zu groß oder zu kostspielig bei dem Ueberfluß an Kapitalien, dem Unternehmungsgeist des Volkes und der hohen Entwickelung der Industrie und des Handels; auch gab es innerhalb des meerumspülten Umfanges des Königreiches keine politischen Grenzen, welche den Anlagen Schwierigkeiten in den Weg legten oder Jalousien hervorriefen. Anders auf dem Kontinent und vor Allem in Deutschland. Dennoch blieb die belgische Regierung lange die einzige, welche den Bau der Eisenbahnen nach einem vorher durchdachten Plan und im Interesse des Staats wie der Einzelnen für das ganze Land übernahm. Der Erfolg hat bereits gezeigt, wie sehr die Ausführung gelungen ist.

In Deutschland handelt es sich bei der Wahl der Richtung für Eisenbahnen in der That nicht darum, ob diese oder jene Landstadt berührt werde, sondern sehr oft, ob der Welthandel seinen Zug durch ein Königreich nehmen oder es vermeiden soll. Dennoch blieb Alles dem Unternehmungsgeiste der Privatleute überlassen, und zu ihrer Ehre sei es gesagt, daß Deutschland durch ihren Muth und ihre Einsicht mit Ausschluß Belgiens das an Eisenbahnen reichste Land des Kontinents wurde, bevor irgend eine Regierung ihnen zu Hülfe kam.*) Freilich war Personenfrequenz Hauptrücksicht, es wurden nur die lukrativsten Strecken ausgebeutet, und es entstanden Richtungen, welche in ein rationelles Staatseisenbahnnetz nicht passen wollen.

Bald stellte sich jedoch heraus, daß die Regierungen so großen Unternehmungen nicht fremd bleiben konnten.**) Zunächst gerieth die Post in Konflikt mit den Eisenbahnen, welche in der Hand der Staatsverwaltung ein wesentlicher Vortheil für sie gewesen wären, und die ihr als Privateigenthum eine nicht zu besiegende Konkurrenz entgegenstellten. Die Nothwendigkeit, den weniger begünstigten Provinzen einen erleichterten Absatz für ihre Erzeugnisse zu verschaffen, die entlegeneren Theile des Landes mit der Hauptmasse zu verschmelzen, endlich die militärischen Rücksichten, Alles sprach dafür, auch da Eisenbahnen zu bauen, wo sie sich nicht unmittelbar rentiren konnten, und dies vermochte nur der Staat.

Nach und nach haben denn auch fast alle deutschen Regierungen Eisenbahnanlagen unter verschiedenen Bedingungen entweder selbst übernommen, unterstützt oder garantirt.***) Preußen that diesen Schritt zuletzt, aber im großartigsten Stil, indem gleich für 200 Meilen Gewähr geleistet wurde, und die Frage, welche wir zu beleuchten gesucht haben, wird daher dort in nächster Zukunft vielfach in Anregung gebracht werden.†)

---

*) Die Gesammtlänge der normalspurigen Eisenbahnen Deutschlands ohne die Anschlußgeleise an gewerbliche Etablissements ꝛc. beträgt zur Zeit 41879 km und die der schmalspurigen 1051 km.   Str.

**) Gesetz über die Eisenbahn-Unternehmungen in Preußen vom 3. November 1838.   Str.

***) Allerhöchste Kabinetsordre vom 22. November 1842, betreffend die Uebernahme einer Zinsgarantie von $3\frac{1}{2}$ pCt. an einige hülfsbedürftige Eisenbahn-Unternehmungen in Preußen.   Str.

†) Auf Grund des Gesetzes vom 7. Dezember 1849 wurden die ersten Bahnen in Preußen vom Staate gebaut und die Saarbrücker Bahn 1850, die ersten Strecken der Ostbahn 1851 eröffnet.   Str.

Zur Orientalischen Frage.

Vorbemerkung.

Die hier folgenden fünf kürzeren Aufsätze sind in den Jahren 1841 bis 1844 in den Beilagen der Augsburger Allgemeinen Zeitung erschienen. Es sind:
Deutschland und Palästina. 1841.
Land und Volk der Kurden. 1841.
Militärisch-politische Lage des osmanischen Reichs. 1841.
Reschid, Jzzet und die Pforte. 1842.
Die Donaumündung. 1844.

Ihrem Inhalte nach lassen sich die Aufsätze unter der Bezeichnung „Zur orientalischen Frage" zusammenfassen; und wenn auch im zweiten ethnographische, im fünften geographische Gesichtspunkte mitsprechen, so treten doch in allen die politischen und kriegerischen, damals ebenso wie oft zuvor und später Europa stark bewegenden Ereignisse im Orient in den Vordergrund.

Moltke war im Spätherbst 1839 aus der Türkei zurückgekehrt, nachdem er während seines dortigen vierjährigen Aufenthalts eine gründliche Kenntniß von Land und Leuten erworben und reiche, vielseitige Erfahrungen gesammelt hatte. So durfte er als einer der berufensten, urtheilsfähigsten Kenner des Orients gelten.

Als er vom Schlachtfelde von Nisib sich der Heimat zuwandte, war in den langjährigen Zwistigkeiten der hohen Pforte mit ihrem aufsässigen Vasallen Mehemed Ali von Aegypten ein Augenblick eingetreten, wo es schien, wie wenn die längst morsche Macht der Osmanen vollends zusammenbrechen würde. Sultan Mahmud III., der mit eiserner Faust, aber wenig Erfolg sein Reich zu reformiren begonnen hatte, war gestorben, kurz bevor die Schreckenskunde von Nisib nach Stambul gelangte. An seine Stelle trat der sechzehnjährige schwache Abdul Meschid; er fand sein Reich ohne Heer, ohne Flotte, denn diese hatte der verrätherische Kapudan Pascha nach Alexandrien zu Mehemed Ali geführt; ganz Syrien war in den Händen der Aegypter, denen der Weg zum Bosporus offenstand. Aber Mehemed Ali vermochte den erkämpften Erfolg nicht auszubeuten, und als in Konstantinopel der europäisch gebildete, dem Fortschritt geneigte Reschid Pascha ins Ministerium eintrat, begannen diejenigen europäischen Mächte, die der Integrität und zeitgemäßen Entwickelung der Türkei geneigt waren, kräftigere Maßregeln zu ergreifen. Vor Allem war es der von Reschid ins Werk gesetzte Hattischerif von Gülhane (2. November 1839), der die Stimmung der Mächte aufs Günstigste beeinflußte. Dieser Erlaß des Sultans verhieß allen seinen Völkern, Gläubigen wie Rajah, Sicherheit des Lebens, der Ehre und des Eigenthums, gleichmäßige Abgabenvertheilung und Regelung der Aushebung, er bedeutete also einen weiteren wichtigen Schritt auf dem Wege der Reform. Nur das Ministerium Thiers in Frankreich unterstützte noch ferner die breisten Forderungen Mehemed Alis, so daß sich die anderen Großmächte in einer Quadrupelallianz zum Schutze der Pforte vereinigten (15. Juli 1840) und gegen den rebellischen Vicekönig, der sich auf die nicht eintretende thatsächliche Hülfe Frankreichs verlassen hatte, militärisch vorgingen. Eine englisch-österreichische Flotte und ein türkisches Landungskorps griffen die Aegypter in Syrien an, und nachdem Beyrut, Akka und andere Küstenplätze gefallen waren, die Bevölkerung Syriens sich für den Sultan erhoben hatte, räumte Ibrahim Pascha, der Sohn und Feldherr Mehemed Alis, das Land und führte sein Heer in einem bald zur Flucht ausartenden Rückzuge nach Aegypten zurück. Inzwischen war ein englisches Geschwader vor Alexandrien erschienen, und Mehemed Ali sah sich nunmehr genöthigt, um Frieden zu bitten, der ihm unter Anerkennung der Erblichkeit seiner Dynastie (Anfang 1841) gewährt wurde.

Bald nach diesen Ereignissen schied Reschid Pascha aus dem Ministerium, in das kurze Zeit später an seine Stelle Izzet Mehemed Pascha berufen wurde. Izzet war eins der angesehensten Häupter der alttürkischen konservativen Partei, und sein Eintritt ins Amt bedeutete einen völligen Bruch mit den Reformbestrebungen. Allein, der Einflüsse auf den schwachen, jugendlichen Sultan waren so viele, daß auch Izzets Verweilen im Ministerium kurz war, die Regierung in Konstantinopel noch lange sich in Gegensätzen bewegte und der inneren Schwierigkeiten während der Zeit, in welcher sich die nachstehenden Aufsätze bewegen, nicht Herr zu werden vermochte. Aufstände in Creta, Verwickelungen in Verwaltung der Libanon-Provinz, ein ernstes Zerwürfniß mit Persien, Wirren in den Donaufürstenthümern trugen dazu bei, die Lage des osmanischen Reichs auf Jahre hinaus unsicher und zu einer Gefahr für den Weltfrieden zu machen.

Es erschien nothwendig, diesen kurzen geschichtlichen Ueberblick zur Orientirung der heutigen Leser den nachfolgenden Aufsätzen vorauszuschicken.

Deutschland und Paläſtina.

Durch ein kräftiges und glückliches Handanlegen hat eine kleine Schaar von Europäern die lange ſchwebende ſyriſche Frage zu einer ſchnellen Entſcheidung gebracht. Acre fiel unter den Donnern einer engliſch-öſterreichiſchen Flotte, und das Trugbild ägyptiſch-arabiſcher Macht zerfloß in ſich ſelbſt. Das ſchöne Syrien wurde dem Padiſchah wieder erobert, der übermüthige Vaſall, der ſeiner Autorität ſo lange getrotzt, bis in den Staub gedemüthigt — aber iſt die orientaliſche Verwickelung nun hierdurch geſchlichtet? Schwerlich wird Jemand dieſe Frage bejahen, der die türkiſchen Länder durchreiſt hat und die Wahrheit zu erkennen die Fähigkeit und den Willen hatte.

Das gänzliche Erlöſchen des militäriſchen Geiſtes bei dieſen vormals ſo ſtreitbaren Völkern hat ſich auch bei jener neuen Veranlaſſung bekundet. Wenn es im Intereſſe der Engländer lag, das Handeln des türkiſchen Heeres gegen Ibrahim als kräftig und kühn hervorzuheben, ſo behaupten dagegen ruhige und unbefangene Augenzeugen und Mithandelnde, ebenſo wenig glänzende Waffenthaten geſehen zu haben, als ein Jahr zuvor bei Niſib. Die Europäer eben haben Alles gethan. Von dem Augenblick, wo ſie den Schauplatz verließen, wo ihre Flotte von der syrischen Küste absegelte, hat das türkische Heer sich fast keinen Schritt weiter gerührt, und doch bedurfte es nur eines letzten Anstoßes, um das morsche Gebäude der Gewalt und Barbarei vollends zu zertrümmern. Die Pforte hat die reichen Länder zwischen dem Euphrat und dem Mittelländischen Meer nicht zu erobern vermocht; sie kann, wenn sie ihr geschenkt werden, diese Länder ebenso wenig behaupten. Sie ist nicht im Stande, die Syrer durch eine kräftige Regierung, wie der Militärdespotismus Ibrahims war, im Gehorsam zu erhalten, und sie kann das Land durch eine gerechte und gute Verwaltung nicht für sich gewinnen, weil ihr zu einer solchen Verwaltung das erste Element, redliche Beamte, völlig abgehen, welche der Hattischerif von Gülhane nicht hervorzaubern konnte. Wollte die osmanische Regierung ihren Statthaltern ein noch so reichliches Gehalt auswerfen, sie werden neben dem Gehalt die gewohnten Erpressungen fortsetzen. Mit den türkischen Paschas kehren die Steuerverpachtungen und der Aemterhandel, die Zwangläufe und Frohnen, kurz, die alte Willkür und Bedrückung zurück, und Syrien wird sich gegen seine neuen Beherrscher erheben, wie es sich zu allen Zeiten gegen die früheren erhoben, weil es zu allen Zeiten mißhandelt worden ist. Partielle Aufstände werden unter den Bergbewohnern und in den großen Städten auftauchen. Dann wird ein Krieg geführt werden, wie der Reschid Paschas und Hafis Paschas gegen die unglücklichen Kurden, wo man gegen Weiber und Kinder kämpfte und die schönen Dörfer abbrannte, um eine kurze Zeit über ein erschöpftes und verheertes Land zu herrschen, welches man auf die Dauer doch nicht behaupten konnte. Wahrlich, es bedarf keiner Sehergabe, um zu prophezeien, daß selbst, wenn kein Anstoß von außen hinzukommt, die Türken in einem oder zwei Jahren wieder aus Syrien vertrieben sein werden.

Dieser Anstoß wird aber nicht ausbleiben. Der Umstand, daß eine der Großmächte aus dem europäischen Areopag zurücktrat, welcher die syrische Frage zu lösen unternahm, hat zwar die Maßregeln desselben nicht rückgängig machen können, wirkt aber dennoch sehr fühlbar auf die Resultate desselben ein. Einige broad-sides britischer Linienschiffe unter der kecken Führung eines Napier würden gar bald die arabische garde nationale aus ihren schlechten Batterien vor Alexandrien verscheucht und die Flamme eines allgemeinen Aufruhrs in dem so lange furchtbar niedergetretenen Aegypten zum Ausbruch gebracht haben. Statt dessen wird aus Rücksicht für Frankreich der Großherr gezwungen oder, was gleich viel sagen will, von der gewaffneten Quadrupelallianz höflichst eingeladen, einen Theil der Usurpation seines Vasallen zu heiligen. Der Erbe der Kalifen, der Mehrer des untheilbaren Reiches soll einen Theil eben dieses Reiches erblich einem Rebellen verleihen. Was heißt nun aber die Erblichkeit in der Dynastie des Arnauten? Wer die Verhältnisse im Orient kennt, weiß auch, wie locker die Familienbande dort sind. Die Söhne und Töchter Mehemed Alis sind die Kinder seiner Weiber und sind zum Theil so wenig unter sich verwandt, daß sie sich heirathen könnten. Ibrahim z. B. ist nur der angeheirathete Sohn des Statthalters von Aegypten. Selbst das osmanische Reich war kein Majorat, sondern ein Seniorat. Das Erstgeburtsrecht eines Unmündigen konnte nicht geltend gemacht werden gegen die Macht eines Vaterbruders, und in zweifelhaften Fällen mußten heimliche Hinrichtungen, Blendungen oder andere Gewaltthaten stets der unsicheren Erbfolge nachhelfen. Wie nun aber, wo die Sprößlinge des regierenden Hauses nicht im „Prinzenkäfig" aufgehoben, wo sie Provinzen und Armeen befehligen und wo sie die Macht und gewiß auch den Willen haben, sich gegenseitig das reiche Erbe streitig zu machen. Endlich ist das Geschlecht des arnautischen Büchsenspanners nicht von jenem religiösen Nimbus umflossen, welcher die Enkel Osmans und selbst ihre entfernteren Vettern, die Tataren-Chane zu Robosto, in den Augen der Moslem heiligt.

Auch fremde Machthaber werden die Hand ausstrecken nach einem Theil der großen Verlassenschaft des greisen Vizekönigs in dem Augenblick, wo er von dem Schauplatz seines langen thatenreichen Lebens abtritt.

Wenn eine Regeneration des türkischen Reiches als solchen möglich, so kann sie nur von einer erst zu erziehenden Generation und aus muselmännischen Wurzeln hervorgehen. Alle Belehrungs- und Europäisirungsversuche, alle feindlichen Angriffe, so gut wie freundschaftliche Dazwischenkünfte führen nur zum völligen Zerfall. Die Pforte wurde schwächer durch den russischen Schutz, als sie nach dem Fall von Varna gewesen; sie ist schwächer heute, wo England ihr Syrien schenkt, als da sie die Schlacht von Nisib verlor. Der Marasmus einer gänzlichen Theilnahmlosigkeit hat die Masse des Volkes ergriffen, und die Regierung, nur noch dem Impuls folgend, welchen die Fremden ihr geben, ist in einer Ohnmacht versunken, die jedem glücklichen Abenteurer Aussicht auf das Gelingen seiner ehrgeizigen Pläne gewährt. Die Verwickelungen der Jahre 1830, 1833, 1839 und 1840 werden sich stets wieder und in immer kürzeren Intervallen erneuern. Soll dann der Friede Europas jedesmal in so ernste Gefahr gerathen, wie die, in welcher er heute noch schwebt?

Bisher hat die europäische Diplomatie nur die Krisen hinauszuschieben gestrebt; sie hat sich nicht darauf eingelassen, die Ursachen zu heben, aus welchen sie entstehen. Wirklich können gegen jedes Mittel, welches in Vorschlag gebracht wird, erhebliche und gegründete Einwendungen gemacht werden, aber mit der bloßen Verneinung ist nichts gethan.

Einige Stimmen haben gewagt, es auszusprechen, daß dem türkischen Staatskörper kein eigenes Leben mehr innewohne, daß der Islam weder eine Fortbildung, noch eine Umänderung gestatte, daß die Reform die muselmännische Kraft gebrochen und sie durch fremde Institutionen nicht zu ersetzen vermocht habe, daß ein großes, hülf- und wehrloses Land, in den Kreis europäischer Weltmächte gerückt, ein beständiger Quell der Eifersucht, der Befürchtungen und des Haders sei, daß, was naturgemäß nicht bestehen könne, vergehe, daß man die Türkei theilen müsse.

Einem solchen Schritt widersteht das moralische Recht, mit welchem die Politik zwar keineswegs schon zusammenfällt, dem sie sich jedoch mehr und mehr zu nähern strebt; ihm steht entgegen das warnende Beispiel einer früheren Theilung, deren Folgen für Europa noch lange nicht verschmerzt sein werden. Endlich verhält es sich mit der Theilung der Türkei wie mit der Theilung eines Brillantringes: es fragt sich, wer den kostbarsten Solitär, Konstantinopel, besitzen, wer sich mit dem werthloseren Rest, mit weiten Landstrecken, die von halbbarbarischen Völkern bewohnt sind, genügen lassen soll. Andere Stimmen riethen, einzelne Stücke des türkischen Gebiets der europäischen Civilisation zu überantworten, wie dies bereits mit Hellas geschehen.

Begeisterung für das Land, wo der Erlöser geboren ward, wo er gelebt, gelehrt und gelitten hat, ließen einst Millionen frommer Christen ihre Heimat aufgeben und unsägliche Beschwerden erdulden, um den geweihten Boden Palästinas zu betreten. Die Blüthe der abendländischen Ritterschaft verspritzte ihr Herzblut, um die heiligen Stätten der Herrschaft der Ungläubigen zu entreißen. Wie sehr hatte sich dieser religiöse Sinn abgekühlt, als gerade 800 Jahre seit dem ersten Kreuzzuge der große Feldherr eben der Nation, welche den Titel einer Beschützerin des katholischen Glaubens im Orient führt, nach der Eroberung Aegyptens ganz trocken sagen konnte: „Jérusalem n'entre pas dans ma ligne d'opération!" Die gegenwärtige Stimmung liegt zwischen jenen beiden Extremen mitten inne, und der Gedanke, Palästina unter christlichen Schutz zu stellen, scheint in Europa nicht ohne Anklang zu bleiben. Indessen dürfen religiöse Gefühle allein in der Politik nicht entscheiden. Ein christliches Fürstenthum Paläſtina müßte in ſeiner erſten Abrundung auch gleich die Möglichkeit ſeines Fortbeſtehens enthalten. Wollte man nach dem Beiſpiel Krakaus Jeruſalem mit den heiligen Orten ſeiner Umgebung allein zu einem Staat konſtituiren, ſo würde dieſer Staat, in einer öden, unfruchtbaren Gegend, abgeſchnitten vom Meer, fern von ſeinen Beſchützern, umgeben von arabiſchen Räuberſtämmen, bedroht von muſelmänniſchen Nachbarn und zerriſſen im Innern durch wüthenden Sektenhaß, gewiß eine ſehr unglückliche Schöpfung werden. Wahrlich, ein Glück iſt es, daß bisher die duldſamen Moslem das Heft der Gewalt in Händen hatten, und nicht eine der Sekten, welche am Grabe des Erlöſers ſo ganz die Lehre milder Duldung und Nächſtenliebe vergeſſen haben, daß man vor den Ungläubigen erröthet. So viel läßt ſich von vornherein überſchauen, daß zu der neuen Schöpfung ein weiteres Gebiet, ein Theil der Meeresküſte, ein feſter Platz geſchlagen werden müßte. Wie ſollte man auch den ſo günſtig gelegenen Hafen und die ſtarken Mauern von Acre den ſchwachen Händen der Türken ausliefern, die ſie im nächſten Augenblick wieder verlieren würden!

Es läßt ſich ferner behaupten, daß die Leitung des neuen Staates einem unumſchränkten Fürſten deutſcher Nation und echt toleranten Sinnes übertragen werden ſollte. Die ausſchließliche Bevorzugung irgend einer chriſtlichen Kirche würde gleich im Entſtehen des Staates die Keime zu ſeinem Untergange ausſtreuen. Wir ſagten, einem **deutſchen Fürſten**, weil Deutſchland den negativen Vorzug hat, keine Seemacht zu ſein, aber durch die Beſchiffung der Donau und durch die öſterreichiſchen Häfen des Adriatiſchen Meeres ihm der nächſte Handelsweg mit dem Orient geöffnet iſt. Endlich einem **unumſchränkten Fürſten**, weil nur dieſe Regierungsform für halbbarbariſche Zuſtände paßt, weil ſie für dieſelben unter einem gerechten, klugen und energiſchen Regenten die beste aller Formen ist, und weil nur ein solcher Regent überhaupt etwas aus der neuen Schöpfung machen kann.

Die Hellenen hatten, zwar mit europäischer Hülfe, aber doch wesentlich durch ihre eigenen Anstrengungen ihre Unabhängigkeit erkämpft. Sie bilden eine wirkliche Nation und konnten daher mit Recht fordern, daß ihre Verwaltung, ihre bewaffnete Macht, ihre Beamtenwelt und ihre Regierung eine griechische sein sollen. Hierin liegt nun aber eine große Schwierigkeit für die Fortbildung des hellenischen Staates, denn das Volk, aus welchem alle diese Elemente entnommen werden sollen, steht selbst erst auf einer Stufe halber Civilisation. Anders würde sich dies mit den Bewohnern des südlichen Syriens verhalten. Ihnen würde die Freiheit vom türkischen Joch geschenkt, und da sie selbst die Kulturstufe der Griechen noch nicht erreicht haben, so würden unbedenklich die Europäer, die ihnen an Sittlichkeit, Kenntniß und Willenskraft überlegen sind, den Adel, die bevorzugte Klasse, den Beamtenstand abgeben. Aber diese Europäer dürften dann freilich nicht die Ueberläufer aller Nationen sein, wie in der Türkei. Der Staat, welcher Palästina einen Fürsten schenkt, müßte ihm, außer einem Darlehn, auch aus seinen Beamten im Civil wie im Militär eine Anzahl erprobter Männer mitgeben, welche offenbar unentbehrlich sind. Denn ohne umsichtige, thätige und besonders ohne redliche Beamte ist keine Verwaltung und vollends keine Kolonisation denkbar.

Was die Militärmacht eines Fürsten von Palästina betrifft, so läßt sich sogleich übersehen, daß sie gering sein müßte, um das Land nicht unnütz zu belasten. Den Kern derselben würden einige Bataillone, Eskadrons und Batterien guter Truppen mit europäischen Offizieren und Soldaten bilden, die jedoch ihren Ersatz zum Theil aus den Bewohnern des Landes nehmen könnten. Neben diesen müßte allmälig eine Volksbewaffnung eingeführt werden, bei welcher man das Lehenswesen der Sipahi oder das der österreichischen Militärgrenze zum Vorbild wählte.

Dies letztere System paßt sich einer beginnenden Kolonisation so vortrefflich an, daß man nicht begreift, wie in Algier alles Uebrige, selbst die chinesische Mauer um die Metidscha, eher als dies Mittel in Antrag gebracht werden konnte. Die Seemacht dürfte in nichts weiter, als in einem Paar Korvetten zum Schutz des Handels gegen die Seeräuber des Mittelländischen Meeres bestehen. Mit diesen Vertheidigungsmitteln würde das Land gegen die benachbarten Araberhorden, wie gegen türkische und ägyptische Uebergriffe vollkommen gesichert sein, und gegen größere Gefahren müßten die Schutzmächte aufkommen.

Das weiteste Feld der Thätigkeit eröffnete sich der Regierung in der Verwaltung der innern Angelegenheiten eines Landes, in welchem Alles noch zu schaffen, wo aber auch die Elemente zu allen Schöpfungen in reichem Uebermaß vorhanden sind. Schutz des Eigenthums und der Person, Sicherheit für industrielle und kommerzielle Unternehmungen, Duldung aller Glaubenslehren und unparteiische Gerechtigkeitspflege würden Ansiedler und Kapitalien in Menge nach diesem reichen Boden, unter diesen glücklichen Himmel locken. — Der Einfluß einer solchen Musterwirthschaft von einer Staatsverwaltung mitten unter Völkern, die in ihren Beherrschern bis jetzt nur Blutsauger kannten, würde unermeßlich sein. Palästina würde eine Vormauer Syriens gegen Aegypten bilden, und wenn Aegypten einmal in einer anderen als der osmanischen Dynastie erblich sein soll, jener die beste Gewährleistung gegen türkische Angriffe bieten. Auf dem direkten Handelswege zwischen Ostindien und Europa gelegen, müßten die Häfen der Küste und die Straßen des Landes sich mit den Reichthümern zweier Welttheile erfüllen, und das christliche Europa würde in der Befreiung des heiligen Grabes eine moralische Genugthuung erlangen, welche ihm durch Jahrhunderte vorenthalten war.

Wir bekennen uns offen zu der vielfach verspotteten Idee eines allgemeinen europäischen Friedens. Nicht als ob von jetzt an blutige und lange Kämpfe nicht mehr stattfinden könnten, als ob man die Armeen verabschieden, die Kanonen zu Eisenbahnschienen umgießen sollte, nein! aber ist nicht der ganze Gang der Weltgeschichte eine Annäherung zu jenem Frieden? Sehen wir nicht zu Anfang die Hand eines Jeden wider Jeden erhoben? Fochten nicht selbst im Mittelalter Ritter und Barone, Burgen und Städte ihre Fehden nur so lange untereinander aus, bis die Fürsten ihnen das Handwerk legten und das Recht für sich allein in Anspruch nahmen? Und heute! Ist in unseren Tagen ein spanischer Erbfolgekrieg oder ein Krieg pour les beaux yeux de Madame möglich? Durfte Holland wegen einer Provinz, Neapel wegen des Schwefelmonopols, Portugal wegen der Dueroschifffahrt den Frieden brechen? Es ist nur einer sehr kleinen Zahl von Mächten noch die Möglichkeit vorbehalten, die Welt in Flammen zu setzen.

Die Kriege werden immer seltener werden, weil sie bereits über die Maßen theuer geworden sind, positiv durch das, was sie kosten, negativ durch das, was sie versäumen lassen. Hat nicht Preußen unter einer guten und klugen Verwaltung in 25 Friedensjahren seine Bevölkerung um ein Viertel vermehrt, und sind seine 15 Millionen Einwohner heute nicht besser genährt, besser gekleidet, besser unterrichtet, als seine 11 Millionen es waren? Kommen solche Resultate nicht dem Gewinn eines Feldzugs, der Eroberung einer Provinz gleich? nur mit dem Unterschied, daß sie nicht auf Unkosten eines Anderen und ohne die unermeßlichen Opfer eines Krieges erreicht wurden. Und welches europäische Land hat nicht ähnliche, wenn auch meist minder große Eroberungen in seinem Innern gemacht? Der Gedanke liegt so nahe, die Milliarde, welche Europa jährlich seine Militärbudgets kosten, die Millionen Männer im rüstigen Mannesalter, welche es ihren Geschäften entreißen muß, um sie für einen eventuellen Kriegsfall zu erziehen, alle diese unermeßlichen Kräfte mehr und mehr produktiv zu nutzen. Sollte Europa, sei es in Jahrzehnten oder in Jahrhunderten, nicht die gegenseitige Entwaffnung, nicht das Gegentheil des Schauspiels erleben, das heute Frankreich giebt, welches seinen Rock verkaufen will, um sich einen Harnisch anzuschaffen?

Man hat gesagt, wenn es keinen Krieg mehr gäbe, würde die Menschheit ihre moralische Energie einbüßen, indem sie für eine Idee, sei es Ehre, Treue, Ruhm, Vaterlandsliebe oder Religion, ihr Leben zu opfern verlerne. Dies dürfte nicht ganz ungegründet sein. Uebrigens, je seltener der Krieg in Europa je nöthiger wird es, für die übersprudelnde Kraft der jungen Generationen ein Feld der Thätigkeit zu finden. England hat sich in allen Welttheilen und auf allen Meeren einen Schauplatz geschaffen, wo es die nachgeborenen Söhne seines Adels versorgt, den kriegerischen Muth seiner Jugend erprobt, seinem Handel neue Kanäle, seinem Gewerbfleiß neue Märkte eröffnet. Frankreich suchte in Algier den Ableiter für den oft krankhaften Ueberfluß seiner Kraft, und wenn ihm die Kolonisation bisher schlecht genug gelungen, so wünschen wir seinem Streben im Interesse der Civilisation den besten Erfolg. Sollte aber Deutschland nicht begierig zugreifen, wenn sich ihm eine Möglichkeit bietet, deutsche Gesittung und Thatkraft, Arbeitsamkeit und Redlichkeit über die deutschen Marken hinaus zu verbreiten?

Das Land und Volk der Kurden.

Ein bis jetzt noch nicht ganz verbürgtes Gerücht von neuen Aufständen in Kurdistan, in eben dem Augenblick, wo man durch das Einschreiten von vier europäischen Großmächten die Angelegen=

heiten des türkischen Reichs geregelt glaubte, setzt Viele in Erstaunen, welche der Entwickelung der orientalischen Tragödie ihre Aufmerksamkeit schenken. Und doch ist der Aufstand nur eine Folge eben jenes Einschreitens. — Mit dem Tage von Nisib hatte die Herrschaft des Padischahs über das kaum erst besiegte, aber nie wirklich unterworfene Kurdenvolk faktisch aufgehört. Man hatte keine Macht mehr über die Gebirgsbewohner, und so ließ man sie eben zufrieden. Jetzt, wo englische und österreichische Kanonen der Pforte freie Hand in Asien geschafft, fordert die Regierung, wie früher, Abgaben und Frohnen, Geld und Rekruten, und sofort ist der Aufruhr da, oder, wenn er es noch nicht ist, so wird er in nächster Zukunft unausbleiblich eintreten. Dieses Phänomen gleicht einem mächtigen Strom, der mit glatter Oberfläche dahinzieht, bis Felsklippen ihm entgegentreten und sein Brausen und Toben erst die Gewalt seiner Bewegung anschaulich macht. — Der Abfall der Provinz war bereits geschehen, der erste Versuch, ihn rückgängig zu machen, ruft die offene Empörung hervor.

Wenn wir hier eine kurze Skizze des Volkes und des Landes entwerfen, welches jetzt die Blicke Europas auf sich ziehen dürfte, so wollen wir dabei nicht mit Xenophon anfangen, nicht näher erwähnen, wie die „bösartigen Karduchen" noch heute ein Schrecken für alle Eindringlinge sind, noch heute ihre Häuser mit den kleinen Thürmen erbauen, von welchen der griechische Feldherr erzählt; wir wollen die lange und dunkle Geschichte dieses Volkes nicht vergeblich aufzuhellen suchen und nicht dabei verweilen, ob sie ein eingewanderter tatarischer Stamm, oder vielmehr die Enkel der alten Meder und Chaldäer sind, deren Sprache sich in den Bibeln der christlich gebliebenen Dorfschaften an der persischen Grenze erhalten hat. Wir schildern vielmehr die Kurden und ihre Heimat, so wie sie sich gegenwärtig Beobachtern darstellen, welche Gelegenheit hatten, länger unter ihnen zu verweilen, als Reisende, die, jeder Sprache des Landes unkundig, umringt von tausend wirklichen und eingebildeten Gefahren, eilig auf den halsbrechenden Straßen von Bitlis und Dschinlamerik dies Gebirge durchzogen.

Wenn je ein Volk, so sind die Kurden an die Scholle gebunden. Als Erben einer sehr alten Bodenkultur hausen sie in den Thälern des kleinarmenischen Hochlandes, verabscheuen die Ebene, in welcher die klaren Bäche ihrer heimatlichen Gebirge versiegen, und erfreuen sich dort trotz eines strengen Winters eines langen und schönen Sommers. Nur sehr wenige von ihnen sind wandernde Hirten, fast alle ein wesentlich Ackerbau treibendes Volk, und nur insofern Nomaden, als sie, je nachdem die Hitze in den niederen Thälern drückend wird und die Strahlen der Sonne die Alpenweiden vom Schnee entblößen, ihre Heerden eine Stufe höher hinauftreiben und dabei ihre Häuser einstweilen gegen Zelte aus schwarzem Ziegenhaar vertauschen.

Ganz in Uebereinstimmung mit dieser Lebensweise ist, daß man innerhalb des von ihnen bewohnten Bezirks nur Dörfer, nirgends aber einzelne Gehöfte und ebenso wenig größere Städte findet. Diese liegen nicht in, sondern um Kurdistan. Wenn man eine Linie über Diarbekir, Mardin, Nisibin, Dschesireh-Ibn-Omar, Wan, Musch, Paluh, Derindeh, Marasch und Andiaman zieht, so umfaßt diese das eigentliche Kurdistan. Im Innern des so umgrenzten Gebietes trifft man selbst kleine Städte, wie Socho, Bitlis, Söört, Haßn-Keisa, Schiro, Pertek Jroglu 2c., welche überwiegend kurdische Bevölkerung haben, nur selten und nur in den Ebenen von Karput und Malatia die beiden Städte dieses Namens, welche von Bedeutung, aber auch entschieden nicht kurdisch sind. In diesen wie in den zuvor genannten größeren Städten findet eine wunderbare Mischung von Volksstämmen, Sprachen und Religionen statt. Die Christen, der ältere Theil der Bevölkerung, sind die Enkel der alten Assyrer und Chaldäer, mit später eingewanderten Armeniern vermischt. Die ersteren sind meist Jakobiten und Nestorianer, die unter sich durch Meinungszwiespalt schroff geschieden sind; die letzteren der griechischen Kirche angehörig, mit Ausnahme einiger Proselyten, welche die Propaganda zu Rom und St. Lazaro zu Venedig gemacht hat. Mit ihnen mischten sich die benachbarten Kurden, und über diese Bevölkerung zog die Fluth der Sarazenen hin, welche die Kreuzfahrer dort zu bekämpfen hatten, und ließen einen größeren oder geringeren Niederschlag in Allen zurück. Endlich nehmen die Türken Besitz von der Herrschaft, und auch die Juden, welche wie das Eisen im Weltall verbreitet sind, bleiben nicht aus.

Besonders gegen Süden ist die Heimat der Kurden scharf durch den Gebirgsfuß begrenzt. Ueber denselben hinaus streift schon der Araber, dort giebt es keine Dörfer, keinen Anbau mehr, und nur noch Städte mit Mauern gewähren die nöthige Sicherheit gegen die Streifereien der Letzteren. Als ein isolirter Außenposten sind die kurdischen Bewohner auf dem Sindschargebirge anzusehen, welches sich schroff und mauerartig aus der unabsehbaren Steppe Mesopotamiens erhebt. Im Norden und Osten hingegen verfließt die kurdische mit der armenischen Bevölkerung, und nur das hohe, ganz unzugängliche Waldgebirge nördlich von Palu, in welches bis jetzt weder ein türkisches Heer noch ein wißbegieriger Reisender eindrang, ist ihr ausschließliches Domanium. Die Unterwerfung dieses letzten Schlupfwinkels kurdischer Unabhängigkeit war von Hafisz Pascha*) beabsichtigt, eben als der Krieg gegen die Aegypter ihnen zu Hülfe kam und diesen Bezirk, wahrscheinlich auf lange Zeit hinaus, der europäischen Forschung wieder verschloß.

Innerhalb der oben bezeichneten Raumausdehnung bewohnen die Kurden die Höhenzone von der Region der Fichte und Palamuteiche hinunter bis zu der des Oliven- und Granatbaums, von den schroffen Felswänden, aus deren Quellen und Schneedecken die Bäche rauschend hervorbrechen, bis zu den grünen

---

*) Hafisz Pascha war Oberkommandirender der türkischen Armee in Syrien 1838 und 1839 und verlor die Schlacht bei Nisib.   H.

Thalgründen und Reisfeldern, die sie am Fuße der Berge in sanften Krümmungen durchziehen. Auf diesen Gürtel ist der Anbau beschränkt, weil höher hinauf um eben die Zeit noch Eis und Schneemassen die Gipfel bedecken, wo abwärts in der wasser- und baumlosen Steppe die Sonne schon alle Vegetation versengt hat.

Die Kurdendörfer gewähren einen freundlichen Anblick. Wenn man sich ihnen nähert, so erblickt man schon aus der Ferne prachtvolle Gruppen von Nußbäumen, unter deren breitem Schatten die Wohnungen versteckt liegen. An der Quelle oder dem Bach, welcher niemals fehlt, erhebt sich ein Hain' von Pappeln, welche zum Bau der Hütten unentbehrlich sind. Reichlich getränkt und unter einer befruchtenden Sonne erreichen sie in unglaublich kurzer Zeit eine außerordentliche Höhe, und eng aneinander gedrängt, wie die Halme eines Kornfeldes, gedeihen die Stämme schlank und gerade wie ein Schilfrohr. Je nach der höheren oder niederen Lage der Ortschaft ist sie von Weinbergen, Olivenpflanzungen, Gärten oder Kornfeldern umgeben, aber äußerst selten erhebt sich ein Minaret, dessen selbst die kleinste türkische Dorfschaft nicht entbehrt.

Die Seitenmauern der Wohnungen sind von einer Art Luftziegel aus Lehm und zermalmtem Stroh, ganz ohne Holz, erbaut und statt der Fenster nur mit wenigen engen Oeffnungen versehen, welche hoch angebracht und nicht verschlossen sind, weil weder die Erfindung des Glases noch des Papiers bis in diese Berge vordrang. Der Eingang wird durch eine starke Thür aus Eichenholz geschlossen. Ueber diese Wand wird eine Lage von Pappelstämmen gestreckt, in Entfernungen von 9 Zoll auseinander, mit Zweigen bedeckt und über das Ganze eine Schicht Lehm und Kies, etwa 1 oder 1½ Fuß dick, gestampft. Die so entstandene Plattform dient der Familie zum nächtlichen Aufenthalt während des Sommers und ist oft mit einer vier Fuß hohen Wand als Brustwehr umgeben. Die Häuser der Vornehmen haben zwei solche Stockwerke und sind zuweilen von

Stein und meist an einer Seite mit einem viereckigen Thurm versehen. Die ganze Einrichtung ist auf Vertheidigung in den heimatlichen Fehden berechnet.

Im Innern der Wohnung findet man außer den kleinen Gemächern der streng abgesonderten Frauen ein größeres Gemach, das Selamlik der Türken. An dessen oberem Ende erblickt man den Kamin oder Herd zu ebener Erde, zu beiden Seiten auf einer niedrigen Estrade einige Kissen, und bei den Vornehmeren bedeckt ein Teppich den Boden. Dies ist die ganze Ausstattung.

Alle Ortschaften sind unter sich durch die halsbrechendsten Fußpfade verbunden, welche selbst auf Maulthieren nicht ohne Gefahr zu passiren sind und dem ungewohnten Reiter Entsetzen einflößen. Jede Gemeinde genügt sich selbst, sie braucht und will keinen Verkehr mit den übrigen. Die Frauen weben die baumwollenen und halbseidenen Hemden, die roth- und schwarzgestreiften Stoffe zu den weiten Beinkleidern, die schwarzen Mäntel aus Ziegenhaar, welche nebst Bundschuhen und einer weißen Filzkappe den Anzug der Männer ausmachen. Zwischen einigen in die Erde gepflanzten Stecken weben sie die schönen und dauerhaften Teppiche, welche den Hauptluxus der Wohnungen ausmachen. Die Männer bestellen das Feld, warten ihre Heerden und rauchen Tabak oder ziehen auf Fehden aus.

Die Zahl der kurbischen Bevölkerung anzugeben, ist selbst annäherungsweise sehr schwer, jedenfalls übersteigt sie eine halbe Million. Die große Mehrzahl derselben besteht aus Moslemin, an der persischen Grenze giebt es christliche Kurden und auf dem Sindschar und am Südrande ihres Gebietes wohnen Jeziden, von welchen die Türken annehmen, daß sie den Teufel anbeten, und die deshalb in Sklaverei verkauft werden dürfen. Die Armenier, welche in nicht geringer Zahl unter ihnen wohnen, sind sämmtlich griechische Christen. Alle Kurden haben eine nationale Aehnlichkeit. Ihre Hautfarbe ist nicht gebräunter als die der sie umgebenden Turkomanen und Armenier; sie sind meist von hohem, stämmigem Wuchs, die Nase ist gekrümmt, aber die Augen sitzen sehr nahe aneinander und geben ihn oft das Ansehen, als ob sie schielten.

Eine besondere Gewandtheit und praktische Kenntniß beweist der Kurde in Anlegung von Wasserleitungen. Ohne alle Nivellirinstrumente ziehen sie die Wasserfäden von den hochliegenden Quellen und Bächen oft Stunden weit an den Gebirgswänden hin bis zu dem Punkt, wo sie des Elements bedürfen, welches hier die Bedingung aller Vegetation ist. Die Berglehnen sind oft bis in erstaunliche Höhe terrassenförmig aufgebaut wie in unseren kultivirtesten Weinländern, um eine Spanne tragfähigen Landes zu gewinnen, und Baumpflanzungen, Felder und Wasserleitungen bezeichnen vorzugsweise die kurdische Kultur.

So ist die Heimat und der heitere Himmel, an welchen dies Volk mit ganzer Seele hängt. Als Hafisz Pascha im Jahre 1838 mit Feuer und Schwert die Bewohner des Karsann=Dagh bis in ihre höchsten und unersteiglichsten Schlupfwinkel getrieben, und als ihnen, die rings umstellt waren, die Lebensmittel zu mangeln anfingen, erschienen die Aeltesten vor dem Zelt des Siegers, um seine Gnade anzuflehen. Der Pascha wußte kein anderes Mittel, dies Volk in treue Unterthanen der Pforte umzuwandeln, als sie aus ihren unzugänglichen Gebirgen in die Ebene zu verpflanzen. Dort versprach er ihnen den zehnfachen Grundbesitz (er konnte in dieser Beziehung von unbegrenzter Freigebigkeit sein); er gelobte ihnen drei Jahre lang völlige Befreiung von allen Steuern und Aushebungen und schilderte ihnen die Reichthümer, die sie durch Seidenkultur und Pferdezucht gewinnen könnten, statt Maulbeeren zu pflücken und Schafe zu hüten. Aber man könnte ebenso gut einem Fisch vorschlagen, künftig ein Nest zu bauen. Die Greise blickten kummervoll zum Himmel und gelobten Alles, was man forderte. Reich beschenkt kehrten sie zu den Ihrigen zurück und erzählten, was sie erfahren. Da griffen Weiber und Kinder zu den Waffen, die Metzeleien mußten erneut

werben und endigten erst mit der gänzlichen Besiegung der
Widerspenstigen, aber das Projekt der Kolonisirung in der Ebene
wurde als unausführbar aufgegeben.

Kurdistan ist ein Aggregat von lauter einzelnen Dorfschaften
ohne allen weiteren Verband. Nur sehr selten erblickt man ein
altes Raubschloß, auf hohen, unersteiglichen Berggipfeln aufgethürmt
oder zwischen schroffe Thalwände eingeklemmt. Sie dienen einigen
wenigen Beys nicht als bleibende Wohnung, sondern als Zuflucht
in Zeiten der Gefahr. Keiner dieser kleinen Fürsten übt eine
beständige Herrschaft über einen größeren Theil des Landes, und
nur in Zeiten der Noth und Bedrängniß vermochten Männer,
wie Rewanduß=Bey, Bedehan=Bey und Sayd=Bey eine beträcht=
liche Schaar ihrer Landsleute um ihre Fahnen zu versammeln.
Diese fielen dann auch ebenso schnell wieder von ihnen ab, und
jeder vertheidigte ausschließlich nur seinen Herd. Hierin liegt
die Schwäche des Volkes. Sie würden unbezwinglich sein, wären
sie vereint, aber die Einen haben sich nie geregt, den Anderen bei=
zustehen, und während Reschid und Hafisz Pascha irgend einen
Bezirk überzogen, freuten die übrigen sich in ihrer einstweiligen
Freiheit, bis auch an sie die Reihe kam.

Gegen die Araber, die den völligen Gegensatz dieses Volkes
bilden, haben die Kurden, indem ihre letzten Ansiedelungen in der
Ebene von den Reiterschaaren der Wüste zerstört wurden, ihre
natürliche Grenze erreicht. Der arabische Löwe kann dem kur=
dischen Falken in seinen Gebirgsklüften nichts mehr anhaben,
und umgekehrt dieser jenem nicht, ohne aus seinem Element
herauszutreten. Der gefährlichste Feind der Kurden müßte wegen
seiner unmittelbaren Nähe Persien sein, wenn dies Land nicht in
gänzliche Unmacht versunken wäre. Allerdings erlagen sie den
Paschas von Bagdad und Diarbekir, aber hauptsächlich nur,
weil zu jener Zeit die großen Hülfsmittel eines Heeres von
50 000 Mann gegen sie verwendet werden konnten, welches der
Padischah zu ganz anderen Zwecken in jenen fernen Gegenden zu

unterhalten gezwungen war, nämlich zur Beobachtung Ibrahims. Uebrigens weiß die Pforte am besten, welche Opfer an Menschen, Geld und Material die Gewalt ihr gekostet hat, Kurdistan einen Zeitraum von wenigen Jahren hinburch brandschatzen zu dürfen. Sie mußte diese Opfer freilich bringen, weil ohne die Hülfs= mittel Kurdistans es ihr geradezu unmöglich gewesen wäre, die Last des status quo sieben Jahre lang zu ertragen. Ihre Artillerie, wenn die Geschütze durch unsägliche Anstrengungen auf Kameelen oder durch Menschenhände in diese Gebirgsthäler ge= schafft waren, gewährte ihr eine Waffe, der die Kurden nichts Aehnliches entgegensetzen konnten, und doch widerstanden Schlösser mit 40 bis 80 Mann Besatzung 32, selbst 40 Tage lang allen ihren Anstrengungen.

Mittlerweile räumten Hungersnoth und Krankheit furchtbar unter den Belagerern auf, und wenn die letzte Expedition Hafisz Paschas schnell zum Ziele führte, so lag dies großentheils mit in dem Umstande, daß man hier Kurden gegen Kurden ins Gefecht brachte.

Dieselben Männer, welche sich in der Ebene und unter türkischen Fahnen so schlecht geschlagen, sah man damals mit der äußersten Verwegenheit verschanzte Höhlen, Dörfer und Schlupfwinkel erstürmen oder vertheidigen. Beutelust und Liebe zur Heimat waren die Motive, welche bei der einen Gelegenheit wirkten, bei der anderen fehlten.

Die Natur des Bodens erlaubt den Kurden nur selten, zu Pferde zu fechten. Ihre Reiter, auf trefflichen Rossen, sind meist noch mit Pfeil und Bogen oder mit langen Bambuslanzen bewaffnet, deren oberes Ende mit einem dicken Wulst von Strauß= federn geschmückt ist, auch führen sie noch den kleinen runden Schild aus Flechtwerk und mit Häuten überzogen zu ihrem Schutz. Dagegen ist das lange Gewehr mit den schönen per= sischen Läufen, von damaszirtem Eisen und oft noch mit Lunten= schlössern versehen, eine furchtbare Waffe bei dem zu Fuß fechtenden Kurden in einem so schwierigen, oft fast unersteiglichen Terrain. Es liegt nach all diesem ein sehr starkes defensives Element in der kurdischen Nation, und man darf keineswegs glauben, daß die Russen nicht einen äußerst hartnäckigen Widerstand finden würden, sollten sie je die Eroberung des Landes versuchen. Sie würden hier auf denselben Fanatismus und auf alle die Schwierigkeiten eines dem russischen Soldaten vorzugsweise nicht zusagenden Gebirgskrieges stoßen, die sie schon seit langer Zeit vergeblich im Kaukasus zu bewältigen streben, wo doch die Nachbarschaft und die See ihnen sehr zu Hülfe kommen.

Aus eben diesen Betrachtungen geht aber zugleich hervor, daß die Kurden in offensiver Hinsicht wenig zu fürchten sind. Die großen Städte zunächst außerhalb ihres Gebietes sind vielleicht eine Lockung für sie, um sie dann und wann zu plündern, nicht aber, um sie zu besitzen und um sich in ihren, von der Sonnenhitze glühenden Mauern einzuschließen. Mossul und Bagdad namentlich liegen ganz außer ihrer Wirkungssphäre. Wir möchten daher auch den neuen Aufstand keineswegs als eine Lebensfrage für die Fortdauer des türkischen Reiches ansehen. Kurdistan ist diesem überhaupt nie chemisch verschmolzen gewesen, sondern es war nur mechanisch mit den übrigen Provinzen eine Zeit lang vermischt. Es ist im gegenwärtigen Zustande nicht wie Aegypten als ein fressender Krebsschaden, sondern wie ein abgelöstes Glied des großen Staatskörpers anzusehen, von welchem schon so viele Extremitäten abgestorben sind.

Es ist auch sehr wohl möglich, daß die jetzt disponibel gewordene türkische Heeresmacht in Asien, indem sie aufs Neue diese schönen Thäler überzieht, die Dörfer verbrennt und die Saaten niedertritt, abermals einige kurdische Bezirke zum Gehorsam gegen den Padischah zwingt. Aber eben der Umstand, daß immer dieselbe Blutarbeit wieder nothwendig wird, und daß für jede Rekrutenaushebung oder Steuerforderung eine solche Machtentfaltung aufs Neue geboten ist, führt auf die ernsthaftesten Betrachtungen über den Zustand des Reiches, welches Europa durch seine Flotten und Heere zu erhalten sich jetzt so angelegen sein läßt.

Militärisch-politische Lage des osmanischen Reichs.

Wer der Entwickelung der Begebenheiten im Orient mit aufmerksamem Blicke folgt, kann sich nicht verhehlen, daß das türkische Reich mit immer zunehmender Schnelligkeit auf dem jähen Abhange des Verfalls hinabeilt. Seit Navarin und Adrianopel hat der Padischah keine Schlachten mehr gegen die Fremden, sondern nur gegen seine Unterthanen gefochten. Seine hundertjährigen Feinde wurden plötzlich ebenso viele Freunde und bald darauf Beschützer. Rath und Beistand wurde ihm von allen geboten, mehr selbst, als er davon gebrauchen zu können glaubte; und aus jeder Hülfsleistung ging er schwächer hervor, als er in der Noth gewesen war, welche den Beistand veranlaßt hatte. Eben jetzt, nachdem englische und österreichische Kanonen ihm den langersehnten Besitz von Syrien zurückgegeben, bildet das osmanische Reich aufs Neue einen weiten Schauplatz von Unzufriedenheit und Empörung auf der einen, von Verwirrung und Schwäche auf der anderen Seite.

Wir lesen in den Zeitungen, der Aufstand in Bulgarien sei beschwichtigt. Hussein, Pascha von Widdin, der Vertilger der Janitscharen, der gichtbrüchige Greis von nahe an 90 Jahren, hat von seinen Polstern aus das Werk der „Beruhigung" vollbracht. Der alte Würger hat seine Arnauten gegen die mißvergnügten Rajahs losgelassen. Die beutebegierige Schaar seiner Söldlinge stürzt sich auf die zum Theil unbewaffneten Haufen der bulgarischen Christen, verbrennt ihre Dörfer und Saaten, schleppt Weiber und Kinder in die Gefangenschaft und treibt, was nicht dem Säbel erliegt, in die Gebirge, wo die dem Hunger und Elend Preisgegebenen ihrerseits in Räuberbanden verwandelt werden. Allein die Sache ist damit vertagt, und dies, so scheint es, ist überhaupt die einzige Erledigung, deren die Angelegenheiten jenes Landes fähig sind.

Wir stehen an, ob wir bei unserer Musterung als zum türkischen Reich gehörig die Fürstenthümer erwähnen sollen, in welchen kein Türke mehr wohnen darf und denen die türkische Regierung ihre Befehle nicht schicken kann, ohne ihren Tataren auf ein österreichisches Dampfschiff zu setzen und ihn 14 Tage in eine Quarantäne einsperren zu lassen. Indeß sehen wir in Serbien einen großherrlichen Kammerherrn nach dem anderen eintreffen, ohne daß einer derselben die dortigen Wirren zu beendigen wüßte. Der alte Milosch Obrenowitsch sieht dem Treiben vom anderen Ufer der Donau zu, als ob er glaubte, die Zeit dürfe wohl noch kommen, wo er wieder unter seine alten Waffengefährten hintreten, sie an den glorreichen Kampf ihrer Jugend erinnern und sein Land für immer von den Moslemin unabhängig machen könne.

Die Provinzen, aus welchen die Pforte ihr Beruhigungsmittel für Bulgarien entnahm oder richtiger für hohen Sold erkaufte, Albanien und Bosnien, befinden sich in einem Zustande, welcher nichts weniger als befriedigend genannt werden kann. Indeß ist man in Stambul schon gewohnt, es als eine besondere Vergünstigung des Schicksals anzusehen, wenn der Divan eine vorübergehende Gewalt in jenen Bergen ausüben darf. Ali Pascha von Janina ist ja nicht mehr, und schlimmsten Falls machen die österreichischen Grenzer Ordnung, so ungern sie sich auch in fremde Händel mischen.

Viel ernstere Gesichter wird man zu Pascha Kapussi sehen, wenn von der schwierigen Stimmung der „Römer" in Thessalien die Rede ist. Die Errichtung eines unabhängigen Königreiches aus einem von griechischen Rajahs bewohnten Gebietstheil des osmanischen Reiches war der Pforte ein größerer Dorn im Auge und dem Sultan Mahmud eine bitterere persönliche Kränkung als alle übrigen Verluste. Dieser Vorgang und das unmittelbar zur Hand liegende Beispiel eines Staates, in welchem trotz aller Schwierigkeiten doch unleugbar die Zustände sich zu einer besseren Ordnung fortschreitend entwickeln, während unter der Pascha-Verwaltung Alles rückwärts geht, kann für die zunächst wohnende griechisch-christliche Bevölkerung Thessaliens unmöglich verloren gehen. Die Gährung braucht von außen gar nicht erst angeregt zu werden; auch ist der Hauptsitz der Umtriebe auf dem fast nur von Mönchen bewohnten Athos zu suchen, und die ganze Sache wird nur um so bedenklicher, je mehr sie eine religiöse Grundlage hat.

Noch entschiedener hat sich die Unzufriedenheit auf Kreta kundgegeben, wo sie in lichte Flammen der Empörung aufgeflackert ist. Die Pforte zählt unter ihren obersten Dienern nur eine sehr kleine Zahl von Männern, die sich als tüchtig bewährt haben, denn von den Nullitäten, welche sich im Serasteriat ablösen und abwechselnd Handelsminister, Generalissimus oder Marineminister sind, kann für ernstliche Aufträge nicht die Rede sein. Einer jener Wenigen ist Tahir Pascha, ein rechtgläubiger Türke, voll eiserner Willenskraft, begabt mit mancherlei Kenntnissen und mit praktischer Brauchbarkeit, aber hart, grausam und voll Hasses gegen die Christen wie gegen die europäischen Kabinette, denen er den Tag von Navarin nicht vergessen hat. Diesem Manne ist nunmehr die Beruhigung der Insel übertragen. Obschon der Ausgang seiner Unternehmung nichts weniger als mit Zuversicht vorher zu bestimmen, so ist es doch wahrscheinlich, daß er die Empörer mit seiner Artillerie, der sie nichts Aehnliches entgegenstellen können, aus dem freien Felde vertreiben und dort und in den Städten das türkische Regiment wieder herstellen

werde. Daß er aber in die Gebirge eindringen und die Szenen des
Karsann-Dagh*) wiederholen sollte, darf billig bezweifelt werden.
Also auch hier jedenfalls unbestimmte Vertagung der Zustände.

Von den Unruhen in Kurdistan ist seit einiger Zeit Alles
wieder still gewesen, ohne Zweifel aber nur, weil die Pforte dort
die Dinge gehen läßt, wie sie können. In dem Augenblick aber,
wo sie, durch ihr bringendes Bedürfniß getrieben, die Hülfsquellen
jener Länder in Anspruch zu nehmen versuchen sollte, wird auch
die Reaktion unausbleiblich eintreten, und die Zeitungen werden
von Neuem über Unruhen im Taurus und in Mesopotamien zu
berichten haben.

Wenn in einem früheren Schreiben die Meinung ausgesprochen
wurde, daß die Türken sich kaum länger als ein Jahr in dem
ihnen wiedergeschenkten Syrien erhalten dürften, so scheint diese
Vorhersagung in noch kürzerer Frist in Erfüllung zu gehen. In
Syrien zeigt sich nur eine wirkliche und bleibende Gewalt, die
Emir Beschirs, welcher mit seltener Klugheit sich mit den
Aegyptern gegen die Türken und mit den Türken gegen die
Aegypter zu verbinden gewußt hat, und leicht möchte dieser
Emir oder der Erbe seiner Politik noch mehr als einen Wechsel
unten in der Ebene von seinen Bergen herab überblicken. Welcher
Zuwachs an Macht aber der Pforte aus dem Wiederbesitz des
reichen Küstenlandes erwächst, in dem der größte Theil ihrer
disponiblen Streitmacht nach wie vor absorbirt wird, ist sehr
problematisch.

Das Andenken an so viele Tausend der Edelsten Deutschlands, Frankreichs und Italiens, an so viele Millionen gläubiger
Christen, welche einst Habe, Gut und Leben willig opferten, um
den geweihten Boden Palästinas zu betreten, aus den Wassern
des Jordans zu trinken und die heilige Stadt zu schauen —
das Alles hat in der Berechnung der europäischen Kabinette bis
jetzt fast nur als eitel Mondschein gewogen. Jerusalem und das

---

*) Vergl. Seite 294. H.

Grab des Erlösers, Syrien und das Schicksal der christlichen Bevölkerung wurden den Ungläubigen wieder überantwortet und die Zügel der Verwaltung dieses Landes in zitternde Hände gelegt, welchen sie jeden Augenblick wieder zu entfallen drohen. Man wird indeß wohl Zeit haben, sich darüber noch einmal zu besinnen, denn zuverlässig wird Syrien sehr bald zum zweiten Mal ebenso verfügbar sein, wie es nach dem Sieg von Acre war.

Ebenso wenig wie durch die Siege der englisch-österreichischen Waffen der Christenheit ihre heiligen Stätten zurückgegeben worden, so wenig ist der Erbe der Chalifen dadurch in den Besitz der seinigen gelangt. Arabien gehorcht jetzt weder dem Pascha noch dem Padischah; neue Propheten treten dort auf, und je nachdem sie zur Sekte der Schwärmer oder Puritaner gehören, verkünden sie den Untergang oder die Läuterung des Islam, aber alle verwerfen gleich sehr die Herrschaft des Großherrn.

Aegypten endlich erblicken wir nach seinen Niederlagen unabhängiger, als es zuvor gewesen. Beraubt zwar eines Theiles seiner Besitzungen, hat Mehemed Ali in seiner jetzigen Beschränkung die Anerkennung und gewissermaßen die Gewährleistung der europäischen Mächte erlangt. Was Sultan Mahmud nun und nimmermehr bewilligt hätte, die Erblichkeit in der Familie des Usurpators, hat sein Sohn diesem bestätigt. Der Tribut ist ermäßigt, und auf die Beschränkung seiner bewaffneten Macht hat der alte Pascha in aller Demuth und Unterwürfigkeit durch neue Truppenaushebungen geantwortet. Weit entfernt, an die Hunderttausende von Linientruppen und Nationalgarden zu glauben oder die Wiedereroberung Syriens mit diesem Gesindel für möglich zu halten, denken wir doch, daß Mehemed Ali in Zukunft zwischen der Freundschaft und dem Schutz Frankreichs, Englands und Rußlands nur zu wählen haben wird.

Nach welcher Himmelsrichtung also der junge Sultan aus seinem Palast am Bosporus blickt, überall sieht er sich umgeben von einem weiten Kreise der Unzufriedenheit, der Widersetzlichkeit und des Aufruhrs. Prüfen wir nun die Mittel, über welche er zur Aufrechterhaltung seines Ansehens und seines Rechtes verfügt.

Reschid Pascha, unstreitig der bedeutendste Mann in der Türkei, hat von seinem Posten als Premierminister abtreten müssen. Dies zwar wird ihm wenig Sorge machen, denn bald genug wird er auf seine Stelle zurückgerufen werden, weil er in der That unentbehrlich ist. Was aber diesen, für sein Land aufrichtig besorgten Mann tief bekümmern muß, ist, die wichtigsten Verbesserungen, welche er in der Verwaltung eingeführt, als unausführbar aufgehoben zu sehen. Dahin gehört namentlich die versuchte Trennung der militärisch=exekutiven von der administrativen Gewalt und die direkte Erhebung der Steuern für die Staatskasse. Dies für die Besteuerten wie für die Regierung gleich vortheilhafte Projekt scheitert einestheils an dem zerrütteten Zustande der Provinzen, in welchen jede Steuererhebung ohne Machtentfaltung und ohne Einschreiten der Militärgouverneure unmöglich wird, theils in dem in hundertjähriger Praxis begründeten Mangel an redlichen Beamten. Fast überall ist daher das alte Verhältniß wieder eingetreten, wo die Regierung den Steuerbetrag von den Paschas antizipirt (welche ihn ihrerseits bei armenischen Bankiers zu unglaublichen Zinsen aufborgen) und denselben anheimstellt, mittelst der ihnen anvertrauten Militärgewalt zu ihren Kosten zu kommen. Die türkische Uebersetzung einer französischen Charte=Gülhane hat offenbar der moralischen Gewalt des Sultans keinen Zuwachs verschafft und ist glücklichen Falls ohne Folgen geblieben. Es mag philanthropisch sehr schön sein, wenn der Enkel Osmans, Bajasids und Suleimans die Gleichheit der Rajahs und Moslems proklamirt, hebt aber grundsätzlich das türkische Regiment auf, welches ja eben auf der Herrschaft der Gläubigen über die Ungläubigen basirt ist. Der berühmte Hattischerif hat den einen Theil der Unterthanen darauf aufmerksam gemacht, daß er Menschenrechte zu fordern habe, den anderen, daß er Herrenrechte zu verlieren im Begriff stehe. Dies Letztere gilt in ganz besonderem Maße von den Ulemas, der mächtigsten, gebildetsten und einflußreichsten Klasse, und lockert dadurch nur noch mehr das einzige Band, welches den Padischah an die verschiedenen, nur durch gemeinsamen Glauben verbundenen Völker seines weitschichtigen Reiches knüpft. Es bleibt demnach nur die materielle Macht, die Waffengewalt, das Heer.

Seit der Niederlage von Nisib hat die Pforte wenig für die Ausbildung ihrer Armee thun können. Nur die Artillerie, welche allerdings bei den Orientalen unserer Zeit die entscheidende Waffe ist, wurde durch preußische Offiziere und Unteroffiziere zu einem Grade von Vervollkommnung erhoben, welcher bei weitem Alles übersteigt, was man bisher in Konstantinopel für möglich gehalten hatte. An eine Verwendung türkischer Streitkräfte gegen auswärtige Feinde ist schon lange nicht mehr zu denken; dieser Fall liegt so sehr außer der Berechnung des Divans, daß selbst die festen Plätze an der Grenze, daß Rustschuk und Silistria, Schumla und Varna ganz ohne Besatzung regelmäßiger Truppen sind und das Land von den Ufern der Donau bis unter die Mauern der Hauptstadt offen liegt. Gegen die empörten Unterthanen würden dagegen die türkischen Nisam überall genügen, wo sie in nur einigermaßen ausreichender Zahl auftreten und wo nicht das Terrain ihren Gegnern einen zu bedeutenden Vortheil gewährt.

Indeß hat die Regierung seit dem Frieden von Adrianopel zu keiner Zeit ein stehendes Heer von mehr als 75 000 Mann aufzustellen vermocht, außer durch Einberufung der Rediffs oder Landwehren, deren Zusammensetzung aber stets nur auf Wochen oder Monate möglich ist, wenn diese Maßregel nicht zu Katastrophen führen soll, wie das Auseinanderlaufen der Korps Izzet Paschas und Osman Paschas im Jahre 1839. Im gegenwärtigen Augenblick dürfte die Pforte schwerlich über mehr als

50 000 bis höchstens 60 000 Mann Linientruppen gebieten, und selbst an diesem verhältnißmäßig schwachen Stand verblutet sich das Land. Da zur Ausrüstung der Truppen fast alles durch Lieferungen aus Belgien, Oesterreich und England beschafft werden muß, so kostet die schlechte Equipirung eines türkischen Heeres ungefähr doppelt so viel als die eines europäischen. Die größte Schwierigkeit aber liegt im Ersatz. Die überreichliche Ernährung bei sehr geringer körperlicher Anstrengung, das enge Zusammenlegen in die unermeßlichen Kasernen (es gibt deren für 8000 Mann), der gänzliche Mangel an Aerzten und Arznei= mitteln, besonders auch der Widerwille der Leute gegen den gezwungenen, lebenslänglichen Dienst bringen eine Sterblichkeit im Militär hervor, von der man sich bei uns keine Vorstellung machen kann. Pest, Typhus, Dysenterie und Desertion lichten unaufhörlich die türkischen Reihen, und man darf ohne Ueber= treibung annehmen, daß ohne Gefechte und Schlachten der jähr= liche Ersatzbedarf des Heeres ein Viertel bis ein Drittel der Gesammtstärke ausmacht. Es ist bekannt, daß die Polygamie überhaupt eine Abnahme der Bevölkerung nach sich zieht; wenn nun überdies die kaum erst in das mannbare Alter getretene Jugend zum Cölibat des Militärdienstes fortgeschleppt wird, so begreift man leicht, in welches Mißverhältniß die muselmännische Bevölkerung zu der stets wachsenden der Rajahs, namentlich der kräftigen armenischen Bevölkerung tritt. Wie sollen aber 50 000 Mann ausreichen, die überall gestörte Ordnung im Reich von Bagdad bis Belgrad, vom Ararat bis zum Libanon auf= recht zu erhalten, in einem Lande, in welchem noch überdies die Verbindungen so schwierig sind, daß für jede Truppenbewegung erst eine Straße gebaut werden muß? Wie sollen sie der Aufgabe genügen, gleichzeitig Front gegen Aegypten zu machen und in ihrem Rücken die turbulente Bevölkerung Syriens im Zaum zu halten, die Schlupfwinkel des Kurden im Gebirge zu erklettern und dem flüchtigen Araber durch die Wüste zu folgen, Kreta

wieder zu erobern, den aufrührerischen Geist in Thessalien, Albanien, Serbien und Rumelien zu zügeln und nebenbei eine Hauptstadt von einer halben Million Einwohner zu bewachen, von deren Ruhe und Ordnung die Existenz des ganzen Reiches abhängig ist?

Es giebt ein Mittel, welches die osmanischen Streitkräfte verdreifachen könnte: die Bewaffnung der Rajahs. Hätte die Pforte das Interesse ihrer christlichen Unterthanen durch eine gute Verwaltung an das ihrige geknüpft (und wir müssen so gerecht sein, zu sagen, hätte sie dies zu thun vermocht), dann wäre jene Auskunft ihre Rettung. Vor dem Tage von Nisib wurde die Maßregel vorgeschlagen und konnte vielleicht mit Vorsicht theilweise in Ausübung gebracht werden. So wie die Verhältnisse heute liegen, muß man gestehen, daß das Heilmittel schlimmer als das Uebel wäre.

Die Nachrichten von dem Gesundheitszustande des jungen Sultans sind nichts weniger als erfreulich. Die vielfachen Ehen Abdul Medschids sind bis jetzt durch keine männlichen Erben gesegnet, und stürbe er, ohne deren zu haben, so wäre von dem alten Stamm Osmans nur noch ein vierzehnjähriger Knabe übrig, der, wenn man nach der äußeren Erscheinung urtheilen darf, nicht kräftiger als sein älterer Bruder ist. Kann irgend etwas die heillose Verwirrung vollständig machen, so wäre es das Erlöschen der in den Augen des Moslem geheiligten Dynastie des Stifters ihres Reiches.

Allein auch ohne ein solches Ereigniß vermögen wir uns den Fortbestand des osmanischen Reiches nur noch unter der Bedingung einer engeren Beschränkung auf naturgemäße Grenzen zu denken. Diese würden in Europa nur Konstantinopel und den thrazischen Isthmus mit Adrianopel umfassen, in Asien hingegen den weiten reichen Länderstrich, welcher von beiden Meeren bespült, südlich aber durch eine Linie geschlossen ist, die Erzerum, Musch, Malatia, Kaisarieh und Konieh noch zum türkischen Gebiet schlüge. Alles Uebrige, wie legitime Ansprüche auch der Padischah daran haben mag, ist einmal nicht mehr zu halten, und selbst Bagdad, Diarbekir und Orfa sind nur Inseln in dem fremdartigen arabisch-kurdischen Meer.

Wenn man die unabsehbaren Folgen bedenkt, welche das plötzliche Verschwinden des osmanischen Reiches aus dem allgemeinen Staatenverbande nach sich ziehen müßte, so kann man es der europäischen Staatskunst freilich nicht verdenken, daß sie eine solche Katastrophe möglichst in die Zukunft zu schieben trachtet. Aber hat die Zerstückelung des Reiches etwa nicht schon angefangen? Weht nicht die dreifarbige Fahne in Algier und der Dattelzweig am Nil? Ist Rußlands Grenze nicht vom Don an den Pruth, vom Pruth an die Donau und über den Kaukasus fortgerückt? Ist Morea nicht frei, und gehorchen etwa die Fürstenthümer den Fermanen des Padischah? Oder geschah dies nicht Alles durch eben jene Mächte, welche die Integrität des Reiches und die Legitimität seines Beherrschers proklamiren? Und sollte es nicht gerathen sein, noch mehrere einzelne Theile des alten morschen Gebäudes so zu stützen, daß sie bei seinem drohenden Fall aufrecht bleiben und verhüten, daß Europa von den Trümmern bedeckt werde?

Aber leider sehen wir die abgezweigten Provinzen und Länder unter dem Einfluß Rußlands, Frankreichs und Englands, nur nicht unter deutschem Einfluß. Es ist sehr auffallend, in der Türkei immer nur von jenen drei Mächten, nie von Oesterreich reden zu hören, und doch sollte gerade dieses vor allen anderen dort in Ansehen stehen, denn Oesterreichs Schwert ist es, welches einst in die Wage der Entscheidung geworfen werden wird. Alle Flotten der Welt können weder die Theilung der Türkei vollziehen, noch sie verhindern; Oesterreichs Heere können das eine vielleicht, das andere gewiß.

Wie viel des edelsten deutschen Blutes ist nicht in fruchtlosen Römerzügen verspritzt, wie oft ward der glorreiche Doppelabler nicht über die Alpen getragen, um auf dem mühsam gewonnenen welschen Boden wieder zurückgedrängt zu werden! Oesterreich hat stets alle seine Anstrengungen gegen den Westen gerichtet, während es im Osten nur abwehrte. Dem Abend war sein Schwert, dem Morgen sein Schild zugekehrt. Diese Politik erschien gerechtfertigt, als auf der einen Seite alle Schätze der Civilisation zusammengedrängt waren, während es auf der anderen nur öde Gegenden mit barbarischen Völkern gab. Aber heute hat Oesterreich seinen Antheil am hesperischen Garten, und beharrlich zurückgewiesen, drängen sich die nach Emanzipation ringenden Fürstenthümer, insbesondere Serbien, seinem Schutz auf. Soll denn Rußland dort ganz freies Feld finden, um seinen Einfluß noch mehr auszubreiten?

Welches deutsche Gemüth ergreift nicht Wehmuth beim Anblick der langen Züge unserer Landsleute, welche mit Weib und Kind und Habe eine neue Heimat jenseits des Weltmeeres suchen? Die Walachei ist ein Land, welches ihnen Allen zur Aufnahme dienen könnte, und welches auch für den Aermsten auf der jetzt gebahnten Straße der Donau leicht, in wenig Tagen und mit geringen Kosten zu erreichen ist. Dort finden sie einen überreichen Boden, die Wälder, die rauschenden Bäche und die Berge oder die Ebenen ihrer Heimat wieder. Sie finden eine christliche Regierung und den Anfang zu geordneten Zuständen, die schon um Vieles weiter vorgeschritten sein würden, wenn man den Hospodaren die Erblichkeit in ihren Familien ertheilte, welche eben jetzt der Würger am Nil seinem Geschlecht mitten in seinen Niederlagen ertrotzt hat. Durch Verträge mit dem menschenfreundlichen Fürsten Ghika, durch Abschaffung der Konsularverhältnisse, welche jede Einwanderung zu einer Last für die Regierung machen, durch Einsetzung einer Gesandtschaft mit der Befugniß eines obersten Gerichtshofes und zur Vermittlung der Interessen der Kolonisten bei der Staatsregierung würde dem Fleiß und der Betriebsamkeit die Sicherheit gewährt, deren sie bedarf, um sich unter günstigen Verhältnissen zu entfalten. Dann brauchte deutscher Fleiß nicht mehr nach den verpesteten Sümpfen und dem glühenden Himmel fremder Welttheile zu flüchten, und an den Ufern der stolzen Donau würde deutsche Sprache erklingen, deutsche Sitte wohnen von den schwäbischen Bergen bis zur Mündung der Sulina.

Reschid, Izzet und die Pforte.

Der Sturz Izzet Mehmed Paschas, des erbitterten Gegners der Christen, hat an vielen Orten die Hoffnung erregt, die Pforte werde nunmehr ein neues Regierungssystem befolgen, welches dem mißlichen Stand der Dinge im Orient ein Ende machen könnte. Allein für die Türkei giebt es eigentlich nur zwei Systeme, und Reschid und Izzet sind die Repräsentanten derselben. Da der gegenwärtige Zustand durchaus keine Bürgschaft für ein längeres Fortbestehen durch sich selbst gewährt, so suchten jene beiden Männer, jeder in entgegengesetzter Richtung, denselben haltbarer zu begründen. Der eine wollte vorwärts zu den Institutionen, unter deren Einwirkung er das christliche Abendland groß, mächtig, reich und sein Vaterland weit übertragend erblickt hatte, der andere zurück zu den Grundsätzen, nach welchen eine Reihe kräftiger Regenten, von Sultan Orchan bis auf Suleiman den Gesetzgeber, im Morgenland siegreich und glücklich geherrscht. Reschid ist jedenfalls der gebildetste Staatsmann, im europäischen Sinne des Wortes, welchen die Türkei bis jetzt besessen, und es ist zu beklagen, daß dieser redliche eifrige Erbauer nicht neben dem kräftigen, aber rathlosen Zerstörer Mahmud wirkte. Nur eine nach innen wenigstens noch starke Regierung konnte es unternehmen, die allmälige Emanzipation der christlichen Unterthanen auszusprechen; in dem Moment der größten Schwäche hingegen konnte der Hattischerif von Gülhane nicht über die Mauern des Serails hinaus sich verbreiten, ohne lebhafte Unzufriedenheit bei denen zu erwecken, welchen bisher die Herrschaft der Rechtgläubigen über die Rajahs Glaubensvorschrift und Regierungsmaxime zugleich gewesen war, und nicht, ohne Trotz, Widersetzlichkeit und Zügellosigkeit bei den durch drei Jahrhunderte schwer bedrängten und gemißhandelten Christen hervorzurufen. Doch dies blieb bei Worten; die wichtigste That Reschids war unstreitig der Versuch, die Einkünfte des Staates direkt für Rechnung desselben zu erheben, wodurch der Regierung nicht nur eine Verdoppelung ihrer Einnahme, sondern auch den Besteuerten eine unbeschreibliche Erleichterung erwachsen mußte. Gelang dies Unternehmen, so war es denkbar, alle Klassen der Unterthanen so für das Interesse der Regierung zu gewinnen, daß man vielleicht hätte wagen können, auch die christliche Bevölkerung zu der schwersten der Staatslasten, zum Waffendienst, mit heranzuziehen, wodurch die militärische Lage des Reiches plötzlich eine ganz neue Gestalt gewonnen und die Emanzipation der Rajahs sich von selbst verstanden hätte. Allein die edle Absicht scheiterte. Die Regierung erschrak über die Ausfälle in den Finanzen, welche voraussichtlich aus dem Uebergange von einem antizipirenden zu dem neuen Modus entstehen mußte; die Gouverneure der Provinzen und ihre Trabanten hatten ein gemeinsames Interesse gegen diese Einrichtung und nahmen die höhere Besoldung hin, während sie die alten Erpressungen fortbestehen ließen; kurz, das Vorhaben stellte sich schon während Reschids Ministerium als unausführbar dar, hauptsächlich, weil es an redlichen Beamten fehlte, welche durch kein Dekret der

Regierung geschaffen, sondern nur erst mit einer neuen Generation herangezogen werden können.

Ueberhaupt hatten die Ansichten Reschids beim Divan nur in einer solchen Lage Eingang finden können, wie die der Türkei nach dem Verlust bei Nisib, dem Abfall der Flotte und dem Tode Mahmuds war. Sobald Syrien durch die Christen erobert und den Türken geschenkt, die Aegypter gedemüthigt und in= folge davon Europa selbst mit einem Zerwürfniß seiner Groß= mächte bedroht war, ging die Pforte schnell zu einem entgegen= gesetzten System über.

Zu leugnen ist nicht, daß mit Izzet und Tahir Pascha die tüchtigsten und kräftigsten Männer der alten Schule an das Staatsruder gekommen waren, aber gerade solche Männer sind es, welche die Pforte dort nicht gebrauchen kann, weil sie sie in Händel mit dem In= und Auslande verwickeln, denen diese schwache Regierung nicht gewachsen ist. So geschah es denn auch bald, als die Hoffnungen, welche Reschid bei den Rajahs genährt, durch seine Nachfolger bitter enttäuscht wurden. Die Milde hatte zur Widersetzlichkeit ermuthigt, die Strenge führte zur Empörung, die auf Candia, im Libanon und am Balkan in lichte Flammen ausbrach. Dazu kam das Zerwürfniß mit der griechischen Regierung, diesem Dorn im Auge aller Moslemin, diesem gefahrdrohenden Beispiel eines gelungenen Aufstandes der christlichen Unterthanen, bei welchem nicht einmal der äußere Schein gerettet ist wie bei den Zwitterstaaten an der Donau. — Zwar suchte auch Izzet die Finanzen zu verbessern, indem er die in der Türkei sehr hohen Gehälter beschränkte, allein die wenigsten Beamten beziehen deren, sondern wer die Macht dazu hat, besoldet sich selbst auf Kosten der Untergebenen. Von dieser Maßregel war daher wenig mehr als Unzufriedenheit einiger Großen in Konstantinopel zu erwarten. Was aber Izzet haupt= sächlich stürzte, waren die Mißhelligkeiten mit der hohen Diplo= matie zu Pera, welche der Pforte lästiger sind als ein paar

Provinzen im Aufstande — ein chronisches Leiden, an welches sie längst gewöhnt ist.

Die Versuche, welche Reschib und Izzet in entgegengesetzten Richtungen angestellt, haben keine Verbesserung in den inneren Zuständen bewirkt, vielmehr ist die Unmacht der Regierung offenkundiger, das Mißvergnügen des Osmanli lauter, der Trotz der Rajahs kühner geworden. Es wäre wenigstens ganz im Stil des Divans, wenn derselbe fürerst gar keine dergleichen Versuche mehr anstellte, sondern die Dinge wie sie sind und Allah für den Rest sorgen ließe. Ohne Zweifel wird man auch in nächster Zukunft die Kombinationen Halil und Sayd Pascha, Rauf und Atif Pascha — und wie diese Nullitäten alle heißen — nach Gunst und Intrigue mit einander wechseln sehen. Was den greisen Chosrew betrifft, so hat man sich darüber den Kopf zerbrochen, ob derselbe für die Reform oder die Reaktion, für Rußland oder Frankreich sei. Die Wahrheit ist, daß er über alle diese Dinge gar keine Meinung, sondern nur die hat, daß er zur Macht gelangen und sich darin behaupten müsse. Bei seinen ausgebreiteten Verbindungen in allen Theilen des Reiches ist er mehr als irgend Jemand sonst geeignet, die der Pforte vor Allem nothwendige Ruhe im Innern zu erhalten, wozu es auch diesem 80jährigen Greise weder an Energie des Charakters noch an rücksichtsloser Härte gebricht. Kurz, Mehmet Chosrew ist genau der Mann der Umstände, und wir werden uns nicht wundern, ihn binnen Kurzem wieder im Seraskeriat zu sehen.

Aber welch ein Zustand ist nun dies! Die Existenz der Pforte beruht auf den konservativen Grundsätzen Europas, welche sie selbst in Serbien mit Füßen tritt, ohne zu begreifen, daß sie ihre letzten Fundamente unterwühlt. Sie stürzt zusammen, sobald die europäischen Mächte über ihr Fortbestehen uneinig, oder über ihr Ende einig werden. Der erstere Fall kann unerwartet, plötzlich eintreten, eine Verwickelung, wie eben jetzt die serbische, die Veranlassung dazu werden, die Nachwirkung aber liegt dann ganz außer aller Berechnung. Der zweite Fall hingegen hängt von der freien Entschließung der Kabinette ab, und seine Folgen können in der Hauptsache ermessen, abgewogen und geregelt werden. Jedenfalls handelt es sich dabei um eine Katastrophe, welche voraussichtlich eintreten muß. Es fragt sich nur, ob man dieselbe unbestimmt hinausschieben und sich dann von derselben überraschen lassen, oder ob man die Gefahr ins Auge fassen und die Krisis selbst herbeiführen will, um Herr ihrer Wirkungen zu bleiben.

Wir haben schon früher darauf aufmerksam gemacht, daß auf asiatischem Boden sich allerdings noch manche Lebenskeime für die Fortdauer osmanischer Herrschaft befinden. Das türkische Volk ist zwar auch hier aus bekannten Gründen in stets wachsender Abnahme, aber doch gegenwärtig noch zahlreich. Die ausgebreitete armenische Bevölkerung ist der Pforte treu ergeben, aller Empörung abhold und geduldig im Leiden und Arbeiten. Wenn man von der Religion absehen will, so sind diese Armenier in Sitten, Gebräuchen, Gewohnheiten, Neigungen und Ansichten wahre Türken, so sehr, daß selbst die türkische Sprache weit mehr als ihre eigene von ihnen geredet wird. In Brussa oder Koniah kann der Padischah vielleicht noch auf ein Jahrhundert hinaus durch Paschas und Mutselime, mittelst Steuerverpachtung, Zwangläufe und Fermane regieren und sich dabei auf die Ulemas und die Rediffs stützen. Aber unhaltbar für ihn sind schon jetzt Aegypten, Palästina, Syrien und Adana, Arabien und Kurdistan, Rumelien, Bosnien und die Fürstenthümer an der Donau. Alle diese Länder und Völker werden unfehlbar in fremde Hände übergehen oder unter fremdem Schutz selbstständig werden.

Man sage nicht, daß wir hier die Haut des Bären theilen, ehe das Wild erlegt. Wir sind der Ueberzeugung, daß die Pforte wenig gegen eine Uebersiedelung auf den heimatlichen Boden Asiens einzuwenden haben wird, sobald ein österreichischrussisches Heer in Bulgarien, eine französisch-englische Flotte im Marmara-Meer erscheint. Nicht in der Eroberung der Türkei liegt die Schwierigkeit, sondern in der Theilung des Eroberten, und namentlich ist Konstantinopel der Edelstein in diesem reichen Geschmeide, welcher, an sich untheilbar, werthvoller ist als der ganze Rest. Unserer Meinung nach ist die einzige naturgemäße, die einzige mögliche Lösung dieses Problems die Schöpfung eines christlich-byzantinischen Reiches zu Konstantinopel, dessen Wiederherstellung auf Hellas durch den Willen Europas ja schon begonnen hat. Wie man immer über den jungen griechischen Staat urtheilen möge, Niemand wird leugnen können, daß er ein werdender, vorwärtsschreitender, die Türkei aber ein sinkender, fast nur noch ein gewesener ist. Auf Hellas sind die Blicke der Griechen von Thessalien, Macedonien und auf den Inseln des Archipels gerichtet, und es ist kein Grund vorhanden, weshalb selbst die slavische Bevölkerung Bulgariens sich lieber an eine russisch-griechische als an eine byzantinisch-griechische Kirche anschließen, lieber dem Czaren als dem Basileus gehorchen sollte. An Trümmern bei diesem Umbau des europäischen Orients zur Entschädigung derer, welche für den Krieg rüsteten, und derer, die nicht daran theilnehmen, fehlt es, wie wir oben gesehen, nicht, il y en a pour tous, aber es liegt nicht in unserer Absicht, sie zu vertheilen. Nur so viel glauben wir jetzt schon behaupten zu dürfen, wenn der Säbel Ejubs über den Hellespont zurückgeführt ist, von wo er gekommen, wenn das Kreuz wieder auf der Kuppel der St. Sophia errichtet ist, für welches sie erbaut, wenn die Ufer der beiden Meerengen nicht mehr einem und noch dazu einem schwachen Willen gehorchen und wenn die beiden Binnenmeere allen Flaggen geöffnet sind, dann erst wird auf eine Reihe von Jahren die Ruhe und der Frieden des Orients gesichert sein.

Die Donaumündung.

Die Aufmerksamkeit der Leser dieser Zeitung*) ist in der letzten Zeit mehrmals auf die hohe Wichtigkeit der Donau, als der Hauptverbindung aus dem Herzen Deutschlands nach dem Orient, auf die Hemmnisse, welche sich an den Mündungen unseres größten Stromes dem freien Verkehr entgegenstellen, und auf die Hoffnung hingeleitet worden, diese letzteren durch einen Kanal in der Gegend des Trajanischen Walles umgehen zu können. Wir vermögen den gehegten Erwartungen nicht Raum zu geben, da die eigene Anschauung in uns die Ueberzeugung von der gänzlichen Unthunlichkeit des Unternehmens begründet hat.

Die Donau strömt von Widdin an, in der weiten Thalebene zwischen den Karpathen und dem Balkan, fast 30 Meilen weit in östlicher Richtung fort. Bei Rassowa, wo der Strom nur noch sieben Meilen vom Schwarzen Meer entfernt ist, ändert derselbe plötzlich seine normale Richtung, ohne daß ihm dort etwas Anderes als ein ganz sanft ansteigendes, ebenes und sandiges Gelände entgegensteht. Ja noch mehr, eine Reihe von sumpfigen Seen und ein Bach mit geringem Gefälle scheinen das gewaltige Donauthal östlich bis zum Enzin fortführen zu wollen. Selbst da, wo dies Thal nur noch 3000 Schritt vom Meer und eine halbe Meile von dem Hafenplatz Küstendsche endet, erheben sich nirgends Gebirgskegel oder Felsenmauern, sondern Thal und Thalwände verflachen sich zu einer sanft hügeligen Ebene. Unleugbar erscheint diese Terrainbildung auf der Karte durchaus wie ein versandeter Donauarm, in welchem jene Seen die zurückgebliebenen Kolke, die Sumpfniederung aber das alte Flußbett bilden.

*) Vergl. die Vorbemerkung. H.

Von Rassowa fließt die jetzige Donau bis Gallabsch an 20 Meilen weit ganz nördlich und fast parallel mit der Küste des Schwarzen Meeres, dann ebenso weit durch das mit wogendem Schilf bedeckte Strombelta, welches sie in drei Armen durchbricht. Da nun, gegenwärtig wenigstens, die durch Privatleute so ruhmwürdig ins Leben gerufene Donau-Dampfschifffahrt sich zunächst nach Konstantinopel wendet, so hat dieselbe allerdings von Rassowa aus über Gallabsch durch die Sulina-Mündung und bis zur Höhe von Küstenbsche 70 Meilen, statt daß sie von Rassowa oder genauer von Boghas-Köi, welches auf den Karten Tschernawoda heißt, birekt nach Küstenbsche deren nur sieben zurückzulegen haben würde. Kein Wunder also, wenn man hier einen Kanal wünscht und wünschen würde, selbst wenn keine anderen als die lokalen Schwierigkeiten der Sulina-Mündung zu umgehen wären.

Bei einem Kanal ist die erste Rücksicht die, woher man das Wasser zu nehmen hat, um ihn zu speisen. Nun hat die Donau bis Isaktschi hinab immer noch ein ziemlich bedeutendes Gefälle, und der Gedanke liegt nahe, daß man die neue Fahrstraße aus dem reichen Vorrath des Hauptstromes selbst mit dem erforderlichen Wasser wird versehen können, wobei man sogar noch einige Schleusen nöthig haben dürfte, um das allzu gewaltige Ausströmen in das Meer zu verhindern. Denn wenn die Donau bis Isaktschi auch nur noch einen und von da bis zur Mündung zwei Fuß Gefälle auf die Meile hat, so würden doch 35 Fuß Gesammtgefälle, auf sieben Meilen vertheilt, immer noch eine recht ansehnliche Stromschnelle erzeugen. Um aber den Kanal aus der Donau zu speisen, würde die unerläßliche Bedingung sein, die Sohle desselben ohne alle Aufsteigung, vielmehr mit der erforderlichen Senkung von dem Niveau der Donau bei Boghas-Köi bis zum Niveau des Schwarzen Meeres, und zwar in der für die Schifffahrt erforderlichen Tiefe, hinzuführen. Es müßten also alle zwischenliegenden Höhen bis zur Tiefe der Sohle des

Kanals durchstochen werden. Nun erheben sich diese Höhen zwar sanft, aber stetig und anhaltend fast sieben Meilen weit, denn ihr Kulminationspunkt liegt im Angesicht des Meeres und, wie gesagt, wenig mehr als ¼ Meile von demselben entfernt. Nach kurzem Gegenabfall stürzen sie dann als 60 bis 80 Fuß hohe Felswand zu den Wogen des Euxin hinab. Die Textur und der nirgends bis auf den Grund durchbrochene Zusammenhang der Kalkgebirgsmasse, welche die Grundlage der ganzen Dobrudscha und Bulgariens bildet, zeigt deutlich genug, daß in der Gegend von Küstendsche nie ein Arm der Donau ausgemündet hat, sondern daß der Strom an der glacisförmigen West= abdachung eines niedrigen Höhenzuges abgeleitet worden, dessen östlicher Hang im Laufe der Jahrhunderte zum größten Theil vom Meere verschlungen wurde.

Die Höhe des Kulminationspunktes ist vom Ufer hinauf sorgfältig gemessen worden.*) Es erhebt sich der niedrigste Sattel, eine halbe Meile südsüdwestlich Küstendsche, um 166³/₁₀ preußische Duodecimalfuß über das Niveau der See. Von dem= selben senkt sich das Thal von Karasu westlich erst als flache Mulde, dann mit immer steileren Thalwänden, aber ohne Wasser bis Allakapu 3½ Meilen weit. Unterhalb dieses Punktes ist eine Senkung der sumpfigen Thalsohle zur Donau kaum mehr wahrnehmbar, und bei hohem Wasser wird sie vom Strome aus überschwemmt. Oestlich zum Meere fällt das Terrain von der erwähnten Einsattelung mit weit stärkerer Neigung. Die einzige Stelle auf beträchtlicher Entfernung von Küstendsche, wo das Meeresufer nicht eine ununterbrochene Kalksteinwand bildet, liegt ³/₄ Meile südlich des genannten Städtchens. Dorthin senkt sich das Terrain in einer sehr flachen Mulde, und der letzte, immer noch 50 Fuß hohe steile Absturz besteht aus Lehm= und Thon= lagern. Ein durchgehender Einschnitt in den Höhenrücken, oder

---

*) Diese interessante Arbeit wurde durch den Königl. preuß. Major Baron v. Vincke im Jahre 1838 ausgeführt.

eine Unterbrechung der Grundlage des Kalkfelsens ist auch hier nicht wahrzunehmen.

Nach Allem, was hier gesagt wurde, ist es klar, daß man genöthigt sein würde, den 161 Fuß hohen Landrücken bis etwa 10 Fuß unter dem niedrigsten Wasserstande der Donau zu durchstechen. Man stelle sich aber einen Graben vor, welcher von Allakapu bis zum Meere 3½ Meilen lang, auf dem Scheitelpunkte der Höhe 138 Fuß tief ist, dessen obere Breite dort mindestens 600 Fuß betragen müßte, und welcher, zum größten Theil wenigstens, in Fels gearbeitet werden soll!

Aus diesen Gründen freilich ist ein Einspruch der Russen gegen Abgrabung der Wasser der Donau von Rassowa aus auf keine Weise zu besorgen.

Zwar giebt es Kanäle, wie z. B. der Trollhätta in Schweden, welche ungleich bedeutendere Höhen überschreiten als die, welche die Donau zu einem so großen Umwege nöthigen. Die Bedingung ist dann aber, daß auf der Höhe selbst sich große Reservoirs oder beträchtliche Wasserzuflüsse befinden, welche den Kanal zu füllen und den Verlust zu ersetzen vermögen, welcher aus Verdampfung und bei dem jedesmaligen Gebrauch der Schleusen entsteht, durch welche in diesem Falle die Fahrzeuge stufenweise gehoben oder herabgesenkt werden. Die Seen von Tschernawoda und Karasu liegen aber fast in demselben Horizont wie der Donauspiegel bei Boghas-Köi, das in denselben ausmündende Flüßchen ist ganz unbedeutend, und auf der Höhe selbst giebt es meilenweit weder Bäche, noch Teiche, noch Seen, wie denn überhaupt die Dobrudscha, obwohl von Wasser rings umschlossen, das wasserärmste Land ist, welches man nur denken kann. Während des Sommers fließt in den Thälern kein Tropfen, selbst die Spur eines Wasserlaufs ist verweht, und in den auf weite Entfernungen zerstreut liegenden Dörfern wird das Trinkwasser an 60 bis 80 Fuß langen Bastseilen aus den Brunnen emporgewunden.

Es ist nicht unmöglich, daß weiter südlich als die nivellirte Stelle, aus dem Karasuthal bei Umurdscha Saja abgehend und in der Richtung über Lascale nach den Tekirgjöl, sich eine etwas niedrigere Einsattelung als die gemessene befindet; und es wäre interessant, wenn auch diese Richtung sorgfältig nivellirt würde. Soviel ist jedoch gewiß, daß eine wirkliche Durchbrechung des Landrückens auch dort nicht stattfindet, und sehr wahrscheinlich, daß, was möglicherweise an der Tiefe des Kanals erspart, an der bedeutend größeren Länge desselben wieder verloren werden würde.

Nächst dem Kanal hat man Hoffnungen auf eine Eisenbahn in der Richtung des Trajanswalles gebaut. Reisende können auf einer gebesserten Landstraße füglich in vier Stunden von Rassowa nach Küstendsche geführt werden. Durch einen Schienenweg würde diese Zeit auf anderthalb Stunden abgekürzt. Auf einer Reise von Wien oder Pest nach Konstantinopel aber ist ein Zeitgewinn von dritthalb Stunden von gar keinem Belang, und der Güterverkehr müßte erst einen bis jetzt gar nicht abzusehenden Aufschwung nehmen, um eine zweimalige Umladung ertragen zu können. Der Bau, die Unterhaltung und der Betrieb einer Eisenbahn in dieser entlegenen, ganz veröbeten Gegend würde ungemein kostspielig sein. Dazu kommt die schlechte Beschaffenheit des Hafens von Küstendsche, welcher seicht, eng und den Ost- und Südstürmen gänzlich offen ist. Das Städtchen liegt seit 1829 in Trümmern und enthielt 1838 nur 40 Familien. Alles müßte dort erst neu geschaffen werden. Man sollte sich daher nicht mit falschen Hoffnungen und unbegründeten Erwartungen täuschen, sondern die Schwierigkeiten da suchen, wo sie wirklich liegen: in den Verhältnissen der Schifffahrt durch die Sulina-Mündung. Die örtlichen Hemmnisse sind dort weit geringer, als man gewöhnlich annimmt,*) und lange nicht so erheblich, als die unlängst in einem interessanten Aufsatz dieser Zeitung geschilderten des mittleren

---

*) Vergl. „Briefe über Zustände und Begebenheiten in der Türkei aus den Jahren 1835 bis 1839."

Laufes jenes Stromes. Sie würden mit dem zehnten Theil des Aufwandes zu beseitigen sein, welche eine Eisenbahn, geschweige denn ein Kanal von Boghas-Kjöi nach Küstendsche kostet. Doch wenn man die Wahrheit sagen will, so sind es nicht diese Schwierigkeiten, vor welchen man erschrickt, sondern die wirklichen oder befürchteten Uebergriffe Rußlands, die mit Kanonen versehene Quarantäne an beiden Ufern der Sulina, in einer zehn Meilen breiten Sumpfniederung, welche dem Traktat von Adrianopel nach unbewohnt bleiben soll, die Versuche, die österreichischen Dampfschiffe einer Visitation zu unterwerfen und dergleichen mehr.

Für den Fall eines Krieges nun wird der Trajanswall die russischen Heere nicht aufzuhalten und die vielbesprochene neue Handelsstraße nicht zu decken vermögen. Die Dobrudscha ist ein verödetes Land mit unglaublich dünner Bevölkerung. Sie ist auf der einen Seite durch die Walachei, auf der anderen durch das Meer flankirt, und auf beiden dominirt Rußland. Hirsowa, Isaktschi, Matschin und Tultscha sind geschleift, und vor Küstendsche liegen die russischen Minentrichter, als ob sie gestern gesprengt wären. Die Pforte scheint ihre Vertheidigung auf den Balkan, auf Varna und Schumla basiren zu wollen. Sie wird die Plätze der mittleren Donau als vorgeschobene Posten besetzen, gewiß aber kein Heer zur Behauptung der Dobrudscha aufstellen. In Friedenszeiten dagegen müssen und dürfen wir hoffen, daß Oesterreich die Rechte und die Zukunft der Donauländer wahren, und Deutschland endlich dahin gelangen werde, die Mündungen seiner großen Ströme zu befreien.

www.ingramcontent.com/pod-product-compliance
Lightning Source LLC
Chambersburg PA
CBHW030012240426
43672CB00007B/914